KB139432

저와 함께 법전 속으로 들어가는 산책을
시작해주셔서 감사합니다. 법전은
21세기 대한민국이 나아갈 방향을 가리키는
나침반 역할을 할 것입니다. 이 책을
통해 그것의 힘을 느끼시길 소망합니다.

2022년 가을 초입에, 조국.

조국의
법고전 산책

일러두기

- 이 책은 2010년 6~7월, 2015년 1~2월, 2016년 8월 오마이뉴스·오마이스쿨 주최로 열린 '조국의 법고전 읽기' 강의를 바탕으로 2022년 새로 집필했다.
- 각 장 말미의 '청중과의 대화'(1~8장)는 강의 현장에서 실제 이뤄진 질의응답 가운데 일부를 정리한 것이다.
- 본문에 인용된 고전에서 저자가 강조한 부분은 볼드체로 표시했다.
- 이 책에 쓰인 인용문 출처는 장별로 일련번호를 붙여 미주로 처리했으며 본문 아래 의 각주는 모두 저자 주이다.

조국의
법고전 산책

조국 지음

열다섯 권의 고전,
그 사상가들을 만나다

이 책은 오래전 오마이뉴스와 오마이스쿨 주최로 진행한 '조국의 법고전 읽기' 강의를 새롭게 정리한 것입니다. 2010년 6월 22일~7월 13일 '법고전 읽기' 시즌 1과 2015년 1월 21일~2월 11일 시즌 2에 이어 2016년 8월 10일~8월 31일 시즌 3을 진행했습니다. 법학 교수로서 법고전의 요체를 대중적으로 알리고 싶었습니다. 상암동 오마이뉴스 사옥 등에서 매주 강의를 진행했는데 강의실을 가득 메운 청중들과의 질의응답, 강의를 마치고 맥줏집에 둘러앉아 나눈 담소는 행복했습니다.

　　원래 계획은 '법고전 읽기' 시즌 4까지 진행한 뒤 그 내용을 엮어 책으로 출간하는 것이었지만 사정이 여의찮았습니다. 대학교수로서 연구와 강의에 대한 부담, 사회 활동 참여 등으로 자꾸 미뤄지다가 2017년 5월 문재인 정부 대통령비서실 민정수석비서관으로 일하게 되면서 책 작업은 완전히 중단되었습니다. 게다가 2019년 8월 법무부 장관 후보로 지명된 뒤 온 가족이 시련과 고통의 도가니에 빠지는 상황이 전개되면서 엄두도 내지 못했습니다. 저 자신도 기소되어 재판을 받고 있습니다. 그러던 중 검찰의 재판부 기피신청으로 2022년 상반기에 재판이 진행되지 않으면서 '법고전 읽기' 원고를 본격 검토할 시간이 생겼습니다. 오마이뉴스에 진 오랜 글빚을 갚아야겠다고 마음먹었습니다. 오랜 시간 기다려준 오마이뉴스 오연호 대표와 오마이북 서정은 편집장에게 감사합니다.

이 책은 전체 10개의 장으로 구성되어 있고 모두 열다섯 권의 법고전을 다룹니다. 제가 고른 법고전들은 대부분 한번쯤은 제목을 들어본 책일 것입니다. 중고등학교 사회 교과서에 나오기도 하고, 대학 수업에서 보고서 과제 등으로 제시되는 책들입니다. 상당수의 고전은 '서울대학교 추천 고전 100선'에 들어가 있기도 합니다. 그런데 이 책들을 완독한 사람은 많지 않습니다. 저는 종종 우스갯소리로 말합니다. "고전으로 불리는 책은 모두가 제목을 알지만 읽지는 않는 책이다." 법고전의 내용에 관해서도 교과서 또는 수험서 등에 간략하게 요약된 정도로만 파악하고 있는 경우가 많습니다.

　'고전'이라고 하면 다들 부담을 느낍니다. 어려울 것 같고 재미도 없을 것 같습니다. 게다가 '법고전'이니 더 그렇게 생각할 수도 있습니다. 아주 옛날 사람이 쓴 책이니 고리타분하고 뻔한 원론에만 그치거나 현대의 한국 사회를 사는 우리에게 직접적인 의미를 주지 못할 것이라고 인식될 수도 있습니다. 그러나 이 책을 통해 확인할 수 있겠지만, 법고전의 사상은 현대 민주주의 국가의 법 속에 살아 움직이고 있습니다.

　이 책에서 저는 독자 여러분이 법고전에 숨어 있는 비밀을 쉽게 찾아갈 수 있도록 안내 역할을 하고자 합니다. 법고전의 보석 같은 원문을 소개하고 해설했습니다. 저자가 처했던 정치적·사회적 상황에 대한 설명을 앞부분에 넣어 고전에 대한 이해를 높이고자 했으며, 저자와 관련된 흥미 있는 개인적 에피소드도 적절히 배치했습니다. 법고전은 오래된 옛글이라 현재 우리의 글 방식과는 다르게 쓰여 있습니다. 핵심 논지가 여기저기 흩어져 있기도 합니다. 그래서 저는 책의 순서에 따라 강독하지 않고 책의 핵심을 재구성하는 방식으로 강의를 진행했습니다.

　무엇보다 법고전의 내용과 21세기 대한민국을 연결하려고 했습니다. 열다섯 권의 고전들이 출간된 당시에 어떤 의미가 있었는지를 살펴봄과 동시에 이 책들이 21세기 대한민국에 어떤 의미가 있는지를 정리했습니다. 법학 개념이나 이론의 구사는 최대한 줄이고, 중고등학생도 이해할 수 있도록 쉽게 풀어 설명하려고 노력했습니다. 독자 여러분은 1장부터 순서대로 읽으실 필요가 없습니다. 관심 있고 흥미 있는 고전부터 골라 읽으셔도 무방합니다.

　책을 집필하면서 당시 오마이뉴스에서 강의한 순서가 아니라 제 나름의 기준에 따라 순서를 새로 정했습니다. 오래전에 강의한 내용이지만 기본 방향이나 관점을 수정할 일은 없었습니다. 그렇지만 강의와 책 출간 사이의 시간 차이를 메우기 위해 수정하고 보완했습니다. 강의에서 사례로 들었던 법이 개정되거나 판례가 바뀐 경우에는 강의 당시의 상황을 살리기 위해 본문은 그대로 두고 각주에 변화된 내용을 넣었습니다.

　오마이뉴스 강의 당시에 법고전 교재를 선정할 때 강의를 듣는 분들이 법률 전문가가 아니라는 점을 고려했습니다. 비법률가에게도 쉽게 읽히면서 분량이 적은 책을 선택했습니다. 그러다 보니 벤담의 《도덕과 입법의 원리 서설》, 헤겔의 《법철학》이 빠졌습니다.

　원래 강의에서는 다루었으나 이 책에는 빠진 고전도 있

습니다. 반면 칸트의《영구 평화론》은 원래 강의에서는 다루지 않았지만 이 책에 새로 넣은 경우입니다. 홉스의《리바이어던》은 중요한 저작이지만 별도로 다루지는 않았고, 루소의《사회계약론》과 로크의《통치론》강의에서 부분적으로 해설했습니다.

　　이 책에서 다룬 열다섯 권의 고전은 모두 서양의 법고전들입니다. 현대 한국의 법학, 법 원리, 법체계의 근본은 '근대'를 연 서양 법고전에서 형성되었기 때문입니다. 영국 명예혁명, 프랑스대혁명, 미국독립혁명을 예비하거나 정당화했던 저작들을 보면, 현대 민주주의 법사상의 뿌리가 되었음을 알수 있습니다. 자유, 권리, 법치, 죄형법정주의, 사법심사, 소수자 보호, 시민불복종, 저항권, 평화 등 법학의 핵심 개념들이잘 담겨 있습니다. 다만 아쉽게도 근대 페미니즘의 선구자 메리 울스턴크래프트의《여권의 옹호》와 한비자의《한비자韓非子》, 다산 정약용의《흠흠신서欽欽新書》등 동양의 법고전은 다루지 못했습니다. 이에 대한 강의는 나중에 기회가 되면 해보고싶습니다.

　　대학 입학 후 평생 법을 공부하고 가르친 사람으로서기소가 되어 재판을 받는 심정은 무참無慘합니다. 저 자신과 가족 일에 철두철미하지 못했던 점, 면구하고 송구합니다. 자성하고 자책합니다. 법정에서 저의 소명과 해명이 받아들여질지 알 수 없기에 불안하고 두렵습니다. 이를 극복하기 위해 읽고 씁니다. 이 책을 쓰는 동안 법고전 저자들과의 대화 속에서 잠시 시름을 잊을 수 있었습니다. 비운悲運이 계속되고 있지만, "너를 죽일 수 없는 것이 결국 너를 더 강하게 할 것이다"라는 니체의 말을 믿으며 견디고 또 견딥니다. 한계와 흠결이 많은 사람의 글이지만 읽어주시면 감사하겠습니다. 저는 목에 칼을 찬 채로 캄캄한 터널을 묵묵히 걷겠습니다.

2022년 10월

조국

차례

Jean-Jacques Rousseau,
Du contrat social, 1762

주권자 인민이 사회계약을 통해 국가를 형성한다는 사회계약설을 설파하고
자유와 똑같이 평등을 강조함으로써 프랑스혁명의 기폭제가 되었다.

인민의 자기계약을 통한 국가권력의 형성

장 자크 루소 《사회계약론》

지위와 재산은 상당히 평등해야 한다.
안 그러면 권리와 권위의 평등은 오래 지속될 수 없을 것이다.

—장 자크 루소 Jean-Jacques Rousseau

'법고전 산책' 1장에서 다룰 첫 번째 책은 장 자크 루소Jean-Jacques Rousseau(1712~1778)의 《사회계약론Du contrat social》입니다. 저에게 '근대'를 연 책이 무엇인지 한 권만 꼽아보라고 하면 이 책이라고 말하고 싶습니다. 19세기 스위스의 예술사학자인 야코프 부르크하르트Jacob Burckhardt는 이렇게 말했습니다. "세계사는 루소의 《사회계약론》이 읽히기 전과 후로 나뉜다."

《사회계약론》이 출간된 해가 1762년이고, 프랑스혁명이 일어난 해가 1789년입니다. 루소는 1778년 사망하였기에 프랑스혁명을 보지 못했지만, 프랑스혁명을 추진했던 지도자들은 대부분 이 책을 경전으로 삼았다고 알려져 있습니다. 예컨대 강경파 '자코뱅'의 지도자 막시밀리앙 로베스피에르 Maximilien Robespierre*와 장 폴 마라Jean-Paul Marat**가 이 책을 탐독했다고 합니다.

프랑스혁명을 피해 탈출을 시도했다가 감옥에 갇힌 루이 16세가 루소와 볼테르Voltaire***의 책을 읽고 "이 두 사람 때문에 내 왕국이 무너졌구나"라며 탄식했다고 하죠. 오스트리아 공주로 루이 16세와 결혼한 마리 앙투아네트Marie Antoinette는 루소의 여러 책을 읽고 감명을 받아 제네바에 있는 루소의 묘소를 방문하기도 했습니다. 자신과 남편이 단두대에서 목이 잘릴 줄도 모르고 말입니다.

　　이번 강의의 주제는 아니지만, 마리 앙투아네트에 대해서는 잘못 알려진 속설이 많습니다. 대표적으로 그녀가 굶주린 민중을 향해 "빵이 없으면 브리오슈brioche를 먹으면 되지"라고 했다는 이야기는 허위입니다. 또 그녀가 사치와 낭비벽이 있었다는 것도 과장임이 확인되었습니다. 혁명이라는 격변의 시기, 그녀는 민중의 집중적 분노의 대상이 되었을 뿐입니다.

　　같은 시대 계몽주의 철학자와 달리, 루소는 '자유'뿐만 아니라 '평등'을 강조했다는 점도 미리 말씀드리고 싶습니다.

---

*　　프랑스혁명 시기의 법률가이자 정치가(1758~1794). 자코뱅파의 지도자로 왕정과 봉건제 폐지를 이끌었다. 1793년 6월 독재체제를 수립해 공포정치를 펼쳤으나 1794년 테르미도르의 반동 이후 단두대에서 처형되었다.

**　　프랑스혁명 시기의 의사, 언론인, 정치가(1743~1793). 로베스피에르와 함께 자코뱅파의 지도자로 활약했다. 하층민의 이익을 대변하고 급진적 사회개혁을 제창했다. 피부병을 치료하기 위해 목욕을 하던 중 온건파 '지롱드'의 25세 여성 코르데에 의해 암살되었다. 이 죽음은 자크 루이 다비드의 그림 〈마라의 죽음〉으로 묘사되었다. 마라는 혁명의 순교자로 추앙되었으나 테르미도르의 반동 이후에는 흉상과 동상이 제거되는 등 격하되었다.

***　　프랑스의 작가, 철학자, 계몽사상가(1694~1778).

1793년 1월 21일 콩코르드 광장에서 이뤄진 루이 16세의 처형

Isidore Stanislas Helman, 1794년

《사회계약론》은 절대왕정에 맞서 '부르주아 민주주의'만을 주장하지 않았습니다. '평등'에 대한 강조를 포함하고 있다는 점에서 '사회(민주)주의' 사상의 원류 역할을 했다고 볼 수 있습니다.

근대를 연 책

본격적으로 이야기를 풀어나가기 전에 루소의 사적인 이야기를 먼저 해보려고 합니다. 루소는 스위스 제네바 시계공의 아들로 태어났는데, 어머니는 루소를 출산하고 나서 며칠 뒤 사망합니다. 아버지는 루소가 10세가 되던 해에 루소를 남겨둔 채 제네바를 떠났고 이후에 재혼합니다. 루소는 사실상 고아였고 제도교육을 받지 못했으며 견습공, 시종, 필경사 등을 전전하며 어려운 삶을 살게 됩니다. 루소의 저작에서 '평등주의'가 강하게 드러나는 것은 이러한 자신의 어려웠던 시절의 경험들 때문이라고 짐작할 수 있습니다.

　　루소는 16세에 제네바를 떠나 프랑스로 갑니다. 귀족 남편과 사별한 바랑 부인을 만나 연인관계를 유지하면서 후원을 받아 여러 학문을 섭렵하였고, 프랑스 계몽주의 철학자들과 교유하면서 집필 작업을 통해 명성을 얻습니다.

　　루소를 비판하는 사람들은 종종 루소가 교육학의 새로

운 길을 연《에밀Emile》(1762)을 썼지만, 실제 자기 아이 다섯 명은 고아원에 맡겼다는 점을 지적합니다. 루소는 자신이 살던 하숙집의 세탁부였던 테레즈 르바쇠르Thérèse Levasseur와 1745년부터 동거하면서 다섯 명의 아이를 낳았지만 제대로 키울 수 없다는 판단으로 모두 보육원에 보내버렸습니다. 이 때문에 동시대 선배 계몽주의 철학자인 볼테르로부터 강한 비판을 받습니다. 이에 대해 루소는《고백록Les Confessions》(1764~1770)과《고독한 산책자의 몽상Les rêveries du Promeneur Solitaire》(1776~1778) 등에서 자기반성을 공개적으로 표명하지만, 요즘 말로 '내로남불'이라는 비판은 계속 따라다녔습니다.《에밀》을 번역한 공주대 김중현 교수는 당시에 루소가 정열적으로 저술 활동을 하는 상황에서 "천재의 광포한 이기주의"[1]에 빠져 있었다고 평가합니다.

이런 점에서 루소는 모순이 있고 한계가 있는 사람이었습니다. 루소는《에밀》에서 "나는 편견을 지닌 사람이기보다는 차라리 역설적인 사람이 되고 싶다"라고 토로합니다. 방송대 이용철 교수의 저서《루소: 분열된 영혼》(태학사, 2006)에서 표현을 빌리자면, 루소는 "분열된 영혼"이었습니다. 저 역시 마찬가지입니다. 제가 진보적 지식인·학자로 분류되고 또 그런 방향으로 살아가려고 노력하지만 모순된 점, 부족한 점이 많을 것입니다. 그래서 언행일치, 지행합일을 못 하고 있으며, 겉도 빨갛고 속도 빨간 토마토가 되지 못하고 있다고 고백한 적이 있습니다.[2]

사람들이 보통 자서전을 쓰면 자신의 좋은 것만 이야기 하는 경향이 있습니다. 숨기고 싶은 것은 밝히지 않고, 드러내고 싶은 것은 강조합니다. 그런데 루소는 말년에 저술한《고백록》에서 가장 부끄러웠던 것을 다 이야기해버립니다. 도둑질한 일, 무고한 사람을 중상한 일, 친구를 배신한 일, 이웃 여자를 탐한 일 등등. 그러면서 "내가 한 것보다 더 나쁜 짓을 한 사람은 거의 없다"라고 고백합니다. 이러한 점에서 루소는 매우 솔직하고 인간적인 사람이었습니다.

《에밀》이 신을 모독하였다는 이유로 소르본대학 신학부가 고발하고, 이에 법원이 구속영장을 발부하자 루소는 영국으로 망명합니다. 《에밀》은 물론이고《사회계약론》도 금서가 되어 불태워집니다. 얼마나 고통스러웠을지 짐작이 갑니다.

정치참여는 '의무'

루소는《사회계약론》1부 도입부에서 정치 참여의 당위성을 강조합니다. 그때나 지금이나 시민이 정치에 관심을 갖는 것을 비난하는 사람들이 있었나 봅니다. "네가 뭔데 정치 이야기를 해?"라는 식이죠. 루소는 다음과 같이 말합니다.

> 나는 군주도 아니고 입법자도 아니다. 그리고 바로 그렇기 때문에 정치에 관한 글을 쓴다. (…) 내 의견이 공적인 일에 미칠 수 있는 영향력이 아무리 미약하다고 해도 나는 한 자유국가의 시민이자 주권자의 한 사람으로 태어나 그것[공무]에 관해 투표할 수 있는 권리를 가졌으므로 거기에 대해 알아야 한다는 의무 역시 당연히 갖게 된다.[3]

권위주의 체제 시절에는 시민들이 정치를 이야기하면 "네 일이나 잘해"라는 말을 들어야 했습니다. 교사들이 정치 이야기를 하면 "학생들이나 잘 가르치지"라는 야유를 받았죠. 노동자들이 정치 이야기를 하면 "물건이나 잘 만들어 팔지"라는 구박이 돌아왔습니다. 정치적 민주화가 이루어진 이후에도 크게 바뀌지는 않았습니다. 저의 경우는 정치 과정에 참여한 이후 "교수가 전공 강의나 하지 왜 정치 이야기를 해?"라는 비난을 많이 들었습니다.(웃음) '폴리페서'라는 딱지도 붙었죠.

만약 이런 식으로 '네 일이나 잘하라'는 요청을 따르기만 한다면 어떻게 될까요? 제가 정치에 관심을 끊고 학교 캠퍼스에 틀어박혀 있거나 노동자가 공장에서 일만 하고 농민이 논밭에서 농사만 지으면 어떻게 될까요? 그러면 정치는 특정 사람, 특정 집단의 전유물이 되어버립니다. 우리나라 대한민국은 '민주공화국'입니다. 민주공화국은 이 나라의 주인이 바로 우리라는 뜻입니다. 나라 운영의 원리와 방향을 정하는 것이 정치인데, 나라의 주인이 그러한 정치에 관심을 갖는 것은 너무나 당연합니다. 루소는 이 점을 분명히 했습니다.

한편 "정치에 관심 갖지 마!"라는 윽박지름과 함께 "정치가 너와 무슨 상관이야?"라는 어리석은 질문도 있습니다. 루소가 살던 시대에도 그랬나 봅니다. 루소는 이렇게 답합니다.

> 누군가가 나랏일에 관해 "그게 나랑 뭔 상관이야?"라고 말하는 순간 그 나라는 끝장난 것으로 간주되어야 한다.[4]

나라의 주인이 나랏일에 상관이 없다고 생각하면, 그 나라는 망한다는 것이죠. 정치는 한 나라의 운명과 주권자 국민의 삶의 방향을 좌우합니다. 예를 들면 정치는 납세자, 즉 우리에게서 얼마의 세금을 걷을지 결정합니다. '슈퍼리치super rich'로 불리는 '초超부자'들을 대상으로 증세를 할지 감세를 할지 정합니다. 부동산 문제가 심각한데, 다주택자에 대한 '종합부동산세'를 유지할지 아니면 폐지할지도 결정합니다. 재벌 등

대기업이 내는 법인세를 인상할지 인하할지도 정합니다. 최근 유럽연합EU은 석유·천연가스·석탄을 생산·정제하는 기업들이 에너지 가격 급등으로 막대한 이윤을 얻게 되자 1400억 유로(약 200조 원) 규모의 '횡재세windfall tax'를 부과하기로 결정했습니다.

정치는 또한 우리가 내는 세금의 사용처를 정합니다. 예컨대 4대강 사업에 돈을 쓸지, 아니면 '무상급식', '무상보육', '전국민고용보험' 실시에 돈을 쓸지 결정하는 것입니다. 세금을 냈는데 4대강 사업에 쓰여 강을 '녹차 라테'로 만들어버리면 회가 나죠. 이명박 정부가 추진한 자원외교는 깡통이 되었습니다. 거기에 몇조 원이 들어갔다는 것 아닙니까? 4대강, 자원외교, 방산비리 등을 다 합한 액수를 우리나라 인구로 나눠보니 1인당 200만 원, 가구당(5인 기준) 약 1000만 원을 부담한 셈이더군요. 박근혜 정부 시절 청와대에서 쓰레기통을 구입했는데, 한 개에 약 90만 원이었습니다. 당시 새정치민주연합 최민희 의원이 밝혀낸 내용입니다. 호두나무를 깎아 만들었다죠?(웃음) 이런 것들이 다 우리가 낸 세금으로 이뤄지는 일입니다.

사회계약론의 혁명적 의미

이제 본격적으로《사회계약론》의 내용으로 들어가볼까요.《사회계약론》1부 1장은 이렇게 시작됩니다.

> 인간은 자유롭게 태어났지만, 어디서나 쇠사슬에 묶여 있다. 다른 사람들보다 더 노예가 되어 있으면서도 자기가 그들의 주인이라고 믿는 자들이 있다. 어떻게 해서 이처럼 뒤바뀐 생각을 하게 되었을까?[5]

《사회계약론》에서 가장 많이 인용되고 회자되는 문장입니다. 수사적으로 표현되어 있지만, 바로 이 문장으로 인해 프랑스를 포함한 절대왕정 체제가 뿌리부터 흔들렸고, 근대 민주주의의 '인민주권론'이 시작되었다고 볼 수 있습니다.

루소의 말처럼, 강고한 신분제가 유지되고 있던 시대에 대부분의 사람들은 '쇠사슬'을 벗어나지 못했습니다. 예컨대 노예나 노비의 자식으로 태어나면 대부분 평생 노예나 노비로 살다가 죽었고, 농민의 자식으로 태어나면 특별한 경우가 아니고는 농민으로 살다가 죽었죠. 신분제가 폐지된 근대 사회에서도 '쇠사슬'은 사라지지 않습니다. '쇠사슬'의 종류와 형태가 달라지죠. 21세기 대한민국에도 '쇠사슬'이 있습니다.

드라마 〈미생〉(2014)에 나오는 비정규직 회사원 '장그래'는 얼마나 자유로울까요. 영화 〈카트〉(2014)에 나오는 대형마트 계약직 여성 노동자들은 또 얼마나 자유로울까요. 자본-노동 관계 속에서 노동자들이 과거 노예나 노비에 비해 엄청난 자유를 누리고 있음은 분명하지만, 자본-노동 관계에서 벗어나는 자유를 누리지는 못합니다. 자본주의 사회에서는 돈이 자유의 양과 질을 결정합니다. 주거의 자유, 이동의 자유는 있지만, 돈이 없으면 살고 싶은 곳에 살지 못하고 가고 싶은 곳에 가지 못하죠.

이어 루소는 "자연은 보존 목적에 따라 어떤 존재들은 명령을 하도록, 또 어떤 존재들은 복종을 하도록 창조했다"(아리스토텔레스), "우월한 자질을 가진 목동이 가축 떼를 이끄는 것처럼, 인간들의 목자들도 국민보다 우월한 자질을 갖고 있다", "왕은 신이고 국민은 가축이다"(칼리굴라) 등 당시의 지배적인 사고를 비판합니다. 루소는 이러한 관계의 근원은 '힘'이라는 점을 강조합니다. '힘'이 기성 질서를 만들었다는 것은 새로운 주장이 아닙니다. 《사회계약론》의 위대함은 그다음에 있습니다.

힘이 다했을 때 같이 사라지는 권리는 도대체 무슨 권리란 말인가? (…) 강도가 으슥한 숲에서 나를 공격했다고 하자. 억지로 지갑을 내줘야겠지만 그 지갑을 감출 수 있을 때조차 양심적으로 내줄 필요가 있는가? 결국 강도가 가지고 있는 권총 역시 하나의 힘이기 때문이다. 그러므로 힘이 권리를 만드는 게 아니며, **오직 합법적인 권력에만 복종할 의무가 있다**는 데 동의하기로 하자.[6]

'힘이 권리를 만들지 않는다'라는 것은 무슨 뜻일까요? 강도가 힘을 사용해 내 지갑을 가져갈 수는 있지만, 강도가 내 지갑에 대해 '권리'를 갖지는 못하지 않습니까? 그리고 강도의 힘이 지갑을 내주어야 할 '의무'를 내게 부과하는 것도 아니지 않습니까? 권리와 의무는 '계약'에서만 창출될 뿐입니다. 루소의 말을 다시 살펴보겠습니다.

어떠한 인간도 자기 같은 인간들에 대해 자연적 권위를 갖지 못하기 때문에, 그리고 힘은 어떠한 권리도 만들어내지 못하기 때문에 오로지 계약만이 인간들 사이에 존재하는 합법적 권위의 토대로 남게 된다.[7]

'힘은 인민을 억압할 수 있다. 그렇지만 힘이 인민을 억압할 권리를 갖는 것도 아니고 인민이 억압당할 의무를 지니는 것도 아니다'라는 뜻입니다. 절대왕정 시기에 주권은 왕에게 있었고, 왕의 권한은 신으로부터 받은 것이라는 관념이 지배적이었습니다. 그런데 대등한 인간 사이의 계약이 권위의 토대라고 하니 당시로서는 경천동지驚天動地할 사상이었죠. 권위의 토대가 신이나 왕이 아닌 무지렁이 백성들의 계약이라고 한 것이니까요. 물론 이 계약은 가상의 계약이죠. 이러한 사회계약 사상의 뿌리는 토머스 홉스Thomas Hobbes(1588~1679)의《리바이어던Leviathan》(1651)입니다. 많이 들어본 책이죠? 여기서 한 구절만 소개하겠습니다.

코먼웰스*가 설립되었다고 말할 수 있는 것은 다음과 같은 경우이다. 다수의 인간이 합의 및 각자 사이의 계약에 의해 모든 사람의 인격을 나타내는 (대표자로서의) 권리가 한 개인이나 합의체에 다수결에 의해 주어지고, 그 사람 또는 합의체에 찬성투표한 자나 반대투표한 자가 모두 똑같이 그의 행위와 판단을 마치 자기 자신의 그것인 것처럼 승인하며, 그렇게 함으로써 서로 평화롭게 살며 다른 사람으로부

---

* 코먼웰스(commonwealth)는 국가를 뜻한다.

《리바이어던》 표지 그림

Abraham Bosse, 1651년

터 보호받는 것을 목적으로 했을 때이다.[8]

리바이어던은 구약성서 〈욥기〉에 나오는 괴물입니다. 홉스는 자연상태에 있는 사람들이 "만인 대 만인의 투쟁"을 종식하기 위해 '사회계약'을 통해 국가를 만든다는 관념을 최초로 제시했습니다. 리바이어던은 이러한 국가를 상징하는 비유죠. 그런데 홉스에게 이 국가는 절대군주국을 의미했습니다.

《리바이어던》의 표지 그림을 한번 볼까요. 우리나라에서 《리바이어던》을 소개하는 글은 많이 있지만, 이 표지에 주목하는 경우는 많지 않습니다. 자세히 보면 왕관을 쓴 군주의 몸통이 수많은 작은 사람으로 구성되어 있죠. 이는 인민이 국가를 만든다는 의미를 함축하고 있습니다. 그런데 군주의 머리는 인민으로 구성되어 있지 않고 그 자체로 존재합니다. 이 그림에서 홉스가 상정하는 국가상像을 파악할 수 있습니다. 군주는 '머리', 인민은 '몸'에 불과했던 것입니다. 이 점에서 홉스의 사상은 '인민주권론'을 주장했던 루소와는 완전히 다릅니다. 그렇지만 권위의 토대가 계약이라는 홉스의 발상은 혁명적이었고, 이는 수많은 사상가들에게 큰 영감을 줍니다. 이 그림에서 군주는 세속권력의 상징인 칼과 종교권력의 상징인 지팡이를 들고 있습니다. 종교권력이 세속권력을 지배해야 한다는 중세의 사고를 깨뜨린 것입니다.[9] 이와 관련된 《사회계약론》의 한 구절을 보겠습니다.

> 우리를 사회체(corps social)에 결합하는 계약은 그것이 오직 상호적이기 때문에 의무적이다. 이 계약은 그것을 이행할 때 남을 위해 일하는 것이 곧 자기 자신을 위해 일하는 것이 된다는 특징을 갖는다.[10]

> 사회계약은 시민들 사이에 평등을 수립함으로써 시민들 모두가 같은 조건으로 계약을 하고 또 모든 권리를 똑같이 누린다는 것이다.[11]

계약은 대등한 사람들 간에 체결되어야 합니다. 물건을 사고팔 때 대등하고 자유롭게 의사소통이 이뤄지고 계약조건이 맞아야 도장을 찍죠. 만약 상대가 계약조건을 지키지 않으면 그 계약을 파기합니다. 국가도 마찬가지라는 것입니다. 우리가, 인민이, 사람들이 자유롭고 평등하게 계약을 해서 국가를 만들었기에 그 국가의 요구에 머리를 숙인다는 관념입니다.

그런데 우리가 합의해서 만든 국가나 정부가 우리를 자유롭지 않고 불평등하게 만든다면 어떻게 하죠? 우리는 이런 국가나 정부를 바꿀 수 있습니다. "이런 국가나 정부에 복종할 의무가 없어!"라고 말할 수 있는 것입니다. 루소의 《사회계약론》이 프랑스혁명의 기초가 될 수밖에 없었던 이유입니다. 사회계약론의 이면裏面은 바로 '혁명권'의 인정입니다. 계약 파기자를 끌어내린다는 것이죠. 루소는 "오직 합법적 권력에만 복종할 의무가 있다"라고 분명히 못 박았습니다. 이랬기에 루이 16세가 "이 책 때문에 내 왕국이 붕괴되었구나"라고 탄식할 수밖에 없었던 것이죠. 3장과 9장에서 자세히 다루겠지만, 이러한 '혁명권'은 영국 명예혁명을 정당화하는 이론적 저작물인 존 로크John Locke의 《통치론 Two Treatises of Government》에서 먼저 제시됩니다. 이러한 사상은 1960년 4월혁명, 1980년 광주민주화운동, 1987년 6·10 민주항쟁 등을 통해 한국에서도 되살아났죠.

인민주권론

루소의 '사회계약' 사상은 '인민주권론', 인민의 "자기계약을 통한 권위와 국가의 형성"이라는 관념을 제시합니다. 여기서 '인민'이라는 단어에 움찔하는 분들이 계실 것입니다. '동무'라는 좋은 우리말이 남쪽에서 사용되지 않는 것과 같은 이유입니다. 남북이 분단되고 북쪽에서는 '인민'이라는 단어를 많이 썼습니다. 하지만 남쪽에서는 반공 이데올로기의 영향이 커지면서 이 단어를 쓰지 않고 '국민'이라는 단어를 쓰게 되었습니다. 그런데 둘은 전혀 다른 개념입니다. 영어로 인민은 피플 people, 국민은 네이션nation으로 엄격히 구분해서 사용합니다. '국민'에서 '국國'은 '나라 국'이죠. 특정 국가를 전제로 하는 개념입니다. 반면 '인민'은 국가 이전에 존재합니다.

루소가 말하는 '사회계약'은 국가가 있기 전입니다. 나라가 없으니 국민이 없습니다. 나라 이전에 존재하는 인민이 있고, 이 인민이 "자유롭고 평등한 상태에서 합의를 하여 나라를 만들자"라고 계약을 했다는 의미입니다.

루소는 인민에 대한 신뢰를 품고 있었습니다. 《에밀》의 한 구절을 보겠습니다. 역자는 '인민' 대신 '민중'이라는 단어를 쓰고 있습니다.

인류를 이루고 있는 것은 민중이다. 민중이 아닌 자는 아주 소수여서 그들을 고려할 필요는 없다. 인간은 온갖 신분에도 불구하고 같은 인간이다. 따라서 가장 수가 많은 신분이 가장 존경받을 가치가 있는 것이다. (…) 민중은 있는 모습 그대로 자신을 내보인다. 그러기에 상냥하지 못하다. 하지만 상류 사회의 사람들은 가장을 하지 않으면 안 된다. 그들은 있는 모습 그대로의 자신을 내보이면 심한 혐오감을 불러일으킬 것이기 때문이다. (…) 그 계층의 사람들을 연구해보라. 당신은 그들이 말씨는 다르지만 당신만큼 재치가 있으며, 당신보다 더 양식이 있음을 볼 것이다.[12]

《사회계약론》의 영향을 받아 프랑스혁명이 시작되었고, 제헌국민회의는 1789년 8월 26일 '권리선언'을 채택합니다. 우리나라에서 '인권선언'이라고 통상 일컬어지는 이 문서의 정식 명칭은 '인간과 시민의 권리선언Déclaration des droits de l'Homme et du citoyen'입니다. '인간의 권리'와 '시민의 권리'를 명확히 구분하고 있음을 알 수 있습니다. 현행 대한민국 헌법이 기본권의 주체를 모두 '국민'으로 규정하고 있는 것과는 차이가 있죠.*

'시민의 권리'는 특정 국가의 '국민'에게 법률이 보장하는 권리입니다. 예컨대 헌법상 투표권, 공무담임권 등 정치적 기본권, 아동수당, 노인수당 등 복지 혜택을 받을 수 있는 사회적 기본권 등은 '외국인'에게는 보장되지 않고 '국민'에게만 보

---

*   2018년 3월 문재인 대통령이 발의한 개헌안은 국제사회가 우리에게 기대하고 있는 인권의 수준이나 외국인 200만 명 시대를 맞이한 한국 사회의 모습을 고려하고 있다. 따라서 인간의 존엄성, 행복추구권, 평등권, 생명권, 신체의 자유, 사생활의 자유, 양심의 자유, 종교의 자유, 정보기본권, 학문·예술의 자유 등 국가를 떠나 보편적으로 보장되어야 하는 천부인권적 성격의 기본권에 대해 그 주체를 '국민'에서 '사람'으로 확대했다.

인간과 시민의 권리 선언
Jean-Jacques François Le Barbier, 18세기경

장됩니다. '인간의 권리'는 '국민'이 아니라 하더라도 '인간'이라면 마땅히 보장되어야 할 권리입니다. 생명권, 신체의 자유, 사생활의 자유, 양심의 자유, 종교의 자유 등이 그러합니다. 이 구분의 실천적 의미는 무엇일까요? 예를 들어 설명하겠습니다. 이주노동자는 '시민' 또는 '국민'이 아니므로 '시민의 권리'는 보장받지 못합니다. 그러나 그들도 '인간'이므로 '인간의 권리'는 보장받아야 합니다.

　　서울 영등포구 대림동, 경기도 안산, 그리고 전국 농어촌 지역에 가면 이주노동자들을 쉽게 접할 수 있습니다. 한국 사람들이 일하기 싫어하는 3D 직종의 노동을 이주노동자들이 하고 있습니다. 과거에는 한국 사람들이 독일에 가서 광부나 간호사로 일해 번 돈을 한국 가족에게 송금했다면, 지금은 한국의 경제력이 커지면서 개발도상국 사람들이 한국에 와서 일하고 있는 상황입니다. 이주노동자가 '국민'은 아니지만 '인간'이라는 것을 분명히 인식하고, 그들에게 '인간의 권리'를 보장해주어야 함을 강조하고 싶습니다.

자유와 평등

그렇다면 왜 나라를 만들고 법을 만드는가. 루소는 자유와 평등을 누리기 위해서라고 말합니다. 뻔한 이야기처럼 들리지만 저는 이 문구가 정말 중요하다고 생각합니다.

모든 입법 체계의 목적이 되어야 하는 만인의 가장 큰 행복이 과연 무엇인지를 알아보면, 그것이 자유와 평등이라는 두 가지 주요한 대상으로 귀착된다는 사실을 발견하게 된다. **자유가 목적인 것은 모든 개인적 예속이 그만큼 국가라는 정치체의 힘을 약화시키기 때문이고, 평등이 목적인 것은 자유가 평등 없이는 존속할 수 없기 때문이다.**[13]

루소가 살았던 시대의 국가와 법은 자유를 억압하는 존재였습니다. 그는 《에밀》에서 이렇게 말했습니다.

법의 보호 아래 자유를 열망하는 것은 헛된 일이다. 법이라! 그 법은 어디에 있으며, 어디에서 존중되는가? 도처에서 너는 법이라는 이름으로 사적인 이익과 인간의 정념이 창궐하는 것을 보았다. (…) 현명한 사람이 자유롭기 위해 자신을 복종시켜야 하는 것은 바로 그 양심과 이성이다.[14]

근대 자본주의 체제가 안착된 이후에도 파시즘, 군사독재, 권위주의 체제 아래에서 시민의 생명, 자유, 재산은 국가에 의해 위협을 받았습니다. 스탈린주의가 관철된 소비에트 사회주의 공산주의 체제, '문화대혁명'이라는 참극이 벌어진 중국 공산주의 체제 아래에서도 마찬가지였죠. 사실 국가의 본질은 '합법적 폭력의 독점'에 있기에, 국가의 '합법적 폭력'이 작동하면 시민의 자유는 제한되거나 박탈됩니다. 루소는 자유에 대해 이렇게 말합니다.

> 자신의 자유를 포기하는 것, 그것은 곧 인간으로서의 자격과 인간으로서 갖는 권리, 심지어는 자신의 의무까지 포기하는 것이다. 누가 됐건 모든 것을 포기해버리는 사람에게는 아무 대가도 주어지지 않는다.[15]

우리에게 양심과 사상의 자유, 종교의 자유, 표현의 자유, 신체의 자유 등이 박탈되거나 제약되는 상황이 닥친다면 어떨까요? 이러한 자유를 보장하지 않는 국가는 존재의 정당성이 없습니다. 루소의 말처럼 이런 상황은 생명은 부지하되 인간으로서의 자격과 권리는 없어지는 상황입니다. 민주주의 국가에 사는 사람이라면 이 점에 다 동의할 것입니다.

해외 기사를 보면 가끔 어느 나라에서 쿠데타가 일어났다는 소식이 들리지 않습니까. 그렇지만 여러분은 '우리나라

에도 쿠데타가 일어나려나?' 하는 걱정은 안 하시죠. 우리나라
에도 문제가 많지만 갑자기 군인이 탱크를 끌고 나올 거라는
생각은 잘 안 하실 겁니다. 그런데 1987년 이전에는 수시로 쿠
데타 걱정을 했어요. 전두환 정권 때는 '하나회'라는 육사 출신
조직이 정권을 쥐락펴락했죠.

　　한국이 정치적 민주화를 이루면서 이제 '자유'는 높은
수준으로 보장되고 있습니다. 예컨대 최고 권력자인 대통령
에 대한 조롱이 허용됩니다. 과거 박정희 정권 시절에는 대통
령을 조롱했다가는 쥐도 새도 모르게 끌려가 치도곤治盜棍을 당
했습니다. 당시에는 '한국적 민주주의'라는 미명 아래 '자유'를
억압했습니다. 하지만 지금 시민들은 처벌의 두려움 없이 대
통령을 비난하고 있습니다. 루소는 민주 정부의 소중함을 강
조하면서 다음과 같이 말합니다.

> 폴란드 주지사가 의회에서 했던 "나는 굴종으로 얻은 평화
> 보다는 위험한 자유를 택할 것이다"라는 말을 날마다 마음
> 속에서 되풀이해야 한다.[16]

'굴종으로 얻은 평화' 대신 '위험한 자유'를 택한 사람들
의 분투와 희생 덕분에 정치적 민주화가 이루어졌고, 그 덕분

에 '자유'가 보장되고 있는 것입니다.

물론 다른 경제협력개발기구OECD 국가와 비교해봤을 때 보장되지 못하는 자유가 있습니다. 예를 들면 OECD 국가에서 거의 100퍼센트의 중고등학교 교사들은 정치 활동의 자유가 보장됩니다. 독일의 경우는 비례대표 의원 중 상당수가 교사입니다. 그런데 우리나라는 교사가 정당 가입을 하거나 정치 활동을 하면 '범죄'가 됩니다. 이 점은 하루빨리 고쳐야 한다고 봅니다.

그런데 저는 "자유는 평등 없이는 존속할 수 없다"라는 루소의 혜안을 더 주목합니다. 그는 '평등'을 '자유'와 똑같이 강조했습니다. 평등이 없으면 자유는 껍데기만 남는다는 겁니다. 사회계약의 주체인 시민들은 능력이나 재능에서 불평등한데, "법적으로 평등하다"라는 말만 강조하는 현실에 대해 루소는 매우 비판적입니다.

잘못된 정부에서는 이 평등이 피상적이고 환상에 지나지 않는다. 그저 가난한 자는 계속 빈곤 속에서 살고 부자는 계속 수탈하도록 하는 데 쓰일 뿐이다. 사실 법은 언제나 가진 자들에게는 유익하고 못 가진 자들에게는 해롭다.[17]

루소의 통렬한 지적은 현대 사회에도 여전히 울림이 있지 않습니까. 루소가 살았던 당시는 물론이고, 우리가 살고 있는 현대 사회의 시민들도 정신적·육체적 건강과 능력 등에서 평등하지 않습니다. IQ가 우수한 사람도 있고 그렇지 못한 사람도 있습니다. 체력이 뛰어나며 건강한 사람도 있고 그렇지 못한 사람도 있습니다. 부모의 직업, 재산, 네트워크 등에서도 평등하지 않습니다. 재벌의 자식으로 태어난 사람과 노동자의 자식으로 태어난 사람의 출발선은 전혀 다르지 않습니까. 미국의 유명한 미식축구 감독인 배리 스위처Barry L. Switzer는 1986년 언론 인터뷰에서 이런 말을 했습니다.

"어떤 이는 3루에서 태어났으면서 자기가 3루타를 쳤다고 생각하며 삶을 살아간다Some people are born on third base and go through life thinking they hit a triple."

우리 사회에 이런 사람 많죠? 이러한 상태를 그대로 놔두면 불평등은 심화되고, 사회는 약육강식의 정글이 됩니다. 루소가 이 책에서 말한 것처럼 "사물의 추이가 항상 평등을 무너뜨리는 경향이 있"[18]는 겁니다. 물론 루소는 "평등이라는 단어를 모든 사람이 똑같은 정도의 권력과 부를 가져야 한다는 뜻으로 이해해서는 안 된다"[19]라고 전제합니다. 그러면 루소는 어떤 해결책을 제시했을까요?

부로 말하자면, 어떤 시민도 다른 시민을 매수할 수 있을 만큼 부유해서는 안 되며 어느 누구도 자신을 팔아야 할 만큼 가난하지 않아야 한다. 이를테면 강자들은 부와 권세를 절제해야 하고, 약자들은 인색함과 탐욕을 절제해야 한다. 이 같은 평등은 실제로는 존재할 수 없는 이론적 공론에 불과하다고 그들은 말한다. (…) 하지만 오류가 불가피하다고 해서 그것을 규제조차 하지 말아야 한단 말인가? 바로 사물의 추이가 항상 평등을 무너뜨리는 경향이 있기 때문에 **입법의 힘은 항상 그것을 유지하는 방향으로 나가야 한다.**[20]

첫 번째와 두 번째 문장만 보면, 이상적인 이야기지만 실현하기 어려운 이야기라는 느낌이 들 수도 있습니다. 특히 '절제'라는 표현에 대해서는 "강자건 약자건 그런 절제가 어떻게 가능해?"라는 반응이 바로 나올 수 있습니다. 그러나 초점과 방향은 네 번째와 다섯 번째 문장에 있습니다. 평등을 무너뜨리지 않도록 '입법'으로 '규제'해야 한다는 것입니다. 국가와 법률의 역할이 무엇인지 분명히 말하고 있습니다. 이 '입법'의 구체적인 내용에 대해서는 제시하지 않았지만 루소의 이런 문제의식은 여전히 중요합니다.

장 자크 루소의 초상화
Maurice Quentin de La Tour, 1753년

국가가 튼튼해지기를 바라는가? 그렇다면 두 극단을 최대한 좁혀라.[21]

지위와 재산은 상당히 평등해야 한다. 안 그러면 권리와 권위의 평등은 오래 지속될 수 없을 것이다.[22]

평등을 강화하는 입법이 어떠해야 하는가에 대한 논의는 여러 가지 역사적인 실험으로 진행되었습니다. 스탈린주의 또는 모택동주의의 폭력적 실험, 유럽 각국의 사회민주주의적 실험, 미국 루스벨트 대통령의 '뉴딜'식 실험 등이 있었습니다. 우리나라의 경우 김대중·노무현 정부는 복지정책을 강화했고, 문재인 정부는 '소득주도성장'이라는 새로운 패러다임을 제시하고 추진했습니다. 이 실험들에 대한 평가는 이번 강의의 목표가 아니므로 넘어가겠습니다. 다만 사자와 양을 한 우리에 놓아두고 둘이 자유롭게 공존하라고 말해선 안 된다는 점을 분명히 해두고자 합니다. 국가가 법률로 개입하지 않으면, 사자는 바로 양을 잡아먹어버리겠죠. 국가는 법률로 사자와 양 사이에 칸막이를 치거나 양에게 대항할 무기를 주어 양을 보호해야 합니다.

주권이란 무엇인가

《사회계약론》 2부 '주권' 문제로 넘어갑시다. 여기에 '전체 의사'라는 개념이 나옵니다. 불어 원어는 volonté générale이고 영어로는 general will입니다. 다수의 번역서에서 '일반의지'라고 번역하고 있지만, 우리가 지금 교재로 보고 있는 책에서는 '전체 의사'라고 번역하고 있으므로 이 용어를 쓰겠습니다.

'전체 의사' 개념은 단지 "개별적 의사들의 합"을 뜻하지 않습니다. 루소는 "개별적 의사들의 합"을 "모든 사람의 의사volonté de tous·will of all"라고 부릅니다. '모든 사람의 의사'가 개인의 이익을 단순하게 합한 것이라면, '전체 의사'는 공통 이익의 총합을 뜻합니다.[23]

좀 어렵게 느껴지시죠? '전체 의사'의 의미를 쉽게 이해하려면, 우리에게 익숙한 '주권'이라는 개념으로 이해하면 됩니다. 루소는 이렇게 말합니다.

"우리는 저마다 자신의 신체와 모든 힘을 공동의 것으로 만들어 **전체 의사라는 최고 지휘권** 아래 둔다. 그리고 우리 모두는 각 구성원을 전체와 불가분의 부분으로서 모두 함께 받아들인다."[24]

나는 주권이란 오직 전체 의사를 행사하는 것이기 때문에 절대 양도될 수 없으며, 주권자는 집합적 존재이므로 오직 그 자신에 의해서만 대표될 수 있다고 말한다. 권력은 당연히 이양될 수 있지만 의사(意思)는 이양될 수 없다.[25]

'주권'은 개인이 가진 '권리'와는 다릅니다. 소유하고 있는 물건은 내가 포기할 수도 있고 남에게 줄 수도 있어요. 그러나 주권은 전혀 그렇지 않습니다. 예를 들어 설명하겠습니다. 우리는 대한민국의 주권자입니다. 산술적으로 생각하면 주권의 n분의 1을 가지고 있는 것이지만, 이 n분의 1을 외국 사람에게 넘길 수 있을까요? 불가능한 일입니다. 황당한 예를 들어 볼까요. 정신 나간 대통령 또는 집권당이 바람을 잡아서 "대한민국으로 있지 말고 미국의 하나의 주가 되자" 또는 "공화정을 하지 말고 군주정으로 하자. 전주 이씨의 종손을 찾아 왕으로 모시자"라는 제안을 하고 국민의 51퍼센트가 동의했다고 가정합시다. 이런 제안은 실천 가능할까요? 전혀 아니겠죠. 이러한 주권의 양도는 '전체 의사'에 정면으로 반합니다. 루소는 말합니다.

우리는 의사를 전체적인 것으로 만드는 것이 투표자의 수

라기보다는 그들을 결속하는 공동의 이익이라는 사실을 알아야 한다.[26]

루소는 입법권과 행정권, 과세권과 사법권 및 선전포고권, 국내 행정권과 외국과의 교섭권 등으로 분할하는 논리를 비판하면서 이러한 권리들은 모두 주권에 종속되어 있고, "최고 의사의 집행수단"에 지나지 않으며, "최고 의사의 존재를 항상 전제로 하고 있다"라고 강조합니다.[27] 주권은 사회계약을 체결한 시민들의 근본적 결단입니다. 한 나라의 여러 권력은 모두 이 주권에서 나오는 것입니다.

루소의 논리에 따르면 '전체 의사'의 집약체는 입법부가 됩니다. 행정부나 사법부는 그 아래에 있어야 합니다. 삼권분립을 강조한 몽테스키외Montesquieu와의 차이입니다. 루소의 사고는 두 가지 체제로 전개될 수 있습니다. 첫째는 영국식 '의회주권'입니다. 영국은 의회Parliament가 최고입니다. 조직 구도상으로 대법원장도 의회 밑에 있습니다. 둘째는 소비에트식 '의회주권'입니다. 소비에트 또는 북한식으로 최고인민회의를 생각하면 됩니다. 이 기구가 최고 권력기구입니다.

이 두 번째 경로를 의식하면서, 루소처럼 인민의 '전체 의사'를 강조하면 전체주의로 흐를 위험이 있다는 비판이 있

《사회계약론》초판 표지
1762년

습니다. 프랑스혁명 후 자코뱅의 공포정치를 거론하며 같은 비판을 하기도 합니다.《사회계약론》에 전체주의적 느낌을 주는 주장이 있기도 합니다. 예컨대 이런 부분입니다.

전체 의사에 복종하기를 거부하는 자는 누구나 집단 전체에 의해 거기에 따르도록 강요당할 것이라는 약속을 암묵적으로 내포하고 있다. 이것은 각 개인에게 자유로워지도록 강요하는 것 말고는 다른 의미가 없다.[28]

독일 나치의 구호이기도 하고 북한의 구호이기도 한

"하나는 전체를 위하여 전체는 하나를 위하여"라는 문구가 있습니다. 루소가 이런 사회를 꿈꾸었을까요? 루소는 《사회계약론》에서 다음과 같이 말합니다.

> 하지만 국민의 의결 또한 항상 공정하다는 결론이 나오는 것은 아니다. (…) 시민들이 각자 자신의 소신에 따라 의견을 밝히는 것이 중요하다.[29]

루소는 《폴란드 정부에 대한 고찰Considérations sur le gouvernement de Pologne》에서도 "선량한 시민들이 무언가 유용한 것을 말하고자 할 때 발언하지 못하도록 막는 것은 훨씬 더 커다란 해악이다"라고 강조하고 있습니다. 이렇게 루소는 표현의 자유를 강조했습니다. 루소의 사상을 전체 맥락에서 해석하면 그가 전체주의를 지향했던 것이 아님을 알 수 있습니다.

대의제 비판과 직접민주제 옹호

"주권은 양도할 수 없다"라는 루소의 사고는 대의제에 대한 비판으로 이어집니다.

> 주권은 양도될 수 없으며, 같은 이유에서 또한 대표될 수도

없다. 그것은 본질적으로 전체 의사 속에 존재하며, 이 **전체 의사는 대표될 수 없다**. (…) 따라서 국민의 의원들은 국민의 대표자가 아니고, 국민의 대표자가 될 수도 없다. 그들은 국민의 심부름꾼에 지나지 않는다.[30]

대표자 개념은 근대적이다. 그것은 그 안에서 인류가 타락하고 인간(homme)의 이름이 더럽혀진 불공평하고 부조리한 봉건 정부에서 유래했다.[31]

루소는 대의제를 불신했고, 국민의 대표자라는 의원들을 불신했습니다. 루소는 직접민주주의의 옹호자였습니다. 이점에서 다음 강의에서 살펴볼 몽테스키외와 큰 차이가 납니다. 루소는 '전체 의사'의 우월성을 강조하고, 몽테스키외는 삼권분립을 강조했다는 점에서도 차이가 있습니다. 몽테스키외는 영국 대의제를 극찬했지만 루소는 정반대였습니다. 여기서 유명한 루소의 말이 나옵니다.

영국 국민들은 자기들이 자유롭다고 생각하는데, 상당히 잘못된 생각이다. 그들이 자유로운 것은 오직 의원들을 선출할 때뿐이다. 의원들이 일단 선출되면 국민들은 노예가

된다. 아무것도 아닌 존재가 되는 것이다.[32]

　　우리나라를 포함해 전 세계의 정치학계와 언론에서 많이 인용하는 명구名句입니다. 21세기 대한민국에서도 대통령이나 국회의원을 뽑을 때만 국민이 주인이고, 뽑고 나면 5년 또는 4년 동안 노예가 된다는 말이 많이 돌고 있죠.

　　대의제란 주권자가 대표를 뽑아 권력 행사를 위임하는 제도입니다. 아시다시피 현대 민주주의 국가는 대의제를 취하고 있습니다. 독재국가, 권위주의 정권 아래서는 이러한 대의제가 작동하지 않습니다. 예를 들어 유신 시절에는 국회의원의 3분의 1을 대통령이 임명했습니다. '통일주체국민회의'라는 어용조직을 만들어서 말이지요. 1987년 시민들이 직선제 쟁취를 요구하면서 거리로 뛰쳐나와 투쟁을 벌인 덕분에 현행 헌법이 만들어졌고, 이후 대의제가 제대로 작동하고 있습니다.

　　대의제는 자리 잡았지만 국민은 주인으로 온전히 대접받고 있을까요? 선거 기간에는 온갖 달콤한 공약을 하고 큰절을 하며 몸을 낮추었다가 당선 이후에는 공약 실천을 외면하고 고압적 권력자의 모습으로 바뀌는 대표자를 많이 보지 않았습니까? 루소가 살던 시대는 절대왕정 시대였으니 왕을 없애고 대의제를 확립하는 것도 쉽지 않은 과제였습니다. 그런데 루소는 대의제를 말한 것이 아니라 대의제의 한계를 지적했죠. 한국식으로 말하자면, 대의제가 확립된 이후에도 '선거'와 '여의도 정치' 외에 '촛불'과 '거리의 정치'가 필요하다는 인식을 하고 있었던 것입니다.

나아가 루소는 매우 놀라운 제안을 합니다. 몽테스키외가 《법의 정신》에서 한 말을 인용하면서 루소 자신도 이에 동의한다고 말합니다.

> "추첨에 의한 선거는 민주주의의 본질에 속한다."[《법의 정신》 2부 2장][33]

> 추첨 방식이 민주주의의 본질에 더 잘 부합 (…) 그때 이 조건은 만인에게 동등하고 선출은 그 어떤 인간적 의사와도 관계없이 이루어지는 만큼, 법의 보편성을 해칠 만큼 편파적으로 적용되는 일은 없기 때문이다.[34]

추첨으로 대표자를 뽑자니 무슨 소리인가, 황당한 제안이 아닌가 하는 생각이 드시죠? 국민의 대표를 생각할 때 잘난 사람, 특별한 사람이 우리의 대표가 되어야 한다고 생각하는 경향이 있지 않습니까? 루소는 이 생각을 깨버립니다. 우리

중에 무작위로 추첨해서 뽑더라도 그 사람이 잘해낼 수 있다고 본 것입니다. 루소가 살았던 시대에 프랑스의 문맹률이 얼마였겠어요? 시민 대부분이 글자를 몰랐을 겁니다. 그럼에도 루소는 "추첨민주주의다!"라고 자신 있게 말했죠. 민중에 대한 굳건한 신뢰가 엿보입니다. 그리고 루소는 조국이었던 스위스 제네바 같은 소도시 국가, 그리고 '추첨민주주의Sortition Democracy'를 실시했던 고대 아테네 도시국가를 이상적 모델로 생각했던 것으로 보입니다.

'추첨민주주의'는 우리에게 익숙하지 않습니다. 1992년 육군 중위로 복무하다가 군 부재자 부정투표를 고발했던 이지문 씨의 박사학위 논문은 '추첨민주주의'를 잘 설명하고 있습니다.《추첨민주주의 이론과 실제》(이담북스, 2012)라는 단행본으로도 출간되었죠.

정치적 민주주의의 원형原型은 아테네에서 시작되었다고 합니다. 그런데 아테네에서는 1000개 이상의 관직 대부분을 추첨으로 뽑은 시민으로 채웠습니다. 임기는 1년이고 연임은 할 수 없었습니다. 아테네의 추첨민주주의는 B.C. 594년 솔론의 개혁 시기부터 B.C. 322년 마케도니아에 의해 붕괴할 때까지 약 300년 동안 유지되었습니다.[35] 이 이야기를 처음 듣는 분도 계시죠?

현대 아일랜드에서는 개헌을 위해 정당에서 지명한 의원 33명, 추첨으로 선발한 시민 66명, 그리고 정부가 임명한 의장 1명 등 총 100명으로 구성된 헌법회의Constitutional Convention를 2012년 12월에 설립해 2014년 3월까지 성공적으로 운영했습니다.[36] 2013년 한국의 소수 정당인 녹색당 전국대의원대회는 100퍼센트 추첨을 통해 대의원을 선출했습니다. 전국 16개 시도별로 지역·연령·성별을 고려해서 30명당 1명씩 모두 134명, 소수자 부문에서 청소년과 장애인을 각 3명씩 뽑았다고 합니다.[37] 다른 분야지만 배심재판에서 배심원은 다 추첨으로 뽑습니다. 검사와 변호인 측이 배심원 후보군 중에서 편견이 있을 것으로 판단되는 사람은 제외하는 것을 전제로 말입니다. 이렇게 뽑힌 배심원들이 유무죄를 판단합니다. 우리나라는 배심재판이 극히 드물게 진행되지만, OECD 나라에서는 배심재판이 재판의 중심으로 자리를 잡았습니다. 이지문 박사는 이렇게 말합니다.

무작위 추첨으로 뽑힌 보통 사람들의 능력이나 판단력을 어떻게 믿느냐고 하지만, 똑똑하다는 변호사 등 명문대 출신 전문직 출신들이 의원 대다수를 점하는 국회는 그러면 왜 이 모양 이 꼴인가? 선거제도 개혁을 위한 시민총회를

추첨 시민들로 구성해 성공한 캐나다 브리티시컬럼비아주
의 경험을 보더라도 똑똑하다는 사람들이 좋은 제도를 만
드는 게 아니라 좋은 제도가 똑똑한 사람을 만들고 좋은 사
회를 만든다.[38]

물론 이지문 박사도 추첨민주주의의 전면 도입보다는
대통령과 지자체장은 선거제로 뽑고, 국회의원과 지방의회의
원, 그리고 이들의 수십 배수로 뽑는 국회시민의원단과 시민
의원단은 추첨제로 뽑는 '보합제' 도입을 주장하고 있습니다.
"선거민주주의를 보완할 추첨민주주의"[39]에 대해 한번은 생각
해볼 필요가 있지 않을까요.

지방분권

다음으로 우리나라에 덜 알려져 있는 루소의 제안에 대해 말
씀드리겠습니다. '지방분권' 문제입니다. 《사회계약론》 13장
에 나옵니다. 많은 사람들이 이 책을 읽다가 30페이지를 못 넘
어갑니다.(웃음) 그러다 보니 이 부분을 놓칩니다.

수도를 절대 허용하지 말고 정부를 각 도시에 번갈아 자
리 잡게 하며, 그 나라의 신분을 대표하는 모든 의원을 정

부가 자리 잡은 그 도시로 소집하는 것이다. 영토에 골고루 사람들이 살게 하고, 어디서나 똑같은 권리를 누리도록 하며, 도처에 풍요와 활기를 나눠주라. 그렇게 하면 국가는 최대한 강력하고 가장 잘 다스려지게 될 것이다. 도시 성벽은 오직 시골집들의 잔해만으로 이루어진다는 점을 명심하라. 수도에 궁궐이 세워지는 것을 볼 때마다 나라 전체가 오두막으로 변하는 것을 보는 듯하다.[40]

"수도를 절대 허용하지 말고 정부를 각 도시에 번갈아 자리 잡게 하라." 놀라운 제안 아닌가요? "영토에 골고루 사람들이 살게 하고, 어디서나 똑같은 권리를 누리도록 하며, 도처에 풍요와 활기를 나눠주라." 철저하게 지방분권을 하라는 거죠. 지금 우리 식으로 이야기하면 "서울 공화국을 해체하라"입니다. "도시 성벽은 오직 시골집들의 잔해로만 이루어진다." 이 말의 뜻은 도시의 웅장한 성벽은 다 시골집을 부수어서 만들었다는 것입니다.

2002년 16대 대선에서 노무현 후보가 충청권에 행정수도를 만들고 청와대, 국회, 중앙행정기관을 이전한다는 공약을 내걸었죠. 그리고 대통령이 된 후 지방분권을 하려고 노력했지만, 그 공약은 일부만 이뤄집니다. 행정수도 이전은 "서울

이 수도인 것은 관습헌법이다"라는 2004년 헌법재판소의 해
괴한 논리 앞에 무산되었죠.[*]

루소가 살았던 당시의 프랑스는 철저하게 파리 중심 국
가였습니다. 오랜 시간이 지난 후 좌파 미테랑 대통령 시절인
1982년에 지방분권법이 제정되었고 우파 시라크 대통령 시절
인 2003년에 개헌이 추진되어, 헌법 제1조 1항 4문에 "프랑스
의 국가조직은 지방분권화된다"라는 조항이 추가됩니다. 루소
의 비전이 실현된 것이죠.

사회계약과 사형

마지막으로 살펴볼 주제는 '사형'입니다. 루소는 사형을 찬성
합니다. 이 점에서 4장에서 살펴볼 체사레 베카리아Cesare Beccaria
의 사형폐지론과는 차이가 있습니다.

> 우리가 사람을 죽였을 경우 기꺼이 사형을 받겠다고 동의
> 하는 것은 우리 자신이 살인자에게 희생되고 싶지 않기 때
> 문이다. (…) 범죄자는 시민으로 간주되기보다는 적으로 간

---

[*] 문재인 대통령은 2018년 3월 발의한 개헌안에 수도 조항을 신설했다. "대한민
   국의 수도에 관한 사항은 법률로 정한다"(개헌안 제3조 2항)는 내용인데, 이는
   2004년 헌법재판소의 위헌 결정을 해소하기 위한 것이었다.

주되어 처형당하는 것이다.[41]

루소는 사회계약 안에 "네가 동료 시민을 죽이면 너도 죽어야 한다"라는 의미가 들어 있다고 본 것입니다. 반면 베카리아는 사회계약 안에 사형은 들어 있지 않다고 주장했어요. 루소가 살았던 당시에는 사형이 매우 자연스러운 형벌로 인식되었습니다. 베카리아가 등장하기 전에는 지식인들 대부분이 사형제를 지지했습니다.

사형에 대해서는 체사레 베카리아의 《범죄와 형벌》 강의에서 본격적으로 다룰 예정이니 여기서는 간단히 언급하겠습니다. 유럽연합EU에 가입하려면 사형을 폐지해야 합니다. 우리나라는 김대중 정부 출범 이후 사형을 집행하지 않고 있습니다. 제도로서의 사형은 폐지되지 않았지만 실제 집행은 없었던 거죠. 그래서 한국은 '사실상 사형폐지국'으로 분류됩니다. 그렇지만 흉악범죄가 일어나면 사형을 집행해야 한다는 주장이 늘 뒤따릅니다. 사회계약의 관점에서 어떤 것이 타당한지 깊은 고민이 필요합니다. 저는 사형을 폐지하고 종신형으로 대체해야 한다는 입장을 갖고 있습니다.

이제 강의를 마무리하겠습니다. 루소의 생각을 쉬운 말로 정리하면 "이 국가는 내가 만들었어", "내가 이 나라의 주권

자야", "내가 뽑은 대표자라도 감시해야 해", "대의민주주의만
으로는 충분하지 않아", "가능하면 추첨제를 통해 시민이 대표
자가 되어야 해", "자유만큼 평등이 중요해" 등입니다.

독일의 대문호 요한 볼프강 폰 괴테Johann Wolfgang von Goethe
(1749～1832)는 이렇게 말했습니다.

"볼테르와 더불어 하나의 세계가 끝나고, 루소와 더불
어 하나의 세계가 시작되었다."

루소는 많은 한계를 갖고 있었지만 근대 민주주의는 루
소로부터 시작되었습니다. 프랑스의 저명한 인류학자이자 구
조주의의 선구자인 클로드 레비-스트로스Claude Lévi-Strauss(1908～
2009)는 루소를 "우리 만인의 아버지"라고 명명했습니다.[42] 철
학자 황광우는 《사회계약론》을 "혁명의 모태", "민주주의의 산
파"가 된 책이라고 평가했습니다.[43]

《사회계약론》의 첫 페이지에 루소는 "제네바 시민 장
자크 루소가 씀"이라고 적어놓았습니다. 저는 이 소개를 보면
서 가슴이 찡했습니다. 루소의 삶은 기구했습니다. 로마 가톨
릭교회는 《사회계약론》을 금서로 분류했고, 프랑스 정부와 제
네바 정부는 루소를 체포하기 위해 영장을 발부했습니다. 그
래서 그는 영국으로 망명합니다. 다시 프랑스로 돌아와 1778
년 사망하는데 그 후 11년이 지난 1789년 프랑스대혁명이 발

발합니다. 1794년 루소의 유해는 국립묘지 팡테옹으로 이장됩니다. 팡테옹 건물 입구 정면에는 다음과 같은 글귀가 새겨져 있습니다.

"위대한 사람들에게 조국이 감사를 표한다Aux grands hommes la patrie reconnaissante."

청중과의 대화

청중 1 교수님, 강의 잘 들었습니다. 선출되지 않은 권력을
통제해야 한다고 하시면서 배심재판 제도를 말씀하셨는데요.
얼마 전 통합진보당 해산 사건(2014)으로 헌법재판소에 대한
국민의 통제가 필요하다는 주장이 제기되고 있습니다. 법학
자로서 어떻게 생각하시는지 궁금합니다.

먼저 저는 헌법재판소의 이 결정에 대해 공개적으로
비판 발언을 해왔습니다. 저는 김이수 재판관이 쓰신 반대의
견에 동의하고 있습니다. 첫째, RO라는 조직이 내란을 도모
했는지에 대해 최종적인 법원 판결이 나오지 않았습니다. 둘
째, RO가 내란을 도모했다고 확정된다고 하더라도 RO와 통
합진보당을 동일시할 수는 없습니다. 통합진보당 당원이 10
만 명쯤 될 텐데, 이 사람들을 RO의 꼭두각시라고 말할 수는
없죠.

통합진보당의 노선에 동의하지 않는 시민들도 많을 것입니다. 그러나 정당에 대한 판단은 사법부가 아니라 선거를 통해서 이루어져야 한다는 게 저의 확고한 소신입니다. 헌법재판소는 통합진보당에 대한 시민들의 심판 권한을 빼앗아버렸다고 생각합니다.

헌법재판소에 대한 국민적 통제라…… 어려운 질문입니다. 헌법재판소는 선출된 국민의 대표가 국회에서 만든 법률의 위헌성을 검토하는 권한을 갖습니다. 그리고 국민의 정치 활동에 필수적인 정당에 대한 해산 권한을 갖습니다. 헌법재판소는 1987년 헌법에 최초로 조항이 만들어지면서 발족합니다. 이후 우여곡절이 있었지만 제 역할을 한 것으로 평가받고 있습니다. 그러나 "서울이 수도라는 것은 관습헌법이다"라는 결정이나 이번 통합진보당 해산 결정은 동의하기 어렵습니다. 근래 들어 헌법재판소가 '다수자'의 편을 드는 경우가 보입니다. 이 기관의 역할은 약자, 소수자의 보호와 대변인데, 헌법재판관들이 대부분 엘리트 고위 법관 출신이기에 이런 일이 발생하는 게 아닌가 싶습니다.

현행 법체제에서 헌법재판관 9명 중 3명은 대통령이 직접 지명하고 임명합니다. 다른 3명은 대법원장이 임명합니다. 나머지 3명은 국회가 하는데, 여야가 각자 몫을 찾습니다. 이러한 구성원리에서 후보로 거론되는 사람은 대부분 고위 법관 출신입니다. '보수적' 세계관을 가진 경우가 많죠. 개헌을 하기 전이라도 대통령, 대법원장, 국회의 후보 추천 과정에 국민의 참여를 보장하거나 의견을 듣는 절차가 마련되면 좋겠습니다.

청중 2　　오늘 아침에 제가 공교롭게도 《사회계약론》과 관련된 강의를 들었는데요. 교수님께 여쭤보고 싶은 내용이 생겼습니다.

조국　　오늘 《사회계약론》 강의를 들으셨어요?

청중 2　　네. 그런데 교수님 강의가 더 재밌습니다.(웃음)

조국　　그 선생님에게 누를 끼치는……(웃음)

청중 2　　내용을 요약하면, 정치 체제를 민주정, 귀족정, 왕정 세 가지로 구분하면서 루소가 이렇게 이야기를 했다는 건데요. 국가의 목적은 더 많은 국민, 더 많은 영토로 설정하는 게 맞는 방향인데, 규모가 크면 클수록 민주정보다는 귀족정, 또

귀족정보다는 왕정이 좀 더 이상적인 것 같다는 내용이었어요. 저는 이 부분이 약간 이해가 되지 않습니다. 원래 의미는 어떤 것이었을까요?

조국 《사회계약론》에서 루소는 정부 형태를 군주정, 귀족정, 민주정 세 가지로 이야기하고, 민주정은 규모가 작은 나라, 군주정은 규모가 큰 나라에 적합하다고 말하고 있습니다. 루소는 각 형태의 장단점을 설명하고 있습니다. 사실 당시 유럽 국가는 다 왕정이었어요. 그런 상황에서 왕정을 타도해야 한다고 자신의 책에 쓸 수는 없었을 것입니다. 그랬다면 바로 처벌될 테니까요. 제 생각으로는 루소가 민주정을 마음속에 품고 있으면서도 세 형태에 대해 논평을 한 것 같습니다. 그가 인민주권론을 내세운 것, 직접민주제와 추첨제를 강조한 것, 지방분권을 강조한 것 등에 속마음이 있었다고 봅니다. 물론 루소는 자신의 구상이 실현되는 민주정은 규모가 작은 나라에 적합하다고 판단하고 있었죠.

좋은 질문 해주셔서 감사합니다. 다들 수고 많으셨습니다. 다음 시간에는 강의 마치고 다 같이 맥주 한잔하는 기회를 가지면 좋겠습니다. 감사합니다.

2015년 1월 21일

Charles-Louis de Secondat Montesquieu, *De l'esprit des lois*, 1748

근대 민주주의 정체의 기본 원리인 삼권분립을 최초로 제시하고
'법복귀족'을 견제하기 위해 시민참여재판을 강조하며
입법부가 따라야 할 '법을 만드는 방법'을 제시한다.

"권력이 권력을 저지하도록 해야 한다"

몽테스키외 《법의 정신》

사람이 권력을 남용하지 못하게 하기 위해서는
사물의 본질에 따라 권력이 권력을 저지하도록 해야 한다.

—몽테스키외 Montesquieu

한 주가 다시 돌아왔습니다. 이 재미없고 어려운 법고전을 같이 공부하느라 고생이 많으십니다.(웃음) 지난 시간에 루소의 《사회계약론》을 다루면서 샤를 루이 드 세콩다 몽테스키외 Charles-Louis de Secondat Montesquieu(1689~1755)를 잠깐 언급했죠. 이번에는 그의 대표 명저인《법의 정신De l'esprit des lois》을 강의합니다. 이 책은 루소의《사회계약론》보다 14년 전에 출간되었습니다. 루소를 포함해 계몽주의 사상가들이라면 아마 이 책을 모두 봤을 것입니다.

이번 강의에서 다룰 한국어판 교재는《법의 정신》발췌본(책세상, 2006)입니다. 원본은 아주 두껍죠. 두꺼운 책으로 읽으려면 아무래도 부담이 될 것 같아 발췌본을 골랐습니다. 발췌본에 나오지 않는 문장은 완역본(동서문화사, 2016)에서 따로 소개하겠습니다.

몽테스키외와 루소는 출신 계급과 성장 배경에서 큰 차이가 있습니다. 루소는 스위스 제네바에서 시계공의 아들로 태어나 사실상 고아로 자란 반면, 몽테스키외는 귀족 출신의 유복한 집안에서 태어나 자랍니다. 대학에서 법학을 전공하고 졸업 후 변호사로 활동하다가 큰아버지의 권유로 부유한 집안의 상속녀와 결혼합니다. 큰아버지가 죽은 뒤에는 보르도 고등법원 평정관評定官 지위를 상속받습니다. 요즘 말로 하면 '큰아빠 찬스'를 누린 것인가요? 몽테스키외야말로 '강남좌파'입니다.(웃음) 지난 강의에서 살펴봤지만, 루소는 정말 바닥의 삶을 살지 않았습니까. 두 사람의 사상적 차이는 이런 사회적 배경의 차이와 관련이 있다고 생각합니다.

필생의 역작

어려운 책이니만큼 가벼운 이야기로 시작하겠습니다. 보르도는 몽테스키외가 태어난 곳입니다. 이곳에는 보르도4대학인 '몽테스키외대학'이 있죠. 프랑스 남서부 항구도시인 이곳은 와인 생산지로 유명합니다. '보르도 와인', 많이 들어보셨죠?

와인 브랜드 중에 '몽테스키외'도 있습니다. 이 브랜드의 회원제 와인클럽 이름이 '와인의 정신The Spirit of Wine'입니다.(웃음)《법의 정신》을 생각하면서 작명한 것 같습니다. '몽테스키외 와인'은 미국 캘리포니아 와인입니다.《법의 정신》은 미국 독립운동에 강력한 영향을 주었기에 이를 기리기 위해 만들었을 것으로 추측합니다. 가벼운 에피소드지만 우리가 앞으로 다룰 내용과 관련이 있습니다.

　　몽테스키외는 귀족 출신이고 판사까지 지낸 사람이지만, 그의 책은 1751년 교황청 금서 목록에 등재됩니다. 이 책을 얼핏 보면 그냥 법과 제도 이야기밖에 없어요. 루소의 책은 문체가 웅변적이고 내용도 급진적인 부분이 많습니다. 반면 몽테스키외의 글은 루소에 비하면 좀 답답한 느낌을 줍니다. 글의 스타일도 꼼꼼하고 섬세하고 치밀합니다. 그런데도 교황청이 몽테스키외의 책을 금서로 만든 이유가 있겠죠? 몽테스키외와 루소의 책은 각각 다른 이유로 당시의 '구체제'를 위협했습니다. 미국독립혁명 시기의 사상가 토머스 페인Thomas Paine(1737~1809)은 《인권Rights of Man》(1791~1792)에서 이렇게 말합니다.

　　　　보르도 고등법원의 원장이었던 몽테스키외는 전제국가에 사는 저술가의 입장에서 나아갈 수 있는 데까지 나아갔다. 원리와 신중 사이에서 균형을 잡을 수밖에 없었으므로, **그의 본심은 종종 베일에 가려졌다**. 이런 점에 비추어 우리는 그가 표현한 것 이상으로 그를 평가해야 한다.[1]

《법의 정신》보다 훨씬 앞서 몽테스키외가 만 32세에 출간한 《페르시아인의 편지Lettres persanes》(1721)를 읽으면 그 '본심'이 더 잘 드러납니다. 그는 가상의 페르시아인이 보낸 편지 형식을 빌려 프랑스를 비롯한 유럽 사회를 신랄하게 조롱하고 통렬하게 비판합니다. 재미있는 구절이 많지만 이 책은 이번 강의의 대상이 아니므로 두 구절만 인용하겠습니다.

> 형식이 법학과 의학 중 어느 쪽에 더 유해했는지, 의사의 큰 모자 밑보다는 법률가의 법복 아래서 얼마나 더 많은 피해를 냈는지, 의학으로 죽은 사람 수보다 법률로 파멸 당한 사람의 수가 얼마나 더 많은지는 가늠하기 꽤 힘든 일일 거야.[2]

> 만약 군주가 백성들에게 행복한 삶을 향유하게 하기는커녕 고통을 주고 멸망시키려 든다면 순종의 근거는 무너져버리는 거네. **백성들이 군주에게 예속되어야 할 이유가 사라지는 거고, 양자는 서로 자유로운 관계로 접어드는 걸세.**[3]

백성과 군주가 "서로 자유로운 관계"가 된다는 말은 백성이 '혁명'을 할 수 있다는 뜻입니다.

몽테스키외의 초상화
작자 미상, 1753~1794년경

몽테스키외는 20년에 걸쳐 집필하고 만 59세 때 출간한
《법의 정신》머리말에서 다음과 같이 말합니다.

> 무지의 시대에 사람들은 가장 악독한 행위에도 아무런 의
> 구심을 갖지 않는다. 깨달음의 시대에는 가장 선량한 행위
> 를 하면서도 불안에 떤다.[4]

몽테스키외는 이 필생의 역작을 통해 "악독한 행위"가
판을 치는 "무지의 시대"와 싸우고 "선량한 행위"가 이루어지
는 "깨달음의 시대"를 열고자 했던 것입니다.

영국의 명예혁명

몽테스키외는 영국의 명예혁명과 프랑스혁명 사이에 살았습
니다. 명예혁명의 결과로 만들어진 '권리장전Bill of Rights'이 의회
에서 통과한 1689년, 몽테스키외는 프랑스 귀족 출신 아버지
와 영국 출신 어머니 사이에서 태어납니다. 그리고 1789년 프
랑스대혁명이 발발하기 이전인 1755년에 죽습니다. 명예혁명
Glorious Revolution(1688~1689)은 영국 의회와 당시 네덜란드 총독
윌리엄이 연합해 제임스 2세를 축출하면서 시작됩니다. 이 혁
명에 대한 상세한 설명은 3장에서 할 예정이니 여기서는 간단

권리장전
1689년

한 언급에 그치겠습니다.

의회의 초청으로 윌리엄은 군대를 끌고 영국에 상륙해 영국 국왕(윌리엄 3세)으로 추대되지만, 이전까지 영국 국왕이 갖던 권한은 상실합니다. 법을 만들거나 없애는 권한, 세금을 징수할 권한 등입니다. 1689년에 만들어진 '권리장전'은 새로운 국왕과 의회의 타협의 산물이었습니다. 이후 권력의 중심이 국왕에서 의회로 이동하고, 입헌군주제가 시작됩니다.

몽테스키외가 1689년에 태어났으니 아무리 늦어도 대학에 들어갈 무렵에는 이 명예혁명의 내용을 알고 있었을 것입니다. 명예혁명 이전의 군주는 절대군주였습니다. 당시 프랑스를 포함한 대륙 여러 나라의 왕들도 마찬가지였어요. 그런데 명예혁명 이후에 만들어진 입헌군주제를 보니 프랑스와는 완전히 달랐던 거죠. 몽테스키외의 입장에서는 놀랍기도 하고 부럽기도 했을 것 같습니다.

반면 영국인으로 미국독립혁명에 참여한 후 프랑스혁명에도 참여해서 '지롱드'의 일원으로 프랑스 국민공회 의원으로 선출되었던 토머스 페인은 명예혁명에 대해 다른 평가를 합니다.

국민은 제임스와 윌리엄이라는 두 악마 중에서 덜 나쁘다

고 생각하는 쪽을 선택했다. (…) 여기서 권리장전이라는
법령이 등장한다. 그러나 그것은 정부의 여러 부문이 권력,
이익, 특권을 나누어 갖기 위한 흥정에 불과했다.[5]

왕이 없는 공화국을 추구한 페인의 눈에는 당연히 이렇
게 보였을 것입니다.

삼권분립의 의미

초·중·고등학교 사회 교과서에는 삼권분립 개념이 나오고 몽
테스키외라는 이름도 나옵니다. 삼권분립을 최초로 제기했던
사람이 바로 몽테스키외죠. 대통령을 중심으로 한 행정부, 법
관으로 구성되는 사법부, 국민이 선출한 직업 정치인의 활동
무대인 입법부가 각각 있으면서 서로 견제한다는 것, 현재 우
리가 당연시하는 이 삼권분립의 구상은 몽테스키외에 의해 정
립되어 전 세계적으로 확산되었습니다.《법의 정신》완역본에
있는 구절을 한번 읽어보겠습니다.

권력을 가진 자는 모두 그것을 함부로 쓰기 마련이다. 이
점을 지금까지의 경험이 알려주는 바이다. (…) 사람이 권
력을 남용하지 못하게 하기 위해서는 사물의 본질에 따라

권력이 권력을 저지하도록 해야 한다.[6]

첫 번째 문장의 취지는 바로 감이 잡히죠? 왕정이든 귀족정이든 민주정이든, 권력자는 권력을 남용하게 된다는 뜻입니다. 진보거나 보수거나 좌파거나 우파거나 마찬가지죠. 아무리 성인聖人으로 불리는 사람도, 도덕적으로 탁월한 사람도, 예컨대 부처님이나 공자님이 권력을 잡아도 남용한다는 이야기입니다. 권력의 속성이 그렇게 만든다는 의미입니다.

저는 마지막 문장 "권력이 권력을 저지하도록 해야 한다"에《법의 정신》의 핵심이 들어 있다고 생각합니다. 권력은 도덕, 선의, 설교 등으로는 저지되지 않는다는 냉정한 인식입니다. 권력이 남용되지 않도록 하려면 권력이 쪼개지고 이 권력들끼리 서로 감시, 견제하도록 해야 한다는 중요한 지적입니다.

그러면《법의 정신》에서 주장하는 삼권분립론의 핵심을 살펴보겠습니다. 제11편 제6장 '영국의 제도'에 관련 내용이 나옵니다.

동일한 사람 또는 동일한 관리집단의 수중에 입법권과 집행권이 한데 모일 때 자유는 존재하지 않는다. 왜냐하면 같

은 군주 또는 같은 원로원이 법을 독재적으로 집행하기 위해 독재적인 법을 만들 염려가 있기 때문이다.(A)

재판권이 입법권과 집행권으로 분리되어 있지 않은 경우에도 역시 자유는 존재하지 않는다. 재판권이 입법권과 결합하게 되면 시민의 생명과 자유에 대한 권력은 자의적인 것이 될 것이다. 왜냐하면 재판관이 입법자가 되기 때문이다. (또한) 재판권이 집행권과 결합하게 되면 재판관은 압제자의 힘을 갖게 될 것이다.(B)

동일한 사람이나 동일한 제후 혹은 귀족이나 인민집단이 세 가지 권력 (…) 등을 모두 행사한다면 모든 것을 잃게 될 것이다.(C)[7]

우리가 알고 있는 삼권분립론의 핵심이 그대로 적혀 있지 않습니까? 제가 각 문단에 알파벳을 붙였습니다. 먼저 A를 볼까요. 우리 식으로 풀어서 설명하겠습니다. 입법부와 행정부가 하나로 되어 있거나 같은 집단으로 구성되어 있다고 가정하면, 행정부의 수장이 원하는 대로 법이 만들어질 것입니다. 구체적인 예를 들어볼까요. 검찰은 행정부의 일원입니다. 검사는 선거로 뽑지 않습니다. 검찰은 시민을 보다 쉽게 체포, 구속, 압수, 수색하고 싶어 합니다. 입법부와 행정부가 한통속이라면 이런 법률이 만들어지겠죠. 입법부와 행정부가 분리되어 있는 상태에서는 선출된 권력인 입법부가 시민의 눈치를 봐야 하니 이런 법률이 제정되는 것을 막으려고 할 것입니다.

B를 보겠습니다. 사법부와 입법부가 한 몸이라면 어떤 일이 벌어질까요? 선거로 뽑히는 대표자들은 항상 여론에 신경을 씁니다. 그러나 여론이 틀리는 경우도 많습니다. 수사기관과 언론이 결탁해서 특정인을 범죄인으로 몰아갔지만 사실이 아닌 것으로 판명되는 경우도 많았죠. 1991년 5월 발생한 '강기훈 씨 유서대필 사건'이 대표적 사례입니다. 당시 강 씨는 엄청난 여론의 비난을 받았고 유죄판결이 확정되었으며 만기 출소합니다. 그러나 16년이 흐른 2007년 11월 '진실·화해를 위한 과거사정리위원회'는 이 사건에 대한 진실규명 결정을 내리고 국가의 사과와 재심 등의 조치를 취할 것을 권고합니다. 그리고 재심 절차를 통해 강 씨의 무죄가 확정됩니다. 강 씨에게는 끔찍한 일이었습니다. 혹독한 세월을 견뎌야 했던 강 씨는 안타깝게도 암 투병 중입니다. 법원은 여론이 아니라 법리에 따라 판단해야 합니다. 그러나 사법부와 입법부가 결합되어 있으면 '여론재판'으로 경도될 것입니다.

다음으로 사법부와 행정부가 한 몸이라고 상상해볼까요. 조선시대 재판을 '원님 재판'이라고 부릅니다. 고을 원님

《법의 정신》초판 표지
1748년

또는 사또가 백성을 기소하고 판결도 내립니다. "네 죄를 네가 알렷다"라고 호통치듯 말하는 모습을 드라마에서 보신 적 있죠? 사법부와 행정부가 결합되어 있다면 법원은 행정부의 뜻에 따라 판결을 내리게 될 것입니다. 법원이 판결을 통해 검찰을 견제하는 일은 없을 것입니다. 강기훈 씨와 같은 비극이 또 발생하게 될 것입니다. 마지막으로 C의 경우에는 앞서 살펴본 모든 문제들이 다 발생하겠죠.

　　몽테스키외는 귀족이든 인민 집단이든 삼권분립이 안 된 권력을 갖게 되면 자유는 사라질 것임을 경고하고 있습니다. 정권의 성격이 좌파냐 우파냐, 민중 권력이냐 엘리트 권력이냐, 좋은 권력이냐 나쁜 권력이냐는 관계없다는 것입니다. 어느 경우라도 "권력이 권력을 저지하도록 해야 한다"라는 것이 몽테스키외의 통찰입니다.

루소의 《사회계약론》 강의에서 프랑스혁명의 주도자들이 《사회계약론》에 큰 영향을 받아 혁명의 길로 나아갔다고 말씀드렸습니다. 프랑스혁명의 산물인 1789년 '인간과 시민의 권리선언' 제16조는 다음과 같이 규정합니다.

"권리의 보장이 확보되어 있지 않고 권력의 분립이 확정되어 있지 아니한 사회는 헌법을 갖고 있지 아니한다."

바로 여기에 몽테스키외의 사상이 구현되었음을 알 수 있습니다. 5장에서 다룰 《페더랄리스트 페이퍼》에서 확인하겠지만, 삼권분립론은 미국독립혁명 후 미국이라는 새로운 공화국을 만드는 기초가 됩니다. 미국 '건국의 아버지들Founding Fathers'도 이 사상을 받아들여 새로운 나라를 만들었습니다.

시민참여재판

몽테스키외는 법률가였고 보르도 고등법원의 평정관評定官 지위를 세습으로 상속받은 사람이었지만, 전문 법관에 대해서는 비판적 시각을 갖고 있었습니다. 《페르시아인의 편지》에서 그는 "우리는 절대 오판이라는 걸 모르는 판사들입니다"라고 뻐

기고, "성신聖神께서 우리를 일깨워주시는 게 안 보입니까?"라고 반문하는 법관들을 조롱했습니다.[8]

몽테스키외는 법관의 역할을 제한하려고 했습니다.

> 판결은 명백히 정해져 있는 법률 조문에 불과할 정도로 일정해야 한다. 만약 판결이 한 재판관의 개인적 견해라면 사람들은 책임져야 할 의무가 무엇인지도 모르는 채 사회생활을 하는 것이나 다름없다. (…) 사법권은 이를테면 없음이나 다름없다. (…) 인민의 재판관은 앞에서 말한 것처럼 법의 문구를 선언하는 입에 불과하다.[9]

법관의 역할을 축소시켜야 한다는 생각은 당시 계몽주의 사상가들에게 공유되어 있었습니다. 그들은 인민의 대표기관인 의회를 더 중시했습니다. 인민의 대표자가 법률을 잘 만들어서 법관이 이 법을 잘 적용하기만 하면 된다는 생각을 갖고 있었습니다. 이러한 맥락에서 몽테스키외는 시민참여재판을 강조합니다.

> 인민은 어떤 재판관이 성실한지, 어떤 재판관의 심판에 만족하여 많은 사람들이 법정에 나오는지, 어떤 재판관이 부

패에 연루되지 않았는지 등을 잘 알고 있기 때문에 인민이 직접 재판관을 선출하는 것은 당연하다. (…) 재판권은 상설인 원로원에 부여되어서는 안 된다. 그것은 **시민 가운데 선출된 사람들**이 연중 어느 일정한 시기에 법이 정하는 방식에 따라 필요한 기간만 존속하는 법정을 만들어서 행사해야 한다.[10]

재판관은 "시민 가운데 선출된 사람"이 해야 한다는 것인데, 바로 판사직선제 또는 배심제를 말합니다. 프랑스혁명을 필두로 근대 시민혁명이 성공한 나라에서는 시민의 재판 참여가 제도적으로 마련되었습니다. 유무죄를 비非법률가 시민이 판단하는 영미식 '배심재판', 시민과 법관이 같이 유무죄를 판단하는 독일식 '참심參審재판' 등 유형은 다양하지만, 시민의 재판 참여는 근대 민주주의의 핵심입니다. 시민의 재판 참여는 '법관독재'를 막고 재판의 민주적 정당성을 높이며 재판에 대한 시민의 신뢰를 확보할 수 있는 최고의 방안입니다. 미국은 주마다 차이가 있지만 판사를 직선하는 주가 매우 많습니다. 검색 사이트에서 'election judge' 또는 'judicial election'으로 찾아보면 쉽게 확인할 수 있습니다.

우리나라에서는 노무현 정부 때 사법개혁의 결과로 배

심제가 도입됩니다. 그런데 현행 국민참여재판에서 배심원의 유무죄 평결은 법관에게 '참고사항'일 뿐 구속력이 없습니다. 반면 영미권에서는 법관이 배심원의 평결을 반드시 따라야 합니다. 게다가 우리나라에서 실제로 배심재판으로 재판이 진행되는 비율은 전체 1심 형사사건에서 0.1퍼센트 정도입니다. 있으나 마나 한 상태죠.

　　우리나라의 경우 공부 잘해서 사법고시에 합격한 사람 또는 로스쿨 졸업하고 변호사 시험에 합격한 사람이 재판을 하는 것이라는 인식이 지배적입니다. 대통령이나 국회의원은 국민인 내가 직접 뽑아야 한다는 점에 대해서는 신념이 확고하지만, 판사를 선출한다거나 시민이 재판에 참여하는 것은 여전히 낯섭니다. 근대 법체계를 도입했지만 시민의 재판 참여는 오랫동안 도입하지 않았던 일본의 영향 탓일 수도 있습니다. 대통령이나 국회의원을 뽑는 직접선거도 없애거나 왜곡시켰던 권위주의 정권이 시민의 재판 참여를 허용할 리도 없었겠죠. 그 결과 대통령이나 국회의원 등 정치인에 대한 민주적 통제는 가능하고 활성화되어 있지만 사법부에 대한 민주적 통제는 봉쇄되어 있습니다. 법관의 독립은 존중해야 하지만, 시민의 재판 참여 없이는 법관이 '법복귀족^{法服貴族}'이 되는 것을 막기 힘듭니다.

영화 〈12 Angry Men〉 포스터
1957년

저는 종종 대학원 수업에서 헨리 폰다 주연의 1957년 영화 〈열두 명의 성난 사람들 12 Angry Men〉을 같이 봅니다. 이 사건의 피고인은 자신을 학대한 양아버지를 칼로 찔러 죽인 18세 소년입니다. 배심원들은 유무죄를 두고 치열하게 토론하고 논쟁합니다. 처음에는 헨리 폰다가 분한 '8번 배심원'을 빼고는 모두 유죄를 선택합니다. 그러나 계속된 평의 속에 차례차례 변화합니다. 상세하게 이야기하면 스포일러가 될 테니 자제하겠습니다.(웃음) 기회가 된다면 꼭 보시기를 권합니다. 참고로 4장에서 다룰 《범죄와 형벌》에서 베카리아는 배심제에 대해 다음과 같이 말합니다.

> 무지한 자는 감각으로 판단하지만, 전문가는 학설과 의견으로 판단한다. 전자의 판단이 후자의 판단보다 더 믿을 수 있는 안내자이다. (⋯) **재판관은 유죄판결에 익숙**해져 있으며, 모든 것을 그의 전문지식에서 빌려온 인위적 개념요소로 환원하는 경향이 있다. 이러한 재판관의 학식보다는 보통 사람의 상식이 증거판단을 잘못할 가능성이 더 적다. 법을 아는 일이 전문 학문이 아닌 나라는 얼마나 행복한가! 누구나 그와 동등한 이웃 시민들로부터 재판받도록 하고 있는 법제는 정말 경탄할 만하다.[11]

전문가는 자기의 "전문지식", 그리고 자신이 아는 "학설과 의견"에 얽매여서 판단하기 때문에 오히려 진실을 보지 못할 우려가 있으며, "유죄판결에 익숙"해져 있다고 비판한 것입니다. 시대와 공간을 넘어 우리가 고민해야 할 점이라고 생각합니다.

한편 많은 정치학자와 법학자들은 배심재판을 '민주주의의 학교'라고 부릅니다. 각 계급, 계층, 집단에서 무작위로 뽑혀 온 사람들이 한 장소에 모여 피고인이라는 다른 시민의 운명을 결정하기 위해 토론하고 합의하는 과정에서 민주시민의 소양을 갖출 수 있기 때문입니다. 게다가 배심재판에서는 우리 사법체제의 고질병인 '전관예우'가 작동할 수 있는 여지가 없습니다.

배심원을 매수하는 내용의 할리우드 범죄 영화가 있기는 하지만, 영미권 사법체제에서 배심재판의 의미를 부정하는 사람은 없는 것으로 알고 있습니다. 독일에서는 참심원이 법관과 함께 법대法臺에 앉아 사건을 심리하는데, 이에 대해서도 부정적 견해를 표출하는 사람은 없다고 알고 있습니다. 우리나라에서 극소수로 진행되고 있는 국민참여재판을 경험한 시민들을 대상으로 조사한 결과에서도 다들 뿌듯해하며 자긍심을 가진다고 합니다.

피고인이 법관을 제척除斥 또는 기피할 수 있어야 한다는 몽테스키외의 견해도 놀랍습니다.

중대한 고발에 있어서 범죄인은 법과 협력해서 스스로 재판관을 선임해야 한다. 또는 적어도 많은 수의 재판관을 피할 수 있게 함으로써, 남은 사람을 그가 선택한 것으로 간주해야 한다. (…) 재판관은 피고와 사회적·신분적으로 동등한 사람이어야 하는데, 이는 **피고가 자기를 억압할 것 같**

**은 사람들의 수중에 떨어진 것이 아닌가 하고 생각하는 일
이 없도록** 하기 위해서다.[12]

현재 우리나라 형사소송법에도 법관 제척·기피 제도가
있습니다. 그렇지만 현실에서는 잘 활용되지 않습니다. 제척·
기피 신청이 있어도 받아들여지는 경우가 드뭅니다. 신청이
기각되면 원래 신청 대상이었던 법관이 그대로 재판을 맡습니
다. 그러다 보니 신청을 꺼리는 것입니다. 한편 외국의 배심재
판이나 우리나라의 국민참여재판은 모두 배심원 후보자의 편
견을 점검하고 배심원에서 배제할 수 있는 절차가 마련되어
있습니다.

법관에 의한 재판이든 배심재판이든 "재판관은 피고
와 사회적·신분적으로 동등한 사람이어야" 한다는 몽테스키
외의 지적은 시사하는 바가 큽니다. 시민들이 배심원으로 참
여하는 배심재판의 경우에는 이러한 지적이 쉽게 해결됩니다.
그러나 우리나라처럼 법관에 의한 재판이 압도적으로 많은 경
우에는 해결책이 없습니다.

법을 만드는 방법

《법의 정신》에 나오는 입법부의 과제에 대해 살펴보겠습니다.

《법의 정신》제29편 '법을 만드는 방법'에서 중요한 부분을 발췌해 정리했습니다.[13] 몽테스키외는 그리스, 로마, 프랑스의 예를 들면서 여러 가지 중요한 원칙을 제시합니다. 차례로 보겠습니다.

첫째, "입법자의 의도에 어긋나는 법"을 만들어선 안 된다. 입법자는 입법의 목적과 결과가 반대로 나올 수 있음을 직시해야 한다.

프랑스에서 녹봉을 받는 성직을 두고 경쟁하던 두 사람 중 한 사람이 죽었을 때, 그 성직은 살아남은 사람의 것이 된다는 법이 있었다고 합니다. 이 법의 의도는 성직자 사이의 싸움을 없애기 위함이었습니다. 그러나 실제 결과는 정반대였습니다. 성직자들이 사생결단으로 싸웠습니다. 현대의 예를 들면, 미국의 '금주법'은 시민들이 술을 마시지 못하게 하려는 것이었지만, 실제로는 밀주업자와 범죄 조직이 이 법 덕분에 돈을 버는 결과를 낳았죠.

둘째, "법의 문체는 간단해야 한다." "법의 문체는 쉬워야 한다."

이 두 문장을 보면 어떤 생각이 드세요? 지금도 우리 사회의 법률이나 판결문은 참 복잡하고 어렵지 않습니까? 난해한 법률용어 몇 개를 예로 들어보겠습니다. '수봉收捧', 이 말이 무슨 뜻인지 아시겠어요? '징수'라는 뜻입니다. '해태解怠하다'는 어떤가요? '제때 하지 않는다'는 뜻입니다. '관해寬解'는 '완화'라는 뜻입니다. '부잔교浮棧橋'는 '부두연결다리'라는 뜻입니다. 법제처 등에서 오랫동안 법률용어 순화 작업을 해왔지만, 이러한 일본식 법률용어가 많이 남아 있습니다. 행정용어도 마찬가지입니다. '개비改備하다'라는 말 들어보셨죠? '바꾸어 갈다'라는 뜻이죠. 이처럼 용어 자체도 어렵지만, 법률이나 판결문은 읽어도 무슨 말인지 모르겠다는 사람들이 많습니다. 이제는 많이 바뀌었지만 과거에는 판결문 전체가 하나의 문장인 경우도 많았습니다.(웃음)

셋째, "법의 말은 모든 사람들에게 똑같은 관념을 불러일으키는 것이 중요하다." "어떤 법에서 사물의 관념을 확정했을 때는 결코 모호한 표현으로 되돌아가서는 안 된다."

법의 표현이 모호하고 불명확하면 필연적으로 해석을 둘러싼 분쟁이 일어납니다. 그리고 법을 준수해야 하는 시민의 입장에서는 무엇이 금지되고, 무엇이 허가되는지 판단하기 어렵습니다. 결과적으로 법을 집행하는 권력이 재량을 갖게 되고, 시민의 자유는 위태로워집니다. 이 원칙은 현대 법률용어로 '명확성의 원칙'이라고 합니다. 이 원칙은 베카리아의 《범죄와 형벌》에서도 강조됩니다.

죄와 벌의 올바른 균형

몽테스키외는 가혹한 형벌에 대해서도 비판을 전개합니다.

> 국내에 무슨 불편한 일이 생기면 강권적인 정부는 갑자기 그것을 바로잡고자 낡은 법을 집행하려는 생각 대신 곧바로 해악을 막을 가혹한 형벌을 설정한다.[14]

먼 나라의 옛이야기가 아니죠? 전두환, 노태우 등 정치 군인들이 일으킨 1980년 5·17 군사 쿠데타 직후 끔찍한 인권 탄압이 벌어졌던 '삼청교육대'를 기억하시나요? 노태우 정부가 벌였던 '범죄와의 전쟁'도 기억하시죠? 그때나 지금이나 법과 질서를 바로 세운다, 범죄를 소탕한다 등등의 명목으로 가혹한 형벌을 주장하는 사람 또는 세력이 있습니다. 그러나 학계의 연구에 따르면 '중형重刑주의', '혹형酷刑주의'는 범죄를 감소시키지 못합니다. 전근대前近代 유럽에서는 소매치기 등 절도에 대해서도 교수형에 처했습니다. 교수형 처형 장면을 대중 앞에 공개했는데, 그 상황에서도 교수형을 보러 온 사람들의 주머니를 터는 절도가 이루어졌다고 합니다. 몽테스키외는 말합니다.

그러나 정부의 동력은 그것[**가혹한 형벌**]으로써 소모된다. (⋯) 이 무거운 벌에도 익숙해져 버린다. 그리고 무거운 벌에 대한 두려움이 줄어들어 머지않아 더욱더 무거운 벌을 설정하지 않을 수 없게 된다.[15]

　　몽테스키외가 살았던 당시의 사람들은 중형이나 혹형에 대해 별다른 문제의식 없이 받아들이고 있었지만, 그는 달랐습니다. 중형이나 혹형이 실제로는 범죄 억제에 효과가 없음을 지적하고 있습니다.

　　한편 그는 "죄와 벌의 올바른 균형"이 이루어지고 있지 않음을 비판합니다. 몇 가지 예를 드는데, 농로마세국의 수도 콘스탄티노플에서 반란죄에 대해서는 태형(죄인의 볼기를 작은 형장으로 치던 형벌)이 내려진 반면 비방죄에 대해서는 화형에 처한 것, 황제(바실리우스 2세)에 대해 음모를 꾸민 사람들은 태형에 처하고 머리칼과 털을 불로 태우는 처벌이 내려진 반면 황제의 허리끈에 사슴뿔이 걸리자 칼로 허리끈을 잘라 황제를 구한 시종은 목을 자르게 한 것, 그리고 프랑스의 큰길에서 도둑질한 사람과 도둑질하고 살인까지 한 사람에게 같은 형벌이 내려진 것 등입니다. 그는 이렇게 제안합니다.

형벌 상호 간에 조화가 있어야 한다. 왜냐하면 작은 죄보다 큰 죄를 피하고 사회를 해치는 작은 사항보다 그것에 타격을 주는 더욱 큰 것을 피하는 게 더 중요하기 때문이다.[16]

유무죄의 다툼도 중요하지만, 유죄라고 하더라도 내려지는 형벌이 과도하게 무겁거나 가벼우면 피고인이 승복하기 어렵습니다. 시민들의 정의감에도 부합하지 못할 것입니다. 우리 헌법재판소에서 종종 특정 범죄에 대한 형벌이 과도하다며 위헌결정을 내리는 것도 바로 이런 이유 때문입니다. 이와 같은 몽테스키외의 사상은 베카리아에 의해 계승·발전됩니다.

풍토론

삼권분립론만큼 독자적 의미를 갖는 '풍토론'에 대해서 간략히 살펴보겠습니다. 당시 대부분의 법률가들은 법을 '자연법' 또는 '이성'의 반영물로 생각하는 형이상학적 사고를 했습니다. 그러나 몽테스키외는 경험주의적 연구 방법을 취합니다. 그는 "가장 넓은 의미에서 법은 사물의 본질에서 유래하는 필연적인 관계"[17]라고 규정하면서도, 동서양을 포괄하여 각 나라의 풍토, 기후, 습속, 생활양식 등등을 검토하고 그 차이가 법률의 차이를 낳는다는 결론에 이릅니다. 《법의 정신》 제14편부터 제18편에 걸쳐 상세한 고찰이 진행되는데, 다음 문장이 그 핵심을 정리하고 있습니다.

정신적 특질, 마음의 여러 정념이 풍토마다 매우 다르다는 것이 진실이라면, 법 또한 이 성격의 차이에 대해 상대적인 것이어야 한다. (…) 많은 것들이 인간을 지배하고 있다. 즉 풍토·종교·법률·통치 원칙·과거 사례·풍속·도덕 등이다. 그것들로부터, 그것들에서 유래하는 일반 정신이 이루어진다.[18]

몽테스키외의 경험주의적 연구에 대해 "경험적 증명을 거치지도 않았고 또 경험적 증명을 추구하지도 않은 선입견에 철저히 지배당하였다"[19]라는 비판이 있습니다. 그가 수많은 나라를 직접 가서 조사하지 않았음은 사실입니다. 그리고 유럽 중심적인 선입견이 있었던 것으로도 보입니다.

그렇지만 저는 몽테스키외가 조사하고 정리한 각 나라 '풍토' 부분을 읽으며 감탄했습니다. 지금같이 인터넷이 있는 세상도 아니고 교통이 원활한 것도 아닌데, 자기가 찾을 수 있는 자료들은 다 모아서 분석하고 정리했더군요. 세계 지리지地理志 느낌까지 들 정도로 각 나라의 풍토, 기후, 습관을 꼼꼼하게 조사하고 그것들로부터 법률이 만들어진다는 결론을 도출합니다. 이 점에서 그는 '법사회학', '법인류학'의 원조가 아닌가 싶습니다. 양이 무척 많은데, 이번 강의에서는 더 다루지 않겠습니다. 다만 한국 이야기가 짧게 나와서 중요한 부분은 아니지만 소개하겠습니다.

> 심한 더위는 사람의 힘과 용기를 떨어뜨리는 반면에, 추운 풍토는 사람에게 오랜 시간이 걸리고 어려운, 위대하고 대담한 행동을 가능하게 하는 어떤 능력을 육체와 정신에 준다는 것은 이미 말한 바 있다. (…) 중국 북부 민족은 남부 민족보다 용감하고, 한국의 남부 민족은 북부 민족만큼 용감하지 못하다. 더운 지방 민족의 나약함이 거의 언제나 그들을 노예로 만들고 추운 지방 민족의 용기가 그들의 자유를 보존케 했음은 의심할 나위가 없다.[20]

18세기의 몽테스키외가 한국 북부 민족과 남부 민족의 차이를 이야기하니 조금 신기하죠?(웃음) 그다음에 그는 매우 중요한 말을 합니다.

> 법은 만들어지지만 풍속은 계시된다. 후자는 좀 더 일반 정

신에서 유래하고, 전자는 좀 더 특수한 제도에서 유래한다. (…) 풍속이나 생활양식을 바꾸고자 할 때에는 그것을 법에 따라서는 안 된다는 것이다. 그것은 너무도 전체적으로 보일 것이다. 그것은 다른 풍속, 다른 생활양식에 따라서 변경하는 편이 낫다. 그러므로 군주가 그 국민에게 큰 변화를 일으키고자 할 때엔, 법으로써 설정된 것은 법에 따라 개혁하고, 생활양식으로써 형성된 것은 생활양식에 따라 변경해야 한다. **생활양식으로 바꿔야 할 것을 법에 따라서 변경한다는 것은 매우 나쁜 정책이다.**[21]

'법'과 '풍속'을 구분하면서, 법을 통해 생활양식을 바꾸려는 시도는 하지 말라는 충고입니다. 그러면서 서구식 근대화와 강력한 국가 건설을 추진했던 러시아의 표트르 1세가 사람들이 도시에 들어갈 때 입는 옷의 길이를 무릎까지로 제한한 법을 만든 것은 "폭정과도 같았다"라고 비판합니다.

남의 일이 아닙니다. 우리도 과거 권위주의 정권 시절에 남성이 장발이거나 여성이 미니스커트를 입으면 경범죄처벌법상 '범죄'로 규정되었습니다. 경찰관들이 거리에서 가위와 자를 들고 지나가는 남성들의 머리카락 길이를 재고, 여성들의 치마 길이를 쟀어요. 머리와 치마 길이가 규정을 초과하면 경찰서로 끌려갔습니다. '폭정'이라고 하지 않을 수가 없었습니다.

1970년대 권위주의 정권 시절에는 '가정의례준칙'과 '가정의례에 관한 법률'을 만들어 표준적 가정의례를 형벌로 강제했습니다. 정치적 민주화가 이뤄지면서 많은 부분이 바뀌었지만 지금도 이 법에는 결혼식에서 신랑이 먼저 입장해야 한다, 제사는 명절 아침에 맏손자의 가정에서 지내야 한다 등의 조항이 들어 있습니다. 이게 맞을까요?(웃음) 요즘은 결혼식에서 신랑과 신부가 손잡고 동시에 입장하는 경우가 많죠. 제사도 형제간에 돌아가면서 지내는 집이 많고요. 빨리 폐지해야 할 법률이라고 생각합니다.

투표, 군주가 되는 길

법 자체에 대한 이야기는 아니지만, 긴밀한 관련이 있는 투표와 선거에 대한 몽테스키외의 시각을 보겠습니다. 몽테스키외는 투표의 중요성을 역설합니다. 제가 참 좋아하는 문장입니다.

민주 정체에서 인민은 어떤 면에서는 군주이기도 하고 어떤 면에서는 신민(臣民)이기도 하다. **인민은 자신의 의지의**

표현인 투표에 의해서만 군주가 될 수 있다.[22]

　　인민이 '군주'이자 '신민'이라는 것은 인민이 투표를 통해 주권을 행사하고 투표를 통해 선출된 대표자의 결정에 복종한다는 대의민주주의 요체를 밝힌 말입니다. "인민은 투표에 의해서만 군주가 될 수 있다." 참 멋진 말 아닙니까. 주권자가 자신의 의지를 표현하는 방법은 여러 가지가 있습니다. 언론·출판·집회·시위 등을 실천할 수 있습니다. 그런데 대의민주주의 체제에서 정치권력을 결정하는 것은 투표입니다. 이 투표를 통해 권력을 잡고 바꾸고 뒤집습니다. 이 점에서 투표권 행사는 왕이 되는 길입니다. 2013년 개봉된 영화 〈관상〉에서 수양대군(이정재 분)은 관상가 내경(송강호 분)에게 묻습니다. "내가 왕이 될 상인가?" 현대 한국 사회에도 자신이 왕이 될 상인지, 왕이 될 사주팔자인지 묻고 다니는 정치인 또는 정치인 지망자들이 제법 있다고 합니다.(웃음) 그러나 왕이 되려면 인민의 마음, 주권자의 마음을 얻어야겠죠.

　　루소의 《사회계약론》에서도 살펴보았지만, 루소와 몽테스키외는 대의제에 대해 생각이 달랐습니다. 루소는 대의제에 대해 매우 비판적이었지만 몽테스키외는 대의제를 믿었습니다.

주권을 가진 인민은 자기가 능히 할 수 있는 일을 모두 스스로 해야 한다, 그리고 자기가 할 수 없는 일은 대리자를 통해 해야 한다. 대리자는 인민이 임명하지 않으면 결코 인민의 것이 되지 못한다. (…) 인민은 자기 주권의 일부를 맡겨야 할 사람을 선출하는 데 훌륭한 능력을 가지고 있다. (…) 만약 인민이 갖고 있는, 사람의 장점을 판별할 수 있는 자연적인 능력을 의심하는 사람이 있다면 아테네인과 로마인의 놀라운 선택에 눈을 돌리기만 하면 될 것이다.[23]

부유한 귀족 출신 몽테스키외가 이런 말을 했다는 것이 의외이지 않습니까? 프랑스의 '강남좌파'라고 할 만하죠?(웃음) 그는 인민의 능력을 믿었습니다. 당시는 물론이고 지금도 인민의 능력을 무시하고 자질을 폄훼하는 사람들이 많이 있습니다. 자신이 재산이 많다고 가난한 사람을 무시하는 사람이 있습니다. 자신이 이른바 명문 대학을 나왔다고 그렇지 못한 사람을 무시하는 사람이 있습니다. 자신이 지식노동을 한다고 육체노동을 하는 사람을 무시하는 사람이 있습니다. 그러나 민주주의의 기본은 주권자 인민에 대한 믿음입니다.

이어 몽테스키외는 투표권에 대해 구체적인 논의를 전개합니다.

민주 정체에서는 어떠한 방법으로, 누구에 의해, 누구에게, 무엇에 관해 투표권이 주어지는가를 규정하는 것이 중요하다.[24]

몽테스키외는 민주 정체에서 인민이 선출해야 하는 대리자로 행정관, 전쟁사령관, 재판관, 재정관 등의 공직을 나열합니다. 재판관 선출에 대해서는 앞에서 이야기했죠. 선거 방법으로는 추첨에 의한 투표를 말합니다. 몽테스키외는 "추첨에 의한 투표는 민주 정체의 특징"[25]이라고 했습니다. 지난《사회계약론》 강의에서 루소가 몽테스키외의 추첨민주주의론에 동의한다는 의사를 밝혔다고 말씀드렸죠.

'클레로테리온kleroterion'이라고 불리는 추첨 기계가 있습니다. 고대 아테네에서 관직과 배심원을 무작위로 뽑을 때 사용한 도구입니다. 좌우로 배열되어 있는 홈에 시민의 이름표를 꽂은 뒤 무작위로 뽑아 선출하는 방식입니다.

몽테스키외는 추첨민주주의를 강조하면서도 보완책을 제시합니다. 그는 아테네 정치인 솔론Solon(B.C. 630~B.C. 560)이 추진한 개혁을 예로 들면서 추첨으로 선출된 대표자는 재판관의 심사를 받아야 하고, 선출된 자가 적합하지 않을 경우 누구든 탄핵할 수 있도록 하는 방안을 제안합니다.

그리스 아테네 '아고라 박물관'에 있는 클레로테리온

또한 몽테스키외는 영국의 예를 들면서 입법부를 선출할 때 지역구 단위에서 뽑아야 한다고 말합니다. 지금 시점에서 보면 너무 당연한 말이지만, 당시에는 지역구 단위 선출이 보편화되어 있지 않았습니다.

사람은 자신이 속한 도시가 필요로 하는 것을 다른 도시가 필요로 하는 것보다 훨씬 더 잘 알고 있다. 또 이웃을 다른 동포보다 더 잘 판단할 수 있다. 그러므로 입법부의 구성원은 인민 전체에서 선출해서는 안 된다. (…) 모든 시민은 각자 저마다의 지구에서 대표를 선출하는 투표권을 가져야 한다.[26]

한편 몽테스키외는 투표를 하면 '당쟁'이 생긴다는 우려에 대해 반박합니다.

공화국의 불행은 오히려 당쟁이 없어졌을 때다. 그것은 인민을 돈으로 타락시켰을 때 생긴다. 인민은 무관심해지고 돈에 집착하게 된다. 국가의 일에 애착을 느끼지 않는다. 통치나 그와 관련하여 문제가 되는 사항에는 관심을 갖지 않고 조용히 그 대가만을 기다린다.[27]

우리나라에도 "당쟁이 문제다", "정치투쟁이 문제다" 같은 한탄이 많습니다. 그러나 몽테스키외는 냉정하게 현실적으로 진단합니다. 인민이 정치에 관심을 갖지 않고 돈에만 관심을 갖게 되어 타락한다는 것입니다.

몽테스키외는 정치에 대해 도덕주의적 판단을 하지 않습니다. 민주 정체를 유지하고 운영하려면 당연히 정치와 정당이 필요하고, 정치와 정당의 본성은 권력 투쟁입니다. 몽테스키외는 이 투쟁을 현실로 인정하고, 정치와 법을 만들어 운영해야 한다고 판단했습니다. 이러한 인식은 미국 '건국의 아버지들'에게도 이어집니다. 5장에서 살펴볼 《페더랄리스트 페이퍼》의 한 구절을 소개합니다.

> 파벌의 원인은 제거될 수 없고 오직 파벌의 영향을 조정하는 방법에 의해서 치료할 수밖에 없다.[28]

평등에 대한 사랑

이제 우리나라에는 덜 알려진 두 가지 점에 대해 말씀드리려고 합니다. 첫째, 몽테스키외는 현대 '복지국가' 또는 '사회국가'에서 보장하는 '사회권'을 실현해야 한다는 선구적 의식을 갖고 있었습니다.

길거리에서 알몸으로 있는 인간에게 물건을 조금 무상으로 베풀어도 그것은 결코 국가의 의무를 다한 것이 되지 않는다. 국가는 모든 시민에게 생활을, 즉 음식물, 적당한 옷, 건강에 해가 되지 않는 생활양식을 보장해야 한다. (…) 국가는 국민이 고난을 막기 위해서이든, 또 폭동을 일으키는 것을 피하기 위해서든 빠른 구조를 가져올 필요가 있다. 즉 이 경우에는 구제원, 또는 이러한 가난을 예방할 수 있는 어떤 비슷한 결정을 할 필요가 있는 것이다.[29]

이런 문제의식을 당대의 다른 계몽주의자의 사상에서 찾기는 어렵습니다. 강의 초입에서도 언급했지만, 미국독립혁명 시기의 사상가 토머스 페인이 몽테스키외를 높이 평가한 이유가 바로 여기에도 있지 않을까 추측합니다. 5장에서 보시겠지만, 페인은 민중의 삶과 복지를 개선하기 위해 14개의 개혁 방안을 제시한 사람입니다.

둘째, 몽테스키외는 공화국의 덕성을 "평등에 대한 사랑"이라고 강조합니다. 그는 '정체政體'를 민주 정체, 귀족 정체, 군주 정체, 전제 정체 이렇게 4개로 나눕니다. 그리고 민주 정체에는 덕성이, 귀족 정체에는 절제가, 군주 정체에는 명예가, 전제 정체에는 공포가 필요하다고 말합니다. 귀족 정체에서 귀족은 특권을 갖지만 절제가 있어야 정체가 유지되고, 군주 정체에서는 명예(몽테스키외는 "위선적 명예"라고 구체적으로 말합니다)가 있어야 정체가 유지되고, 전제 정체에서는 공포가 필요하다는 것입니다.[30] 그러면 민주 정체에는 무엇이 필요하다고 했을까요?

> 공화국에 있어서 '덕성(vertu)'이라고 부르는 것은 조국애, 즉 평등에 대한 사랑이라는 점에 주의해야 한다.[31]

> 참된 평등 정신은 극단적인 평등 정신으로부터 멀리 떨어져 있다. 전자는 모든 사람이 지배를 하거나, 아무도 지배를 받지 않도록 하는 것이 아니라, 동등한 인간에게 복종하고 동등한 인간을 지배하도록 하는 데 있다. 그것은 지배자를 전혀 가지지 않을 것을 구하는 것이 아니라 지배자로서 동등한 인간만을 가질 것을 구한다. 자연상태에서는 인간은 분명히 평등한 존재로 태어난다. (…) 사회는 평능을 잃게 만든다. 그리고 인간은 법에 따라서만 다시 평등해진다.[32]

평등입니다. 몽테스키외의 이 말에서 루소의 평등론, 그리고 법의 역할에 대한 루소의 생각이 그대로 보이시죠?

몽테스키외는 "모든 사람이 지배를 하거나 아무도 지배를 받지 않도록 하는" 것이 평등이 아니라 동료 시민에게 복종하고 동료 시민을 지배하는 것이 평등이라고 갈파합니다. 지배자를 갖지 않는 것이 아니라 '동등한 인간'으로서의 지도자를 갖는 것이 평등이라는 말이죠. 루소가 말한 '사회계약' 관념을 사용하지는 않았지만 "나와 똑같은 동료 시민이 있다. 그를 나의 대표자로 뽑았기에 그에게 머리를 숙이는 것이다"라는 생각을 한 것입니다.

'가장 행복한 사람'의 조건

마지막으로 몽테스키외의 '행복론'을 소개하면서 강의를 마무리하겠습니다.

> 만약 내가 모든 사람이 자신의 의무, 자신의 군주, 자신의 조국, 자신의 법률을 사랑하는 새로운 이유를 발견하고, 또한 자신이 속한 나라나 정부, 각자 맡고 있는 직위 속에서 행복을 보다 잘 느끼게 할 수 있다면, 나는 스스로를 (…) 가장 행복한 사람이라고 생각할 것이다.[33]

이 말은 자신의 나라, 정부, 의무, 군주, 조국, 법률을 무조건 사랑하라는 말이 아닙니다. 몽테스키외가 이 책에서 밝힌 여러 기준을 가지고 자신의 나라, 정부, 의무, 군주, 조국, 법률을 되돌아보라는 말입니다. 그 속에서 행복을 느낄 수 있는지 검토하라는 말입니다. 몽테스키외는 이어서 말합니다.

> 만약 내가 통치하는 사람들이 명령해야 할 사항에 대해 지식을 늘리고, 또 복종하는 사람들이 복종하는 일에서 새로운 기쁨을 발견하도록 할 수 있다면, 나는 스스로를 (삶을 누리는) 사람들 가운데서 가장 행복한 사람이라고 생각할 것이다. 만약 내가 사람들이 자신의 편견에서 벗어날 수 있도록 할 수 있다면, 나는 스스로를 (삶을 누리는) 사람들 가운데서 가장 행복한 사람이라고 생각할 것이다.[34]

몽테스키외가 《법의 정신》 머리말에서 밝힌 내용입니다. 이 책을 통해 통치하는 사람들과 복종하는 사람들이 "새로운 기쁨"을 발견하기를 바라고 있습니다. 그리고 편견에서 벗어나라고 말하고 있습니다. 이러한 "가장 행복한 사람"이 되기 위한 방법은 시대와 공간을 넘어 21세기 대한민국에도 큰 의미가 있다고 생각합니다.

청중1   우리나라에서 국민참여재판이 본격적으로 시행되고 있
는지 몰랐습니다. 시범적으로만 도입된 줄 알았어요.

조국   법률이 제정되어 시행되고 있습니다.

청중1   어떤 경우에 국민참여재판이 가능한가요? 비율은 어느
정도 되고, 앞으로 어떻게 바뀌어나갈 것이라고 전망하십니
까?

조국   국민참여재판이 모든 범죄에 대해서 시행되고 있지는
않습니다. 가능한 죄목이 제한적이죠. 법제처 사이트에 들어
가서 '국민의 형사재판 참여에 관한 법률' 제5조*를 찾아보시
면 쉽게 확인할 수 있습니다. 국민참여재판의 비율은 전체 1
심 형사사건에서 0.1퍼센트 정도입니다. 정말 미미하죠. 강의

중에도 말씀드렸지만, 현행법상으로는 배심원이 결정을 내려도 전문법관이 그 결정을 반드시 따르지 않아도 됩니다(국민의 형사재판 참여에 관한 법률 제46조 제5항). 그래서 가능하면 빨리 배심재판의 수를 늘리고, 배심의 결정이 최종 평결이 되도록 바꿔야 한다는 주장이 나오고 있습니다.

지금까지 진행된 배심재판의 결과에 대해 전문법관들은 우호적으로 평가하고 있습니다. 우리나라 시민들의 수준이 매우 높습니다. 몽테스키외가 찬양했던 영국 배심제는 17세기 때 시행되었습니다. 그때 문맹률이 얼마나 높았겠어요. 우리나라는 문맹률이 매우 낮습니다. 17, 18세기의 유럽 시민보다 21세기 대한민국 사람들이 무지하다? 말도 안 되는 소리죠. 지적 수준, 시민의식, 덕성 등에서 압도적으로 우위에 있습니다.

---

*   제5조(대상사건)

① 다음 각 호에 정하는 사건을 국민참여재판의 대상사건(이하 "대상사건"이라 한다)으로 한다.

1. 법원조직법 제32조 제1항(제2호 및 제5호는 제외한다)에 따른 합의부 관할 사건.

2. 제1호에 해당하는 사건의 미수죄·교사죄·방조죄·예비죄·음모죄에 해당하는 사건.

3. 제1호 또는 제2호에 해당하는 사건과 형사소송법 제11조에 따른 관련 사건으로서 병합하여 심리하는 사건.

② 피고인이 국민참여재판을 원하지 아니하거나 제9조 제1항에 따른 배제결정이 있는 경우는 국민참여재판을 하지 아니한다.

그런데 당장은 법이 바뀔 것 같지 않습니다. 국민적 관심으로 자리 잡지 못하고 있거든요. 그렇지만 시민의 재판 참여에 대한 인식이 점점 확산된다면 어느 순간 바뀔 수 있습니다. 포기하지 맙시다.

청중2   얼마 전에 헌법재판소에서 선거구 획정과 관련해 선거구별 인구 편차를 2 대 1 이하로 줄여나가라고 권고했는데, 현재 총선이 1년 정도 남은 상황에서 어떻게 선거구 제도가 바뀔 수 있을지 모르겠습니다. 잘 아시겠지만 독일식 정당명부비례대표제가 굉장히 복잡하고 까다로운데 국민적 합의가 가능할지, 우리나라 사정에 맞게 잘 적용할 수 있을지…… 교수님은 어떻게 생각하시는지 궁금합니다.

조국   인구 편차 3 대 1의 비율이 위헌이라고 결정이 났으니 의무적으로 선거구제를 바꿔야 합니다. 어떤 지역구는 분구가 되고 어떤 지역구는 합해질 겁니다. '표의 등가성'이 지켜지지 않으면, 국민의 투표 가치가 불평등해지는 것 아닙니까. 예컨대 내가 사는 지역구에는 유권자 수가 1만 명인데 국회의원을 한 명 뽑고, 저쪽 동네는 5000명인데도 한 명을 뽑으면, 나의 표 가치는 절반밖에 되지 않으니까요.

독일식 정당명부비례대표제로 갈 것인가…… 만만치 않은 문제입니다. 이 제도는 의원내각제를 전제로 합니다. 각 정당별로 국회의원 후보 순서가 있고 선거 후 각 정당이 얻은 비율대로 의석수를 가져가는 제도입니다. 한 정당이 과반을 차지하지 못하면 연합정부를 구성하고요. 영국은 의원내각제를 하면서도 소선거구제를 유지합니다.

국민 다수는 의원내각제 개헌을 선호하지 않으므로 독일식 정당명부비례대표제를 그대로 도입하기는 쉽지 않을 것으로 예상합니다. 그러나 현행 선거제도는 바뀌어야 합니다. 가장 큰 문제는 지역주의를 고착화한다는 것입니다. '권역별 비례대표'를 의무적으로 도입해서 영남에서도 진보적 정당의 의원이, 호남에서도 보수적 정당의 의원이 나오도록 해야 합니다. 또한 거대양당 제도가 바뀌어야 합니다. 노동지향 진보정당, 환경지향 녹색정당 등이 국회에 진출할 수 있도록 법을 바꾸어야 합니다. 현행 비례대표 제도로는 거대양당만 비례대표를 갖게 됩니다. 소수정당의 경우 지역구 진출이 어렵기 때문에 비례대표 부분에서 소수정당의 몫을 할당해야 한다고 봅니다. 거대양당이 싫어하거나 소극적일 것이 분명하지만, 다양한 국민의 목소리가 국회에 온전히 반영되어야 대의제 민주주의의 취지가 살아납니다.

청중 3   국회의원들이 자기 기득권을 지키기 위해 소선거구 제도를 유지하려고 하는 것을 막을 방법이 있을까요.

조국   말씀대로 거대양당이 "너희는 떠들어라, 우리는 안 고친다"라는 태도로 나온다면 변화는 쉽지 않을 것입니다. 거대양당에 대한 설득과 압박이 필요합니다. 여론이 형성되어야 합니다. 동의하는 학자와 전문가는 언론에 글을 기고하고, 시민들은 온라인 게시판과 소셜미디어 등에 의견을 올려야 합니다. 여의도 국회 앞에서 1인 시위를 할 수도 있습니다. 취지에 동의하는 유명인들이 합류하면 좋겠습니다. 예컨대 김제동 씨 같은 분이 함께해주시면 좋겠죠.(웃음) 오늘 강의도 잘 들어주셔서 고맙습니다.

2015년 1월 28일

John Locke,
Two Treatises of Government, 1689

사회계약의 목적을 "생명, 자유, 자산"의 보존으로 설정하고
"입법권의 한계"를 제시한 후 인민은 폭정을 무력으로 제거할 권리와
폭정을 예방할 권리를 가지고 있음을 설파함으로써 '저항권', '혁명권'을 정당화한다.

"인민은 폭정을 무력으로 제거할 권리가 있다"

존 로크 《통치론》

인간은 폭정으로부터 벗어날 권리뿐만 아니라
그것을 예방할 권리도 가지고 있다.

—존 로크 John Locke

세 번째 강의는 존 로크John Locke(1632~1704)의 《통치론Two Treatises of Government》입니다. 이 책은 영국 명예혁명이 일어난 다음 해인 1689년에 출간되었습니다. 루소의 《사회계약론》이 프랑스혁명을 예비한 저작이라면, 로크의 《통치론》은 영국 명예혁명을 정당화한 저작입니다. 2장 《법의 정신》 강의에서도 살짝 언급했지만, 영국 명예혁명은 영국 의회와 당시 네덜란드 총독 윌리엄이 연합해 제임스 2세를 축출하고 양자가 권력 타협을 이룬 사건입니다.

《통치론》의 원제 'Two Treatises of Government'는 '통치에 관한 두 논문'이라는 뜻입니다. 로크는 두 개의 논문을 썼는데, 우리가 공부할 《통치론》은 두 번째 논문 〈시민정부의 참된 기원, 범위 및 그 목적에 관한 시론〉입니다. 여기서 '통치', '정부'는 현재적 의미의 '행정부'를 뜻하지 않고 '국가권력' 전체를 말합니다. 첫 번째 논문은 〈로버트 필머 경 및 그 추종자들의 가짜 원칙과 근거가 발견되고 전복되다〉인데 우리나라에

는 거의 알려지지 않은 글입니다. 솔직히 저도 읽어보지 못했습니다.(웃음)

　로크는 1632년 변호사의 아들로 태어나 웨스트민스터 학교와 옥스퍼드대학에서 공부합니다. 이른바 엘리트 코스를 밟았다고 할 수 있죠. 영국 내전 당시 웨스트민스터 학교는 의회주의를 지지하고 있었습니다. 로크는 옥스퍼드대학에 입학하기 전인 1649년에 찰스 1세의 처형, 올리버 크롬웰Oliver Cromwell(1599~1658)의 공화정권 수립을 목격합니다. 크롬웰 정권은 영국 최초이자 최후의 공화정부였고 독재적 권력을 휘둘렀습니다. 이후 1660년 왕정복고가 이루어지면서 찰스 1세의 아들 찰스 2세가 즉위합니다. 찰스 2세는 크롬웰의 무덤을 파내 시신을 네 조각으로 잘라 시내에 내걸었습니다. 아버지의 복수를 한 것입니다.

　찰스 1세와 올리버 크롬웰은 공화혁명과 왕정복고의 격동 속에서 차례로 목이 잘립니다. 찰스 1세는 살아서 목이 잘리고, 크롬웰은 죽은 후 목이 잘리죠. 로크는 이 장면을 직접 보거나 전해 들었을 것입니다.

　로크는 철학자이자 의사였습니다. 로크는 애슐리 경(훗날 새프츠베리 백작)의 간 종양을 수술해준 것을 계기로 애슐리가의 고문 의사가 되었고, 애슐리 경이 백작 작위를 받은 후에

존 로크의 초상화
Godfrey Kneller, 1697년

는 비서관으로 활동합니다. 새프츠베리 백작은 휘그당의 핵심 지도자였죠. 당시 영국에는 휘그당과 토리당이 있었는데 휘그당은 왕의 권한을 통제해야 한다는 입장을 갖고 있었습니다. 그런데 찰스 2세는 자신과 그의 동생이자 왕위 계승자인 제임스 2세 암살 음모 혐의로 새프츠베리 백작 등에 대한 체포 명령을 내립니다. 새프츠베리 백작은 네덜란드로 도주했고 로크도 네덜란드로 망명합니다. 로크는 당시 영국 정부가 지명 수배한 84명의 반역자 명단에 포함되어 기소됩니다. 새프츠베리 백작은 네덜란드에서 사망합니다.

이후 휘그당과 토리당이 손잡고 네덜란드 총독이었던 윌리엄을 데리고 와서 제임스 2세를 축출하고 새로운 왕으로 만듭니다. 그는 윌리엄 3세로 즉위하는데 의회와 권력을 나누는 협정을 맺어 '권리장전'에 서명하고 선포합니다. 로크는 명예혁명 성공 후 윌리엄의 부인인 메리 공주(메리 2세, 윌리엄 3세와 함께 영국 공동통치)를 수행하고 영국으로 돌아옵니다.

로크의 삶이 참 파란만장하지 않습니까? 로크의 초상화를 보면, 머리는 허옇게 세었고 얼굴은 마른 모습입니다. 그는 만성 천식에 시달렸다고 합니다. 외관상으로도 연약해 보이는 이 사람이 겪은 시련을 생각해보십시오. 《통치론》 출간은 명예혁명 다음 해인 1689년입니다. 그러나 이 책은 혁명이

찰스 1세의 초상화
Daniël Mijtens, 1632년

발발하기 전에 집필되었습니다. 찰스 2세에 대항하던 "새프츠
베리의 프로테스탄트의 음모"[1] 기간에 쓰인 것으로 보입니다.
혁명을 하려면 무력이 필수적이지만, 이론도 필수적입니다.
《통치론》은 명예혁명이 성공한 후에 출간되었지만, 그 내용은
명예혁명 이전에 이미 준비되어 있었을 것입니다. 이 책은 명
예혁명을 준비하는 고민의 산물이었습니다. 로크는 서론에서
이렇게 말합니다.

정부의 또 다른 발생, 정치권력의 또 다른 기원 그리고 정
치권력을 소유할 인격[사람이나 기관]을 수립하고 분별하

올리버 크롬웰의 초상화
Samuel Cooper, 1656년

는 또 다른 방법을 필히 찾아내야 할 것이다.[2]

이 책의 목적이 무엇인지 간명하게 밝히고 있습니다. 그의 정치적 행보에서 알 수 있듯이 그는 '찰스 1세, 찰스 2세, 제임스 2세의 길'도 아니고 '올리버 크롬웰의 길'도 아닌 '윌리엄 3세의 길'을 추구했습니다. 전제군주의 권력을 제한하고, 군주와 의회가 타협해 권력을 분점하는 길입니다. '올리버 크롬웰의 길'을 걸은 프랑스혁명과는 다른 길이죠.

이제《통치론》의 내용으로 한 발 더 들어가볼까요?

윌리엄 3세의 초상화
Godfrey Kneller, 1680년대

자연법론

로크는 '자연상태'에 대한 서술로 논의를 시작합니다. 그가 생각하는 '자연상태'는 국가나 정부가 없는 상태를 말하는데, 그는 이것을 '자유의 상태'이자 '평등의 상태'라고 보았습니다. 사람들이 자신의 의지에 따라 소유물과 인신을 처분할 수 있고, 어떠한 복종이나 종속 없이 상호 간에 평등한 상태라는 것입니다.

여러분은 고등학교 사회 시간에 토머스 홉스의 "만인의 만인에 대한 전쟁"이라는 관념을 들어보셨죠? 1장에서도 언급한 홉스의 유명한 저서 《리바이어던》의 한 구절을 보겠습니다.

> 인간은 그들 모두를 위압하는 공통 권력이 없이 살아갈 때는 전쟁상태로 들어간다는 것이다. 이 전쟁은 만인에 대한 만인의 전쟁이다. (…) 모든 사람이 모든 사람에 대하여 전쟁을 하는 상황에서는 그 어떤 것도 부당한 것이 될 수 없다. 옳고 그름의 관념, 정의와 불의의 관념은 존재하지 않기 때문이다. (…) 전쟁에서 요구되는 덕은 오로지 폭력과 속임이다.[3]

이렇듯 홉스는 '자연상태'를 "만인의 만인에 대한 전쟁" 상태로 파악했습니다. 그러나 로크는 홉스가 '자연상태'와 '전쟁상태'를 동일시했다고 비판하면서 '자연상태'에는 '자연법', '이성'이 존재했다고 보았습니다.[4] 1장에서 언급했지만, 홉스는 '사회계약설'을 제시하면서도 이에 기초해 절대군주제를 옹호했습니다. 절대군주제를 반대하고 전복하고자 했던 로크는 홉스를 깨뜨려야 했습니다. 로크는 '자연법'에 대해 이렇게 말합니다.

자연상태에는 그것을 지배하는 자연법이 있는데 그 법은 모든 사람을 구속한다. 그리고 이성이야말로 그 법에 해당하는데, 이성은 조언을 구하는 모든 인류에게 인간은 모두 평등하고 독립된 존재이므로 어느 누구도 다른 사람의 생명, 건강, 자유 또는 소유물에 위해를 가해서는 안 된다고 가르친다. (…) 그리고 인간은 비슷한 재능을 부여받았고 모두 자연이라는 하나의 공동체를 공유하므로, 인간들 사이에서는 서로를 죽일 수 있는 권위를 부여하는 이른바 어떠한 복종관계도 상정될 수 없다. (…) 그 자신의 보존이 위태롭지 않을 때 인간은 가능한 최대한 타인을 보존해야 하며, 공격자에 대한 정당한 반격이 아니라면 다른 사람의 생명, 또는 생명을 보존하는 데 필요한 것, 곧 그의 자유, 건강, 신체 또는 재물을 빼앗거나 손상시켜서는 안 된다.[5]

국가와 실정법 이전에 '자연법'이 존재한다는 관념은 계몽주의 사상가들에게 공통된 인식이었습니다. 사실 '자연법' 관념은 고대 그리스·로마 시대부터 존재했습니다. 원시인이 살던 선사시대에는 국가도 정부도 법률도 없었습니다. 그러나 원시인들도 이성을 갖고 있었고 그들의 삶을 규정하는 규칙도 있었을 것입니다.

사실 홉스도《리바이어던》에서 "사람은 날 때부터 평등하다"라고 선언하면서 "인간의 이성이 발견해낸 계율, 즉 일반적 원칙"인 '자연법'의 내용을 상세히 제시한 바 있습니다.[6] 저는 '자연상태'란 '전쟁상태'임과 동시에 '이성'이 존재하고 또 작동했던 상태라고 보는 것이 온당하다고 생각합니다. 로크가 제시하는 '자연법' 내용 중에서 제가 주목하는 부분이 있습니다.

> 자연상태에서 한 인간은 다른 인간에 대해서 [자연법 위반을 처벌할 수 있는] 권력을 획득하게 된다. (⋯) 차분한 이성과 양심이 명하는 바에 따라 범법자를 그의 침해에 비례하여 응징할 수 있는 권력으로서 배상과 [범죄의] 억제를 목적으로 하는 것이다.[7]

"침해에 비례한 응징"이라는 로크의 말은 범죄와 형벌 사이에 비례의 원칙을 적용해야 한다는 의미입니다.《법의 정신》이 "죄와 벌의 올바른 균형"을 주장했음을 기억하실 것입니다. 이는 현대 민주주의 형법의 핵심 원리입니다. 로크의 이 주장은 몽테스키외로 이어지고, 4장에서 볼 베카리아로 이어집니다.

《법의 정신》 강의에서도 살펴보았지만, 전근대 유럽에서는 절도범에 대해서도 사형에 처했습니다. 이런 법률이 현대의 한국에서 만들어졌다면 바로 '위헌'으로 결정 날 것입니다. 현대 사회에서도 흉악 범죄가 발생하거나 범죄가 증가하면 처벌 수위를 높여야 한다는 여론이 조성됩니다. 국민의 분노 또는 불안이 반영되는 현상입니다. 그러나 "차분한 이성과 양심"에 따라 판단하면, 형벌을 높인다고 해서 범죄가 줄지 않는다는 것을 알 수 있습니다. 실제 조사도 그러합니다. 그리고 범한 불법에 비례해서 제재를 받는 것이 정의의 관념에도 부합하죠. 로크의 현명함은 이러한 점에서도 확인됩니다.

절대군주제 비판

앞에서 언급했지만 홉스는 "만인 대 만인의 전쟁" 상태를 해결하기 위해 인민이 사회계약을 통해 국가를 수립하게 된다고 했는데 이때 국가는 절대군주국을 의미했습니다. 그러나 로크는 절대군주제를 강하게 비판합니다.

> 절대군주 역시 일개 인간에 불과하다는 사실을 상기시키고 싶다. 만약 인간이 스스로의 사건에서 재판관이기 때문에 필연적으로 나오는 그러한 해악에 대한 치유책이 정부

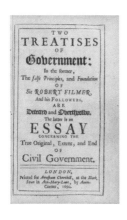

《통치론》 초판 표지
1689년

이고 따라서 자연상태가 지속되어서는 안 되는 것이라면, 한 사람이 다수를 좌지우지하고 그 자신이 관련된 사건에서 재판관이 될 수 있고, 그의 기분이 내키는 대로 무슨 일이나 그의 신민들에게 할 수 있으며, 그렇게 집행하는 것에 대해서 어느 누구도 이를 의문시하거나 통제할 수 있는 최소한의 자유마저 가지지 못한 곳에는 대체 어떠한 종류의 정부가 존재하고, 과연 그것이 자연상태보다 얼마나 더 나은 상태인지 묻고 싶다. 그가 무엇을 하든 그리고 이성, 과오, 정념 등 무엇에 의해서 이끌리든 복종해야 하는가? 차라리 사람들이 타인의 부당한 의지에 복종하지 않아도 무

방한 자연상태에 있는 편이 훨씬 나을 것이다.[8]

일부 사람들에 의해서 세계의 유일한 지배형태로 간주되는 절대군주제가 실로 시민사회와 양립 불가능하며, 따라서 결코 시민적 지배형태가 될 수 없다는 점은 명백하다. (…) 절대군주 아래 있는 신민은 이제 그의 재산이 군주의 의지와 명령에 의해서 침해될 때, 사회에 있는 인간들이 의당 가지고 있는 호소의 수단은 아무것도 가지고 있지 않으며, 마치 이성적인 피조물이 평상시[그가 누리던 상태]에서 주락한 것처럼, 그의 권리를 판단하고 방어할 자유마저 부정당하게 된다.[9]

구절구절에서 절대군주제에 대한 통렬한 비판이 느껴집니다. 절대군주는 일개 개인에 불과하다, 그리고 절대군주제는 '자연상태'보다 못하다고 로크는 말합니다. 또한 불복종의 필요성을 강조합니다. 당시 국왕이 좋아했을 리가 없겠죠?(웃음) 로크는 사회계약의 초기에 자유로운 인민들은 "군주제가 신권神權에서 비롯한다고는 꿈에도 생각하지 않았다"[10]라고 단언했습니다. '왕권신수설王權神授設'을 정면으로 부정해버렸죠. 영국 국왕이 반역자로 지명 수배를 할 만합니다.(웃음) 로크는 절대군주제를 무너뜨리고, 군주와 의회가 타협하는 '입헌군주제'를 꿈꾸었던 것입니다. 로크는 '전제적인 권력'을 다음과 같이 묘사합니다.

> 전제적인(despotical) 권력은 한 인간이 다른 사람에 대해서 가지는 절대적이고 자의적인 권력으로서 그가 원하면 언제든지 다른 사람의 생명을 박탈할 수 있는 권력이다. (…) 그는 짐승들이 사용하는 무력을 시비를 가리는 준칙으로 사용함으로써 인간의 지위에서 짐승의 지위로 전락했다.[11]

로크의 이러한 비판의식은 여러 형태의 현대 독재국가 통치 행태에도 적용됩니다. 독재국가에서 자행되었던 야만적 인권침해를 생각해보십시오. 우리나라에서도 권위주의 체제 또는 군사독재 시절에는 대통령이 선출된 대표자라기보다는 선출의 형식을 빌린 '폭군'이었습니다. 2012년 개봉된 영화 〈남영동1985〉를 보셨습니까? 1985년 경찰청 남영동 대공분실에서 김근태 씨가 겪은 잔혹한 고문 사건을 생생히 그린 영화입니다.

사회계약과 입법권

로크 역시 사회계약설을 전개합니다. 몽테스키외, 루소 등 후대 사상가들의 뿌리가 여기에서 확인됩니다. 그런데 《통치론》을 보면, 로크는 리처드 후커Richard Hooker(1554~1600)라는 신학자의 《교회정치론》을 많이 인용합니다. 후커는 신학자로 군주제를 옹호했고, 이를 위해서 '자연상태', '사회계약'의 관념을 도입합니다. 그런데 로크 등이 이 관념을 군주제를 전복하는 도구로 사용합니다. 사상과 이론이 현실의 과제에 따라 어떻게 수정·변형되는지 잘 보여주는 예입니다. 그리고 우리에게 잘 알려진 대가大家의 사상 뒤에는 그 이전 사람들의 사색과 탐구가 있었음을 보여주는 예이기도 합니다. 로크의 말을 더 들어보겠습니다.

> 각각의 구성원이 이 자연적 권력을 포기하고, 공동체가 제정한 법에 따라 모든 사건에 관해서 그 보호를 호소할 수 있는 공동체의 수중에 그 권력을 양도한 곳, 오직 그곳에서만 비로소 정치사회가 존재하게 된다. (…) 일정한 수의 사람들이 서로 결합하여 하나의 사회를 형성하고, 각자 모두 자연법의 집행권을 포기하여 그것을 공공체(the publick)에게 양도하는 곳에서만 비로소 정치사회 또는 시민사회가

존재하게 된다.[12]

　　루소의 사회계약론과 대동소이하죠? 인민이 자신의 생명, 자유, 재산을 보존하기 위해 사회계약을 통해 정치사회/시민사회를 만들었다는 뜻입니다.

　　그러면 이 정치사회/시민사회의 목적은 무엇일까요? 로크는 '재산'의 보존이라고 말합니다. 여기서의 '재산'은 "생명, 자유, 자산"을 합한 개념입니다.[13] 그런데 우리나라의 일부 철학 개론서나 고전 요약서는 이 점을 간과하고 있습니다. 로크의 '재산'을 단지 현금, 부동산, 동산 등과 같은 것으로 소개하고 있습니다. 완벽한 오류입니다. 과거 좌파 사상가들도 이러한 오독에 기초해서 로크가 귀족 계급의 이익을 도모했다고 비판하기도 했습니다. 로크에게 그런 측면이 있는 것은 사실이지만, 정치사회/시민사회의 목적이 "생명, 자유, 자산"의 보존이라는 판단이 틀리다고 볼 수는 없습니다.

　　사회계약을 통해 만들어진 정치사회/시민사회는 어떻게 운용될까요? '다수결'입니다. 로크는 말합니다.

　　동의에 의해서 모든 개인은 다수가 결정하는 바에 구속된다. 그러므로 우리는 실정법에 의해서 활동할 권한[의결

권]을 부여받은 회의기구에서 그 실정법이 특별한 수[의결 정족수]를 명시하지 않은 경우, 다수의 결의가 전체의 결의로서 통용되는 것을 목격하게 된다. 즉 다수가 자연법과 이성의 법에 의해서 전체의 권력을 가지고 결정을 내리는 것이다.[14]

지금 상황에서 본다면 너무 뻔한 이야기지만 당시의 절대군주제 상황에서는 다른 의미를 갖겠죠? 절대군주가 다수결의 원리를 좋아할 리는 없지 않겠습니까?(웃음)

한편 로크는 바로 이러한 사회계약에서 입법권이 도출된다고 말합니다.

사회에서 인간의 자유란 국가(commonwealth)에서 동의에 의해서 설립된 입법권 이외에는 어떠한 입법권에도 종속되지 않는 것이며, 또한 그 입법부가 위임받은 신탁에 따라 제정한 법 이외에는 어떠한 의지의 지배나 어떠한 법의 제약에도 종속되지 않는 것이다.[15]

로크는 루소와 마찬가지로 입법권을 "국가의 최고 권력"[16]이라고 규정합니다.

정부가 존속하는 경우에는 언제나 입법부가 최고의 권력
이다. 왜냐하면 다른 사람을 상대로 법을 만드는 자가 그
다른 사람보다 우월한 것이 당연하기 때문이다. 입법부가
입법부인 까닭은 다름 아니라 그것이 사회의 모든 부분들
및 구성원들을 위해서 법을 제정하고, 그들의 행동을 규제
하는 규칙을 작성하며, 그 법과 규칙이 위반된 경우 집행권
을 부여하는 권리를 가지고 있기 때문이다. 따라서 입법권
은 필히 최고의 권력이 되어야 하며, 사회의 구성원이나 부
분들이 가진 다른 모든 권력은 입법권에서 비롯되며 또한
그것에 종속된다.[17]

국가 차원의 사회계약은 법률의 형식으로 체결되는데
그 법률은 국민의 대표인 입법부만이 만들 수 있습니다. 왕이
선포하는 칙령勅令은 법률이 아닙니다. 너무 당연한 말처럼 들
리죠? 그런데 현대 민주국가에서도 '입법부만이 법률을 만들
수 있다'는 원칙을 훼손하는 일이 발생합니다. 입법부가 아닌
행정부에서 대통령령·총리령·부령 등 '명령'이나 '행정규칙'
으로 법률의 내용을 슬그머니 왜곡하기도 합니다. 명령이나
행정규칙은 법률의 취지에 부합해야 하고, 또한 법률이 정한
범위 안에서만 만들어져야 한다는 것이 민주국가의 원칙인데

도 말입니다. 이는 명백한 위헌·위법 행위이므로 반드시 시정되어야 합니다.

입법권의 한계

로크는 "국가의 최고 권력"은 입법권이고 "모든 권력은 입법권에서 비롯되며 그것에 종속된다"라고 말하면서도 입법권이 갖는 한계를 지적합니다. 그는 네 가지 한계를 제시하는데, 차례로 보겠습니다.

첫째, 입법권은 인민의 생명과 재산을 절대적·자의적으로 다루어서는 안 되고, "사람들이 사회에 들어가기 전 자연상태에서 가지고 있다가 공동체에 양도한 것 이상의 권력이 될 수 없다"[18]고 말합니다. 사회계약에서 도출된 입법권이 사회계약에서 설정한 범위를 넘어 행사될 수는 없다는 것입니다.

둘째, 입법권은 즉흥적이고 자의적인 명령을 통해 행사되어서는 안 되고(A), "국민에게 공포되어 널리 알려지고 확립된 일정한 법"에 따라 행사되어야 하며(B), "무사공평한 재판관"에 의해 분쟁이 해결되어야 한다고 말합니다(C).[19]

A에서 로크가 절대군주의 지배행태를 용납하지 않았다는 것을 확인할 수 있습니다. "즉흥적인 생각 또는 무절제하고 그 순간까지 알려진 적이 없는 의지에 근거한 터무니없고 무

제한적인 명령"[20]에 복종해야 하는 상황을 견딜 수 없었던 것입니다.

B는 별말이 아닌 것 같지만 중요한 부분입니다. 국민에게 법률의 준수를 요구하고 위반할 경우 제재를 가하려면, 먼저 국민이 그 법률 내용을 알아야 합니다. 이 전제가 이루어지지 않는다면 국민은 자신의 행위가 언제 어떤 이유로 처벌 대상이 될지 모르는 상태에서 생활해야 합니다. 그래서 근대 이후 민주주의 국가에서는 법률이 제정되거나 개정되면 반드시 공포를 합니다.

C에서는 "무사공평한 재판관"을 강조하고 있습니다. 어떻게 해야 "무사공평"이 보장될 것인가에 대해서는 상세한 설명이 없습니다. 이는 2장《법의 정신》강의에서 보았듯이 시민참여재판, 법관에 대한 제척·회피 제도 도입 등을 주장한 몽테스키외에 의해서 이루어집니다.

"무사공평한 재판관"이 보장되지 않으면 어떤 일이 벌어지는지는 중세 유럽이나 식민지 미국에서 벌어진 '마녀재판'을 떠올려보면 쉽게 짐작이 됩니다. 프랑스와 영국의 백년전쟁(1337~1453) 말기 프랑스와 샤를 7세를 구한 잔 다르크 Jeanne d'Arc는 샤를 7세에게 배신당하고 영국군에 넘겨지는데, 마녀로 몰려 일곱 번의 재판 끝에 화형을 당합니다.

1692년 미국 매사추세츠주 세일럼 마을의 마녀재판

1692년 미국 매사추세츠주 세일럼에서 벌어진 마녀재판도 악명이 높습니다. 이 재판으로 19명이 사형을 당하고 1명이 고문으로 죽습니다. 아서 밀러가 이 재판을 소재로 희곡《크루서블The Crucible》(1953)을 썼죠. 다니엘 데이 루이스와 위노나 라이더가 주연한 〈크루서블〉(1997)이라는 영화로도 만들어졌으니 한번 보시길 권합니다. 그리고 1991년 '강기훈 씨 유서대필 사건'에서 유죄판결을 내린 1, 2, 3심 법관들을 생각해보십시오. 권위주의 정권이 자행한 고문과 조작을 외면하고 유죄판결을 내렸던 수많은 법관들은 반성을 한 적이 없습니다.

셋째, "최고의 권력은 어떤 사람에게서든 그의 재산의 일부를 그 자신의 동의 없이 취할 수 없다"라고 말합니다. 인민들이 사회계약을 통해 정부를 만들 때 "사람들이 그들의 재산을 소유하고 보호할 수 있다는 조건으로 그리고 그러한 목적을 위해서 신탁한 것"이기 때문입니다.[21] 뒤에서 간략히 다루겠지만, 로크는 재산 또는 소유권을 "노동이 첨가된 것에 대한 권리"로 파악하고 매우 중요하게 생각합니다.

같은 맥락에서 로크는 "인민의 동의 없이"[22] 세금을 부과하거나 징수할 수 없다고 강조합니다. 1215년 영국의 대헌장 '마그나 카르타Magna Carta'에 유사한 취지의 조항이 들어 있습니다. '마그나 카르타'는 당시 귀족들의 압박으로 영국의 존 왕이 서명한 문서입니다. 전제군주제에서 세금을 걷을 때 인민의 동의가 있나요? 없습니다. 중세 유럽을 다룬 영화, 조선시대나 고려시대를 다룬 영화에서 세금을 걷는 장면을 떠올려보세요. 동의라는 개념 자체가 없습니다. 그냥 다 빼앗아 가는 거죠. 미국독립전쟁의 유명한 슬로건은 "대표 없이 과세 없다No taxation without representation"였습니다. 식민지 미국 인민들은 자신들의 대표 선출권을 인정하지 않으면서 세금만 계속 걷어가는 영국 정부에 대해 분노를 터뜨리고 혁명을 일으켰습니다.

그림을 하나 볼까요? 미국독립혁명의 시발점이 된 '보스턴 차 사건Boston Tea Party'입니다. 1773년 미국 식민지 인민들이 인디언 복장을 하고 보스턴 항에 정박해 있던 영국 동인도회사 선박 네 척에 올라가 엄청난 가격의 홍차 상자를 바다에 모두 던져버리죠. 통상적 관념으로는 노략질에 가까운 행동이었지만 이는 1775년 미국독립전쟁으로 이어집니다.

로크가 말하는 네 번째 입법권의 한계는 무엇일까요? 입법권은 "단지 인민들로부터 위임받은 권력에 불과"하므로 입법부는 법률을 제정할 권력을 다른 사람들의 수중으로 이전할 수 없다는 것입니다. 사회계약론의 논리상 당연한 귀결입니다. 로크의 말대로 "입법부는 법을 제정할 수 있을 뿐이지 입법자를 만들 수는 없기 때문"입니다.[23]

〈보스턴 차 사건〉

Nathaniel Currier, 1846년

저항권의 정당화

이제 로크의 놀라운 주장인 '저항권'을 살펴보겠습니다. '저항권'이라는 단어는 현재 한국 사회에서도 뭔가 불온하고 과격하고 급진적인 말로 들립니다. "폭동을 일으키겠다는 거야? 좌빨이야?" 이런 반응을 초래할 수도 있습니다. 먼저 로크는 이런 말을 합니다.

> '인민의 복지가 최고의 법이다.' 이 구절은 분명 정당하고 기본적인 원칙이다.[24]

> 정부의 목적은 인류의 복지이다.[25]

사회계약을 통해 정부가 법을 만들 때 그 목적이 무엇이었을지는 분명합니다. "인민의 복지", "인류의 복지"입니다. 문제는 이 목적을 위해 권력을 주었는데, 권력을 받은 자들이 정반대의 행위를 한다면 어떻게 해야 하는가입니다.

> 정부를 망치는 것은 부패나 쇠퇴가 초래한 현재의 상태를 변혁시키려는 시도가 아니라, 정부가 인민을 침해하거나 억압하고 어떤 부분이나 어떤 파벌을 구분하여 특혜를 주

며 나머지에게는 불평등한 복종을 강요하는 경향이다.[26]

정부가 이런 경향에 따라 운영되면 어떻게 해야 하는지 로크는 질문을 던집니다.

인민이 항상 폭정의 무제한적인 의지에 신음하는 것과, 통치자가 권력을 방만하게 행사하고 권력을 인민의 재산을 보존하기 위해서가 아니라 파괴하기 위해서 사용할 때 종종 저항을 하는 것 중 과연 어느 쪽이 인류에게 최선인가?[27]

로크는 저항이 최선이라고 답합니다. 명예혁명을 일으켜 제임스 2세를 축출한 것을 정당화하는 것이기도 합니다.

아무런 [정당한] 권한 없이 그리고 그에게 맡겨진 신탁에 반해 인민들에게 무력을 사용하는 것은 인민과 전쟁상태에 돌입하는 것이며, 인민은 그들의 권력을 행사하여 그들의 입법부를 본래대로 회복시킬 권리를 가지고 있다. (…) 입법부가 사회에 그토록 필요한 그리고 인민의 안전과 보존이 걸려 있는 업무를 수행하는 것을 무력에 의해서 방해받을 경우, 인민은 그것을 **무력에 의해서 제거할 권리**가 있다. 상황과 조건을 불문하고 권위 없는 힘의 사용에 대한 진정한 치유책은 힘으로 대항하는 것이다. 권위 없이 힘을 사용하는 자는 항상 침략자로서 전쟁상태를 도발하는 것이며, 따라서 그와 같이 취급되어 마땅하다.[28]

인민에게 "무력에 의해서 제거할 권리"가 있다는 말입니다. 사회계약을 위반하는 통치자는 "침략자"라고 규정합니다. 무척 세죠?(웃음) 이 점에서 사회계약설을 공유했지만 절대군주제를 지지한 홉스와는 결정적 차이가 난다고 볼 수 있습니다. 홉스는 이렇게 말했습니다.

모든 사람이 자신의 인격을 맡은 자에게 주권을 주었으므로 그를 폐위하는 것은 그들 스스로 자신의 인격을 박탈하는 것이 된다. 따라서 이것도 또한 불의가 된다.[29]

루소의 《사회계약론》이 프랑스혁명을 예비한 저작이라고 말씀드렸는데, 저항권의 이론적 기초는 로크의 《통치론》에서 정립되었습니다. 물론 로크는 프랑스혁명 같은 혁명을 꿈꾸지는 않았습니다. 그는 영국 명예혁명 같은 '보수적 혁명'을 기획했습니다.

로크는 '저항권'의 발동 시점에 대해서도 말합니다.

탄압과 음모에 의해 또는 외국으로 양도되어 예전의 입법부가 없어진 상황에서 인민에게 새로운 입법부를 설립함으로써 자신들의 삶에 대비하라고 말하는 것은 너무 늦어 해악의 치료 시기를 놓쳤을 때 구제를 기대해보라고 말하는 것이나 다름없다. 이것은 결과적으로 먼저 인민에게 노예가 되라고 말하고 그다음에 자유를 지키라고 말하는 것이나 다름없다. 또 사슬로 묶여진 후에 그들에게 자유인처럼 행동하라고 말하는 것이나 다름없다. (…) 인간은 폭정으로부터 벗어날 권리뿐만 아니라 그것을 **예방**할 권리도 가지고 있다.[30]

"인간은 폭정으로부터 벗어날 권리뿐만 아니라 그것을 예방할 권리도 가지고 있다"라는 것은 '예방적 저항', '예방적 혁명'이 허용된다는 뜻입니다. 노예가 되어버리면 사슬로 묶이기 때문에 저항을 할 수가 없죠. 그러니 노예의 사슬에 묶이기 전에 무력을 써서라도 저항하고 타도할 수 있다고 말한 것입니다. 폭정이 작동해 인민의 생명, 자유, 재산이 침해되기 전에 선제적으로 타도해야 한다고 말한 것입니다. 온유해 보이

〈성 토마스 아퀴나스〉
Carlo Crivelli, 1476년

는 얼굴을 가진 로크가 매우 '과격'하고 '급진'적인 말을 하고 있다고 느껴지지 않습니까?(웃음) 지금 우리 사회에서 누군가 이런 말을 하면 '내란 선동'이라고 비난을 받겠죠.

로크의 '저항권' 이론은 혁명을 꿈꾸는 사람들에게 영감을 주게 됩니다. 후대 혁명가들은 로크가 생각했던 '명예혁명'을 뛰어넘는 혁명을 생각하게 되죠. 사실 로크의 저항권이 새로운 것은 아니었습니다. 모든 것은 뿌리, 과거가 있는 법인데 서양에서는 토마스 아퀴나스St. Thomas Aquinas(1225~1274), 요하네스 알투지우스Johannes Althusius(1563~1638) 등 신학자들이 말했

요하네스 알투지우스의 초상화
Bibliotheca chalcographica, 1652~1669년

던 '폭군방벌론暴君放伐論'이 있었습니다.

'방벌'의 '방'은 추방한다, 그리고 '벌'은 정벌한다는 뜻입니다. 폭군을 쫓아내고 죽일 수 있다는 사상이죠. 두 신학자는 신학에 기초해 폭군을 하느님의 뜻에 어긋난 존재라고 판단했습니다. 아퀴나스나 알투지우스는 신의 뜻을 거스르는 폭군을 전제했겠죠.

동양에도 같은 사상이 있었습니다. 맹자는 일찍이 '폭군방벌'의 정당성을 말했습니다. 제나라의 선왕宣王이 맹자에게 다음과 같이 물었습니다. "탕湯임금이 하나라 폭군 걸桀을 내쫓

맹자의 초상화
작자 미상

고 주나라 무왕이 은나라 폭군 주(紂)를 정벌했다는데 그런 일이
있습니까?" "신하로서 임금을 죽이는 것이 용서될 수 있을까
요?" 이에 맹자는 답합니다.

> 인(仁)을 해치는 자를 적(賊)이라 하고, 의(義)를 해치는 자
> 를 잔(殘)이라 합니다. 적과 잔을 일삼는 잔적지인(殘賊之人)
> 을 일부(一夫)라 합니다. 일개의 필부인 주(紂)를 죽였다는
> 말은 있어도 임금을 죽였다는 말은 아직 듣지 못했습니다.

맹자는 '인'과 '의'를 해치는 왕은 '잔적지인'이므로 죽이고 쫓아낼 수 있다는 의견을 밝힙니다. '역성혁명'을 인정했던 것입니다.

물론 아퀴나스, 알투지우스, 맹자 등이 사회계약론에 기초해 폭군방벌을 주장했던 것은 아닙니다. 로크는 폭군방벌론의 사상을 사회계약론과 결합시켰습니다. 인민이 사회계약을 체결해 국가와 정부를 만들었는데, 계약을 통해서 권력을 위임 받은 왕이 인민의 복지를 지키지 않고 인민의 생명, 자유, 재산을 박탈하거나 제약하려고 하면 사회계약 위반이므로 저항권을 행사할 수 있다고 정리한 것입니다. 그래서 현대 민주주의 국가의 모든 헌법학 책에서는 '저항권'을 '헌법적 기본권'으로 인정하고 있습니다.

근현대 한국 사회에서 한국 국민은 몇 번에 걸쳐 '저항권'을 행사했습니다. 어떤 경우는 평화적 방식으로, 어떤 경우는 비평화적 방식으로 저항했습니다. 일본 제국주의 지배에 저항했던 1919년 3·1운동, 이승만 독재정권을 전복시켰던 1960년 4월혁명, 전두환 군부와 맞서 싸웠던 1980년 5월 광주 민주화운동, 박근혜 정권의 국정농단을 규탄하고 대통령 탄핵을 이끌어냈던 2017년 촛불혁명 등이 대표적인 예입니다. 현행 헌법 전문前文에는 3·1운동과 4월혁명이 명시되어 있습니다. 광주민주화운동의 경우 법률로 그 정신을 기리고 있습니다. 추후 개헌이 되면 반드시 헌법 전문에 들어가야 한다고 생각합니다.

'노동가치설'의 효시

마지막으로 로크의 경제관을 잠깐 설명하겠습니다. 로크는 사람이 어떤 물건에 대해 소유권을 가지는 이유는 바로 그가 투여한 노동 때문이라고 말합니다. 즉 "노동이 첨가된 것에 대한 권리"라는 것입니다.

> 그가 자연이 제공하고 그 안에 놓아둔 것을 그 상태에서 꺼내어 거기에 자신의 노동을 섞고 무엇인가 그 자신의 것을 보태면, 그럼으로써 그것은 그의 소유가 된다. (…) 그러한 노동이야말로 그것들과 공유물 간의 구별을 가져온다. 노동이 만물의 공통된 어머니인 자연보다 더 많은 무엇을 그것들에 첨가한 것이다. 그리하여 그것들은 그의 사적인 권리가 된다. (…) 그가 노동을 투하한 곳이 어디든 그곳은 그에게서 빼앗을 수 없는 그의 재산이었다.[31]

우리가 많이들 알고 있는 공산주의 창시자 카를 마르크

스Karl Marx(1818~1883)의 '노동가치설'은 바로 자유주의 이론가 로크로부터 출발한 것입니다. 마르크스는 "상품의 가치 또는 잉여가치의 원천은 노동에 있다"고 주장했습니다. '노동가치설'은 이후 사회주의/공산주의 혁명의 이론적 기초가 됩니다.

　　로크는 자신의 이론이 후일 마르크스에 의해 활용되리라고는 상상하지 못했을 것입니다. 후커가 자신이 제시한 사회계약 이론이 후일 영국이나 프랑스에서 혁명이론으로 쓰일지 몰랐던 것처럼 말입니다. 당대를 살아가는 모든 사람은 당대의 모순을 고민하면서 사상과 이론을 정립합니다. 후대의 사람들은 자기 선배들의 사상과 이론을 재구성해 활용하죠.

　　로크는 근대 자유주의와 민주주의 법사상의 비조鼻祖입니다. 그의 사상은 영국의 명예혁명을 준비하고 정당화하였음은 물론 프랑스혁명과 미국독립혁명에도 영향을 미칩니다. 사회계약론에 기초하여 '저항권', '혁명권'을 정당화한 것은 정말 위대한 이론적 업적입니다. 민주주의는 대표자를 '선출'할 수 있을 뿐만 아니라 '제거'할 수 있는 제도라는 점을 분명히 밝혔으니까요.

　　하지만 로크도 중대한 한계를 가지고 있습니다. 그는 노예무역으로 돈을 버는 영국 '왕립아프리카회사RAC·Royal Africa Company'에 투자해서 돈을 벌었습니다. 로크는 유럽 중심 사고를 가지고 있었으며 서구의 식민 지배에 대해서 아무런 문제를 제기하지 않았습니다. 새프츠베리 백작의 비서관으로 일하며 미국 캐롤라이나의 헌법 초안을 작성할 때는 농장주가 자신이 소유하고 있는 노예에 대해 절대적 권한을 갖는 것을 인정했습니다. 이러한 한계에도 불구하고 로크의 사상이 21세기 한국 사회의 법과 제도를 점검하는 데 중요한 시사점을 주고 있음은 분명한 사실입니다.

청중과의 대화

청중1   법이나 법학은 형이상학적 개념을 사용하니 일반 시민들이 가까이하기가 참 어렵습니다. 현업에서 일하다 보면 법률을 다뤄야 할 때가 있는데 제대로 이해하는 데 한계가 있습니다.

조국   현재 우리 사회의 법률이나 판결문은 평균에 해당하는 시민들조차 이해하기 어려운 경우가 많습니다. 《법의 정신》 강의에서 살펴보았듯이 몽테스키외도 이 점을 지적했습니다. 법률 언어는 일반 시민들의 언어생활과 거리가 멉니다. 사람들이 법률과 판결문의 내용을 쉽게 알 수 있어야 피해도 보지 않고, 비판도 할 수 있지 않겠습니까.

요즘 의학 드라마를 보면 의사들이 환자의 상태와 처방을 영어로 말해버리죠. 그러면서 화면 하단에 그 뜻이 한글로 나옵니다. 생명과 건강을 걱정하고 있는 환자 또는 환자의 가족 입장에서 볼 때 어떨까요? 의료인들만의 '은어隱語'처럼 느껴지겠죠. '도대체 무슨 말을 하고 있지?'라는 의문과 우려가 들 수밖에 없습니다. 영어를 잘해도 의학 용어는 익숙지 않습니다. 이런 문제점은 법 분야에서도 나타납니다. 정치적 민주화 이후 국회와 사법부 차원에서 판결문 쉽게 쓰기, 법률 문장 풀어쓰기 등의 작업이 상당히 이루어졌지만 여전히 어렵습니다. 주권자인 시민들이 더 강하게 요구해야 한다고 생각합니다.

청중 2 '무사공평한 재판관'에 대해 이야기를 하셨는데요. 우리의 현실은 헌법재판관 중 상당수를 국회나 대통령이 추천하고, 대법원장은 대통령이 임명합니다. 이런 상황에서 어떻게 '무사공평한 재판관'이 가능할 수 있을까요?

조국 로크는 '무사공평한 재판관'이 필요하다고 했지만 그 방법에 대해서는 상세하게 말하지 않았습니다. 후대 사람인 몽테스키외와 루소가 배심제, 추첨민주주의 등의 방안을 이야기했죠. 우리나라의 경우 대통령이 대법원장을 임명하고, 그 대법원장이 대법관을 추천하면 대통령이 임명합니다. 헌법재판소 재판관은 9명으로 구성되는데 대통령과 대법원장, 국회(여야 각 1명, 합의로 1명 지명)가 각각 3명씩 재판관을 지명하고 대통령이 임명합니다. 대법관 후보와 헌법재판관 후보는 국회 청문회를 통해 국회가 검증합니다.

진보 성향을 가진 대통령은 자신의 성향이 반영되는 대법원장, 대법관, 헌법재판소장, 헌법재판관을 선호할 것입니다. 보수 성향의 대통령 역시 마찬가지겠죠. 업무방해죄를 통한 파업 처벌의 정당성, 임금피크제의 합법성, 사형의 위헌성, 양심적 병역거부 처벌의 위헌성, 낙태 처벌의 위헌성 등은 법적 문제일 뿐만 아니라 첨예한 정치·사회적 문제입니다. 따라서 대통령의 정치 성향이 대법관 후보와 헌법재판관 후보 선정에 영향을 미치는 게 사실입니다.

대법관이나 헌법재판관 후보의 다수는 판사 출신입니다. 최근까지 '서오남'(서울대 법대·50대·남성)으로 불리는 보수 성향의 남성 법조 엘리트들로 충원되었습니다. 노무현 정부 시절 '독수리 5형제'로 불리던 진보 성향 대법관들이 예외적인 경우입니다. 이홍훈·김영란·전수안·박시환·김지형 전 대법관을 일컫는 말입니다. 이명박, 박근혜 정부에서는 이런 진보 성향 대법관이 사라집니다.

대법원과 헌법재판소의 구성 방식을 바꾸려면 헌법 개정이 필요합니다. 그러나 1987년 이후 정치권의 합의로 만들고 유지해온 틀을 바꾸기는 쉽지 않을 것입니다. 단, 대법원장의 권한 일부를 대법관회의로 이관하고, 헌법재판소장을 헌법재판관 중에서 호선하는 것은 합의될 가능성이 큽니다.

저는《법의 정신》강의에서 언급했던, 시민의 재판 참여 확대가 중요하다고 봅니다. 미국의 여러 주에서 시행하고 있는 판사 직선제도 시도해야 합니다. 미국은 한국의 '검사장'에 해당하는 공직자도 직선으로 뽑습니다. '지역검사district attorney'로 불리는 직위입니다. 그 밑에 우리나라의 '검사'에 해당하는 공직자가 있는데, '지역검사보assistant district attorney'라고 불립니다. 지역검사보補는 선거로 뽑지 않고요.

청중 3 우리나라 헌법이 잘되어 있다고 들었는데 개헌 주장이 나오고 있습니다. 왜 바꾸어야 하나요? 그리고 요즘 젊은이들을 보면, 대학생들은 세상을 잘 모르는 것 같고 오히려 고등학생들이 더 문제를 제기합니다. 대학생들은 취업 준비에 바쁘죠. 적자생존, 약육강식이란 말이 있습니다. 어른들이 말은 안 해도, 우리 아이들에게 경쟁에서 이겨야만 살 수 있다고 가르쳐왔어요. 교수님은 법을 배우는 학생들을 가르치고 계시니까 요즘 대학생들이 어떻게 사고하는지 잘 아실 것 같습니다.

조국   현대 한국 사회에서 헌법이야말로 최고 수준의 사회계
약입니다. 국민의 대표인 국회의원들이 합의해서 만든 최고
규범으로 모든 법률보다 우위에 있으니까요. 지금 언론에서
개헌을 한다는 보도가 나오는데 그러려면 모든 당이 합의를
해야 합니다. 합의하고 난 뒤에는 국민투표를 해야 합니다.
새로운 사회계약이 이루어져야 하는 것입니다.

정치인을 포함해서 다수의 학자들도 현행 1987년 헌법에 수
정·보완할 부분이 많다고 보고 있습니다. 먼저 대통령 권한이
너무 강하기 때문에 권한을 분산시켜야 한다는 주장입니다.
'제왕적 대통령제'로 불리지 않습니까? 5년 단임제의 경우 정
부 시책의 연속성을 위해 4년 중임제로 바꾸어야 한다는 의
견이 많습니다. 내각제 개헌은 쉽지 않을 것입니다. 국민들이
대통령을 직접 뽑을 권리를 포기하지 않을 테니까요.

기본권의 주체를 '국민'에서 '사람'으로 확대하는 것, '동일가
치 노동, 동일수준 임금의 원칙'을 명문화하는 것, 생명권·안
전권·정보기본권 등 기본권 조항을 추가하는 것 등 기본권 부
분에서도 개선할 필요가 있습니다. '토지공개념'을 헌법에 명
기해서 이를 구현하는 법률이 위헌으로 결정되는 사태를 방
지할 필요가 있고, '경제민주화' 조항을 보다 구체적으로 표
현해서 중소기업과 영세자영업자를 보호하는 헌법적 근거를

마련할 필요도 있습니다. 또한 지방 소멸이 심각한 상황에서 지방자치와 분권을 강화하는 조항도 필요합니다.

문제는 이러한 내용의 새로운 사회계약이 조만간 가능한가 하는 것인데, 낙관적이지 않습니다. 개헌의 일정과 내용에 대한 각 정파의 생각이 다르기 때문입니다. 주권자 국민 전체가 동의하는 계기가 필요하다고 생각됩니다.

현재 대학생들이 취업에 정신이 없다는 사실은 잘 알고 있습니다. 하지만 그런 대학생들을 도덕적으로 비난해서는 안 된다고 생각합니다. 제가 이른바 '86세대'입니다. 당시 고등학생의 대학 진학률이 약 30퍼센트였던 것 같습니다. 대졸자의 경우도 지금에 비하면 매우 쉽게 취업이 되었습니다. 지금은 고등학생의 대학 진학률이 70퍼센트 정도 되는 것 같습니다. 일반계 고등학생의 대학 진학률은 90퍼센트가량 되지 않을까 싶습니다. 현재 대졸자의 취업은 매우 어렵습니다. 취업을 하더라도 비정규직인 경우가 태반입니다.

한국 역사상 부모 세대보다 소득이 줄어든 세대가 현재의 청년 세대입니다. 저희 세대만 하더라도 노력을 하면 부모보다 한 계층 더 상승할 수 있었습니다. 희망이 있었던 거죠. 그런데 지금 청년 세대는 아무리 노력해도 부모보다 못살 것 같은 절망감을 느낍니다. 이것이 지금 청년 세대의 불안과 고통의 원천입니다. 그러니 각자도생, 적자생존, 약육강식의 법칙에 따라 움직이고 있습니다.

현재 대학생들의 능력이 모자랄까요? 제 판단으로는 단군 이래 최고의 스펙과 능력을 가진 사람들입니다. 제가 대학에 다닐 때는 외국인을 거의 만나본 적이 없고, 영어회화 수업을 들어본 적도 없습니다. 대학 시절에 수동 타자기, 전동 타자기, 386 컴퓨터를 차례로 썼습니다. 한국 경제의 규모가 커지고 국민총생산GNP도 늘었지만 고용은 정체되거나 줄어들고 있습니다. 그런데 이명박, 박근혜 정부의 일자리 정책은 쉽게 해고할 수 있는 단기일자리 창출로 귀결됩니다. '고용 있는 성장'으로의 전환이 필요합니다.

최근 박근혜 대통령은 청년들에게 "중동으로 가라"라고 주문했습니다. 그러나 아무도 안 갔어요.(웃음) 이분은 박정희 시대 중동 사막 건설현장 시절의 경험에서 벗어나지 못했기 때문에, 현재 중동에 한국 청년들이 원하는 일자리가 있다고 착각하는 것입니다. 안타깝습니다. 영화 〈친구〉의 대사를 빌려 "니가 가라, 중동"이라고 말해주고 싶습니다.(웃음)

2016년 8월 17일

Cesare Beccaria,
Dei delitti e delle pene, 1764

'종교적 죄악'과 '범죄'를 구분하고
'죄형법정주의'라는 근대 민주주의 형법의 대원칙을 확립했으며
고문 금지와 사형 폐지를 주장한 형사법학에서의 불멸의 고전이다.

형사사법체제는 총체적으로 개혁되어야 한다

체사레 베카리아 《범죄와 형벌》

범죄를 처벌하는 것보다 범죄를 예방하는 것이 더 바람직하다.
이것은 모든 훌륭한 입법의 근본 목적이다.

—체사레 베카리아 Cesare Beccaria

'법고전 산책' 네 번째 강의는 체사레 베카리아Cesare Beccaria(1738
~1794)의 《범죄와 형벌Dei delitti e delle pene》입니다. 저자 이름이든
책 제목이든 들어보신 분이 많지 않을 것 같습니다. 그러나 법
학, 특히 형법학에서는 매우 중요한 사람이고 저술입니다. 베
카리아는 우리가 지금까지 살펴본 세 명의 탁월한 사상가인
로크, 몽테스키외, 루소의 연장선에 있습니다. 특히 베카리아
는 《범죄와 형벌》 서론에 루소를 위한 헌사를 남겼습니다.

어두컴컴한 서재에서 고독한 연구를 통해, 결실을 거두기
까지 오랜 시간이 소요될 진리의 씨앗을 처음에 뿌린 용기
있는 철학자―그에게 인류는 커다란 감사의 빚을 지고 있
다.[1]

《사회계약론》이 1762년 출간되었으니 청년 베카리아
는 이 책을 바로 읽었을 것입니다. 《범죄와 형벌》은 2년 뒤인

1764년에 출간되는데, 베카리아가 만 26세 되던 해입니다. 이탈리아 밀라노의 미미한 귀족 집안에서 태어난 베카리아는 대학에 진학한 후 몽테스키외의《페르시아인의 편지》를 읽고 프랑스 계몽주의에 심취했다고 합니다.《페르시아인의 편지》에 대해서는 2장《법의 정신》강의에서 살짝 언급했습니다.

로크, 몽테스키외, 루소 세 사람 모두 사회계약설에 기초해 정부와 법의 목적과 역할에 대해 말하지만, 범죄와 형벌 문제에 대해서는 깊은 탐구를 하지 않습니다. 물론 몽테스키외의《법의 정신》이 범죄, 형벌, 형사사법권의 문제를 다루지만, 본격적 검토는 아닙니다. 베카리아는 말합니다.

형벌의 잔혹성과 형사절차의 난맥상을 연구하고 그와 싸워온 인간은 거의 없었다. (…) 몇 세기에 걸쳐 누적되어온 잘못을 일반적 원리에 비추어 폭로하고 뿌리 뽑고자 한 시도는 거의 없었다. 또한 불변의 진리만이 지닐 수 있는 힘을 통해, 가장 냉혈적인 잔혹함을 오랫동안 공공연하게 실행해온 권력의 제약 없는 횡포를 견제하고자 하는 시도도 거의 없었다. (…) 불멸의 법률가 몽테스키외도 이 문제를 대충 건드리고 말았다. (…) 나는 이 위인의 빛나는 발자취를 따를 의무를 지고 있다. 하지만 내 글을 읽을 사려 깊은

독자라면 그의 토대로부터 내가 나아가는 바를 식별해낼 것이다.[2]

"형벌의 잔혹성과 형사절차의 난맥상"을 폭로하고 대안을 제시하겠다는 문제의식을 분명히 밝히고 있죠? 베카리아는 밀라노에서 생활하면서 베리 형제(피에트로 베리Pietro Verri와 알레산드로 베리Alessandro Verri)의 후원과 지도를 받으며《범죄와 형벌》을 집필했습니다. 특히 피에트로 베리는 18세기 이탈리아 문화와 학술 분야에서 가장 중심적인 인물이었습니다. 밀라노에 가면 이 사람의 전신 동상이 세워져 있습니다. 그는 베카리아보다 10년 연상의 인물로 베카리아의 멘토였습니다.

만 26세 청년 베카리아의 저작《범죄와 형벌》은 유럽 전체에 열풍을 일으킵니다. 당시 유럽 각 나라의 형사사법은 베카리아가 묘사한 특징을 공유하고 있었기 때문입니다.

잔인한 무관심과 풍요한 나태에 희생된 약자들의 신음소리, 증거도 없이 혹은 정체불명의 범죄를 처벌한답시고 쓸모없고 지나친 잔혹함으로 배가된 야만적인 고문들, 비천한 사람들을 가장 괴롭히는 수단, 다시 말해 불확실성이란 수단으로 인해 한층 악화된 수감시설의 공포감.[3]

베카리아는 《범죄와 형벌》을 집필하면서 가졌던 결연한 의지를 다음과 같이 밝힙니다.

압제자가 내 주장을 접한다면 그건 내게 두려워해야 할 일인지도 모른다. 그러나 압제자는 독서의 취향을 갖고 있지 않기에 내가 걱정할 일은 별로 없을 것이다.[4]

인류의 권리와 불굴의 진리를 옹호함으로써, 폭정과 무지에 희생되어온 불행한 자들 중 단 한 명이라도 죽음의 불안과 고통으로부터 구제해낼 수 있다면, 온 인류가 경멸하더라도 환희에 넘친 그 무고한 자의 감사와 눈물은 내게 충분한 위로가 될 것이다.[5]

베카리아도 사람인지라 출간 이후를 걱정하지 않았을까요? 시쳇말로 국가나 교회에 의해 '찍힐' 테니까요.(웃음) 그러나 그는 이 걱정을 "압제자는 책을 읽지 않는 사람이라 괜찮을 것"이라는 위트를 던지면서 넘어갑니다. 그리고 지식인의 사명을 밝히면서 각오를 다집니다.

베카리아는 이 책을 발간하고 볼테르Voltaire를 비롯한 유럽의 계몽사상가들로부터 극찬을 받습니다. 베카리아는 계몽

체사레 베카리아의 초상화
Eliseo Sala, 19세기

사상가들의 초청으로 파리를 방문해 열렬한 환영을 받았죠. 그런데 베카리아는 사교를 즐기는 사람이 아니었습니다. 우울 증도 있었다고 합니다. 3주 정도 파리에 머무르다 밀라노로 돌아옵니다. 이후 베카리아는 교수가 되지만 큰 학문적 성과를 내지 못하고 사망합니다.

베카리아는 《범죄와 형벌》 하나로 '근대 형법의 아버지'로 불립니다. 《범죄와 형벌》은 동서고금을 떠나 형사사법의 개혁을 희망하는 사람들에게 엄청난 영향을 미쳤습니다. 저는 대학원에 다니던 시절, 영문으로 된 이 책을 수업 시간에 강독했습니다. 가슴이 뛰었습니다. 번역자인 서울대 한인섭 교수는 저의 사형師兄이십니다. 저는 대학원 수업 시간에 이 책을 필독서로 정합니다. 국가 형벌권을 다루는 사람, 이를테면 경찰, 검사, 법관 등이 봐야 할 단 한 권의 책을 고른다면 바로 이 책이어야 한다고 생각합니다.

최대다수의 최대행복

이제 《범죄와 형벌》의 내용을 하나하나 짚어보겠습니다. 먼저 베카리아는 이렇게 말합니다.

> 법은 자유로운 인간들 사이의 계약이며 그래야 마땅하다. 그러나 법이 소수 인간의 욕망의 도구가 아닌 경우는 거의 없었다.[6]

《사회계약론》의 영향을 확인할 수 있죠? 이어 베카리아는 '가장 현명한 법'이 무엇인지, 법의 목적이 무엇인지 밝힙니다.

> 가장 현명한 법이란 사회의 이익을 자연스럽게 분배하는 종류의 법이다. 이러한 법은 특권적인 소수의 손에 권력과 행복을 집중시키고, 그 밖의 대다수 인간들을 무력하고 비

참하게 만드는 힘에 저항한다. (…) **최대다수에 의해 공유된 최대의 행복**—법은 바로 이 목적에 비추어 평가되어야 한다.[7]

권리는 **최대다수에게 최대이익을 안겨주는 권력 내지 힘**인 것이다. (…) 정의는 물리적 대상이나 실재하는 존재가 아니다. 그것은 사람들이 사물에 대해 생각하는 방식의 하나이며, 만인의 행복에 무한한 영향을 미치는 방식을 말할 뿐이다.[8]

"최대다수의 최대행복"이라는 말, 어디서 많이 들어보셨죠? 고등학교의 사회 교과서나 대학의 철학개론서 등에 영국 공리주의 철학자 제러미 벤담Jeremy Bentham(1748~1832)의 말로 소개되어 있습니다. 보시다시피 이 관념은 베카리아에서 출발했습니다. 벤담의 공리주리 철학은 베카리아에게 빚지고 있습니다. 실제로 벤담은 베카리아에게 "오, 나의 대가(大家), 이성의 첫 번째 전도사, (…) 공리성의 원칙에 매우 많은 유용한 길을 제시하여, 우리가 할 일이 무엇이 남았는가?"[9]라고 찬사를 보냈습니다.

　　베카리아는 형벌권이 어떻게 만들어졌는지를 사회계약

에 기초해 설명합니다.

> 각자는 가능한 최소한의 몫을 공동 저장소에 내놓을 것도
> 분명하다. 즉 다른 사람들이 자신의 자유를 지켜주도록 설
> 득하는 데 필요한 최소한의 정도로만 내놓을 것이다. 이렇
> 게 개인이 포기하고 공탁한 각자의 최소한의 몫의 총합이
> 형벌권을 구성하게 된다. 그 이상의 것은 무엇이든 더 이상
> 정의가 아니며 권력의 남용이다.[10]

국가가 생기면 국가에서 형벌권을 독점합니다. 정당방
위 같은 예외적 상황을 제외하고는 살인범이라고 해서 내가
죽일 수는 없습니다. 그러나 국가형벌권이 존재하기 전에는
사람이 각자 형벌권을 행사했을 것입니다. 누가 내 가족을 죽
이고 누가 내 물건을 훔쳐 갔다면, 내가 그 사람을 찾아내 보복
했겠죠. 그렇게 되면 사회는 항상적 전쟁상태가 될 것입니다.
그래서 '이러다가 다 죽겠구나' 싶으니 인민들이 가지고 있는
형벌권에서 "각자의 몫"을 내놓았고, 이것들이 모여서 국가형
벌권이 만들어졌다는 것입니다. 따라서 국가형벌권이 이러한
"몫의 총합"을 넘어서는 안 된다는 것입니다.

종교적 죄악과 범죄

베카리아는 범죄의 척도를 다음과 같이 제시합니다.

범죄의 유일 타당한 척도는 사회에 끼친 해악이다.[11]

이 문구는 프랑스대혁명으로 만들어진 1789년 '인간과 시민의 권리선언' 제5조에 그대로 들어갑니다. "법은 사회에 유해한 행위가 아니면 금지할 권리를 갖지 아니한다." 현재의 법학 용어를 쓰자면, '사회적 유해성有害性'이 있어야 범죄로 설정할 수 있다는 말입니다. 무슨 뜻인지 정확히 감이 오지 않으시죠?《범죄와 형벌》의 내용을 차례로 보면서 그 의미를 확인해보겠습니다.

나는 다만 자연법 및 사회계약을 위반한 범죄(crime)에 대하여 말하는 것이며, 종교적 죄악(sin)을 말하는 것은 아니다. 종교적 죄악은 신이 벌하는 영역이다.[12]

종교적 죄악(sin)의 비중이 범죄의 심각성을 측정함에 이어 고려되어야 한다는 견해도 있다. (…) 신을 대행하여 처벌한다는 그 행위가 신의 뜻과 어긋날 수도 있다.[13]

베카리아는 '범죄'와 '종교적 죄악'이 다르다고 선언합니다. 여기서 근대 형법학이 출발합니다. 기독교, 불교, 이슬람교 등에서 '죄악'이라고 비난하는 행위가 있잖아요? 종교별로 '죄악'의 범위에 차이는 있습니다. 그런데 이러한 '죄악' 중 형법상 '범죄'인 것이 있고, 아닌 것이 있습니다.

예를 들어 살인, 절도, 강간 등은 '죄악'이기도 하고 '범죄'이기도 합니다. 그런데 배우자가 있는 사람이 배우자가 아닌 사람과 성교를 하는 간통姦通·adultery은 '죄악'으로 분류되지만, 현대 민주주의 국가에서는 '범죄'가 아닙니다. 중세에는 간통도 '범죄'로 처벌받았습니다.

미국의 저명한 작가 너새니얼 호손Nathaniel Hawthorne의 《주홍글씨》(1850)라는 소설 들어보셨죠? 이 소설은 17세기 영국 식민지 시대 미국 매사추세츠를 배경으로 청교도 목사 딤즈데일과 헤스터의 간통을 다룬 이야기입니다. 헤스터는 끝까지 연인의 이름을 밝히지 않았고, 그 결과 평생 'adultery'의 첫 글자 A가 주홍색으로 새겨진 상의를 입고 살면서 사람들의 배척을 받았습니다. 1995년 영화로 개봉된 〈주홍글씨〉에서 헤스터는 배우 데미 무어가, 딤즈데일은 게리 올드먼이 연기했습니다. 아버지를 모르는 아이를 낳았다는 이유로 헤스터는 사람들이 보는 앞에서 A가 새겨진 옷을 입고 교수대 위에 3시간 동안

서 있는 벌을 받습니다. 그 옆에는 연인 딤즈데일이 서 있죠.

우리나라에서도 간통은 오랫동안 범죄로 규정되었지만 2015년 헌법재판소의 위헌결정으로 폐지되었습니다. 간통을 도덕적으로 비난할 수는 있겠지만 범죄로 처벌해서는 안 된다는 것입니다. 배우자와의 사랑이 식고 혼인이 파탄으로 가는 상태에 있는 사람이 새로운 사랑을 찾아 혼외성교를 한 것을 범죄로 규정하고 처벌하는 것이 맞는가에 대해 오랜 논쟁이 있었는데, 드디어 마무리된 것입니다. 학계에서는 위헌론이 다수였는데도 언론을 통해 이런 주장을 하면, 돌아오는 비난은 "당신이 간통하려고 위헌을 주장하는 거지?"였습니다.(웃음)

혼인빙자간음죄도 간통죄와 유사한 논의 경로를 걷다가 2009년 헌법재판소의 위헌결정으로 폐지되었습니다. 성의 개방과 자유화가 진행되고 있는 현대 한국 사회에서 '혼인빙자간음'을 범죄로 규정하는 것은 사회 현실에 부합하지 않는다고 본 것입니다.

한편 중세 기독교에서는 '자살', 미혼 남녀의 성교인 '사통私通·fornication'을 '죄악'으로 분류했고 당시 이 행위는 '범죄'로 처벌되었지만, 현대 민주주의 국가에서 이를 '범죄'로 규정하는 나라는 없습니다. 물론 혼전순결 서약을 하는 사람들의 의사는 존중되어야 합니다. 그러나 '사통'을 범죄로 처벌하

겠다고 하면 현재 우리나라 보통의 미혼 남녀가 뭐라고 할까요?(웃음)

조금 더 예민한 주제를 보겠습니다. 구약성서 〈레위기〉는 동성애를 '죄악'으로 분류하고 있습니다. 그런데 우리나라 형법을 포함해 현대 민주주의 국가에서 '합의 동성애'는 범죄가 아닙니다. 단, 군인들의 합의 동성애는 군형법으로 처벌하고 있어 위헌 또는 과잉범죄화 논란이 빚어지고 있습니다.[*] 2013년 법 개정이 있기 전에는 '계간鷄姦'이라는 비하적 용어를 사용하기도 했습니다. 당시 군 당국은 '계간'을 동성애 혹은 동물과의 성교 행위로 해석했습니다. 물론 폭력을 사용해 동성애를 하면 성폭력으로 처벌됩니다. 문제는 폭력 없이 동성 군인 상호 합의에 따른 성교를 '범죄'로 계속 규정하고 처벌해야 하는가에 대한 것입니다.

오늘 강의를 듣는 분 중에서 자신의 신앙에 따라 사는 분들이 계실 것입니다. 이는 마땅히 존중받아야 합니다. 그런데 근대 형법의 기본은 종교와 법의 구별, 죄악과 범죄의 구

---

[*]   2022년 4월 21일 대법원은 군형법상 추행죄(제92조의 6)로 기소된 사건에 대해 유죄로 인정한 원심을 파기하고, 무죄 취지로 파기 환송했다(대법원 2022. 4. 21. 선고 2019도3047 전원합의체 판결). 이 사건의 피고인 두 사람은 근무 시간이 아닌 때 영외에 있는 독신자 숙소에서 서로 합의하고 성행위를 했다. 향후 헌법재판소의 판단도 위헌 쪽으로 이동할 것으로 예상된다.

별, 도덕과 법의 구별입니다. 베카리아가 바로 이 점을 갈파했던 것입니다. "종교적 죄악은 신이 벌하는 영역이다"라는 말에 핵심이 들어 있습니다. '종교적 죄악'은 같은 종교 공동체에서 비난을 받습니다. 신부님, 목사님, 스님이 질책을 하실 것이고, 동료 신도들이 책망을 할 것입니다. 그러나 '범죄'는 국가가 바로 개입합니다. 경찰, 검찰 등 수사기관이 체포, 구속, 압수, 수색 등 강제처분을 하고, 검찰이 기소하면 법원이 판결해서 형벌을 부과하죠. 이 모든 과정은 국가 기록으로 남습니다. '종교적 죄악'과 '범죄'를 구분하지 못하면, 전자의 경우에도 국가가 강제력을 행사해 개입하게 됩니다. 이는 다원주의를 지향하는 민주주의 국가에서는 있을 수 없는 일입니다.

사소하고 무해한 행위

> 수많은 사소하고 무해한 행위를 금지하는 것은 후속적인 범죄를 예방하는 것이 아니라 새로운 범죄를 만들어내는 것이다.[14]

제가 로스쿨 형법 수업에서 첫 시간에 예로 드는 법률이 있습니다. 바로 경범죄처벌법입니다. 이 법은 1954년 제정되어 여러 차례 개정됩니다. 현재 법률은 2008년에 개정되었습니다.[*] 여러분도 인터넷에서 경범죄처벌법법을 검색하면, 경범죄로 규정된 수십 개의 행위를 확인하실 수 있습니다. 대표적인 예를 하나 보겠습니다.

"여러 사람이 모이거나 다니는 곳에서 뱀이나 끔찍한 벌레 등을 팔거나 또는 팔기 위하여 늘어놓아 다른 사람에게 불쾌감을 준 사람"이 처벌됩니다.[**] 뱀 장수를 처벌하겠다는 것이죠. 과거 시골 장터에서는 뱀 장수를 만날 수 있었습니다. "날이면 날마다 오는 게 아니야, 달이면 달마다 오는 게 아니야"를 외치면서 장사를 했어요. 물론 그저 뱀만 파는 게 아니라 비공인 약도 팔았습니다. 장사를 하면서 온갖 재밌는 만담, 걸쭉한 음담패설도 했죠. 지금으로 보면 일종의 엔터테이너였습니다. 뱀이 정력에 좋다는 말을 강조하다가 아이들이 보이면 "애들은 가라"라고 했죠.(웃음) 이 사람을 범죄인으로 처벌하는 게 옳을까요?

여러분에게 '끔찍한 벌레'는 무엇인가요? 꼽등이? 연가

---

[*] 경범죄처벌법은 이후 여러 차례 더 개정되었는데, 현행법은 2017년 개정된 것이다.

[**] 이 조항은 2013년 개정을 통해 삭제된다.

《범죄와 형벌》초판 표지
1764년

시?(웃음) 사람마다 끔찍하다고 생각하는 게 다 다르겠죠. 뒤에
서 살펴보겠지만, 이런 모호한 용어를 사용해서 범죄의 정의
를 내리면 도무지 무엇이 금지되는지 알 수 없습니다. 경범죄
처벌법을 만들 당시 '끔찍한 벌레'는 지네였습니다.(웃음) 뱀 장
수가 남성에게는 뱀을 팔고 여성에게는 지네를 팔았어요. 지
네가 신경통에 좋다고 했답니다. 뱀이 정력에 좋다는 것은 뱀
의 모양과 관련이 있는데, 지네는 마디가 많으니 허리가 아프
거나 관절이 나쁜 여성들에게 좋다고 믿었던 것 같습니다.

그렇다면 이러한 행위는 어떻게 봐야 할까요? "사소하
고 무해한 행위"가 아닐까요? '사회적 유해성'이 없거나 미미한 이런 행위를 범죄로 만들면 전과자만 양산할 뿐 사회에 기여하는 바는 없을 것입니다.

죄형법정주의

베카리아는 '죄형법정주의罪刑法定主義'라고 불리는 근대 형법의 대원칙을 천명합니다.

범죄에 대한 형벌은 오직 법률을 통해서만 가능하다.[15]

무엇이 범죄이고, 또 그 범죄에 대해서 어떠한 형사제재가 가해지는가는 반드시 의회가 만든 법률에 따라 정해져야 한다는 원칙입니다. 이는 로크, 몽테스키외, 루소 등이 공유하는 사회계약론의 필연적 산물이죠. 인민이 권력을 위임한 대표자가 만든 법률만이 인민의 생명, 자유, 재산 등을 제약하거나 박탈할 수 있는 것이니까요.

우리나라의 예를 몇 가지 살펴볼까요. 과거 증권거래법은 증권감독위원회의 '명령'을 위반한 경우에 형사처벌을 하도록 규정하고 있었습니다. 그런데 증권감독위원회는 국회가 아니죠. 우리 국민은 증권감독위원들을 선출하고 권한을 위임한 적이 없어요. 따라서 이들은 '법률'을 제정할 권한이 없습니다. 그런데 '명령'으로 형사처벌을 규정했습니다. 그래서 이 조항은 헌법재판소에서 위헌결정이 났습니다.

서울시 등 지방자치단체는 '규칙'을 만들 수 있지만 그 규칙에 형사제재를 넣을 수 없습니다. 그런데 과거에는 이 규칙에 형사제재를 규정한 경우가 있었어요. 물론 다 위헌결정이 났습니다. 이러한 사례에서 베카리아의 죄형법정주의가 지금 우리나라에도 살아 움직이고 있음을 확인할 수 있습니다.

베카리아의 다음 견해를 보겠습니다. 제가 개인적으로 참 좋아하는 구절입니다.

> 국민 각자는 법률에 위배되지 않는 행위라면 무엇이든 할 수 있으며, 자신의 행위에 뒤따르는 법적 효과 이외에 다른 불이익을 염려할 필요가 없다. (…) 이 신성한 신조가 없이는 합법적 사회는 존재할 수 없다.[16]

첫 번째 문장의 앞부분을 바꿔 말하면, "법률이 금지되지 않는 것은 허용된다"(A)는 것입니다. 이 원리의 반대는 "법률이 허용하는 것만 허용된다"(B)입니다. 얼핏 보면 비슷한 말 같지만 전혀 다른 의미가 있습니다. A의 원리는 금지되는 것 외에는 다 자유롭게 할 수 있다는 것이고, B의 원리는 허용되는 것만 할 수 있다는 것입니다. A의 원리가 B의 원리보다 자유의 범위가 넓은 거죠. 그래서 베카리아는 "이러한 신조는 인간을 자유롭고 활기차게 하며, 정신을 각성시킨다"라고 말했습니다.[17]

　　제가 유학할 때 경험한 재미있는 이야기를 하나 하겠습니다. 1990년대 초 미국 UC버클리 University of California, Berkley로 유학을 갔는데, 제가 입학하기 전 학교에서 발생한 매우 특이한 사건을 기념하는 사진엽서를 팔고 있었습니다. 두 여학생이 완전히 발가벗은 채 운동화만 신고, 가방을 메고 등교하는 뒷모습 사진이었죠. 이 두 학생은 수업에도 그 모습으로 들어갔습니다. 강의실이 어떻게 되었을까요? 당황한 교수가 두 학생에게 옷을 입고 강의실에 들어오라고 했겠죠. 그런데 이 학생들이 뭐라고 반박했을까요? "교수님, 우리 학교 학칙에 학생은 옷을 입고 수업에 들어와야 한다는 규정이 있습니까?"(웃음) '옷을 입고 수업에 들어가야 한다'는 규정이 없는 이상 옷을 벗고 수업에 들어갈 수 있다는 것입니다. 대단하죠.(웃음) 그 결과, 학교 당국이 회의를 열었고 '학생은 수업 시간에 옷을 입어야 한다'는 학칙을 만들었습니다. 그러자 비로소 두 학생은 옷을 입고 수업에 들어갔습니다.

　　앞에서 인용한 첫 번째 문장으로 돌아가면, "자신의 행위에 뒤따르는 법적 효과 이외에 다른 불이익을 염려할 필요가 없다"입니다. 시민이 법률에 의해 금지되는 행위를 한 경우, 법률이 규정한 불이익만 당한다는 것입니다. 이 점은 다음 문장에서 재확인됩니다.

> 재판관이 법률에 규정된 한도를 넘어선 형벌을 과할 경우 그 형벌은 부정한 것이다. 왜냐하면 그러한 형벌은 미리 정해진 정당한 형벌에다 새로운 형벌을 덧붙여 과한 것이기 때문이다. 따라서 어떤 재판관도 공공복리를 열망하거나 공공복리를 우려한답시고 범죄를 저지른 시민들에 대해 법률로 이미 정해진 형벌보다 더한 처벌을 해서는 안 된다.[18]

그때나 지금이나 '공공복리'라는 멋진 명목을 내세우며 법률의 규정을 넘어서서 처벌하려는 권력의 욕망은 사라지지 않습니다. 지금까지 본 베카리아의 탁견은 1789년 '인간과 시민의 권리선언' 제5조에 그대로 구현됩니다. "법에 의해 금지되지 않은 것은 어떤 것이라도 방해될 수 없으며 또 누구도 법이 명하지 않는 것을 행하도록 강제될 수 없다."

법률의 불명확성

베카리아는 '명확성의 원칙'을 강조합니다.

> 법의 해석을 불가피하게 만드는 법의 불명확성 역시 명백
> 히 또 다른 해악이다. 법조문이 보통 사람들이 이해할 수
> 없는 언어나 사어(死語)로 작성된다면, 이는 최악이다. 그럴
> 경우 보통 사람들은 자신의 생명·신체·자유가 어떻게 될
> 지를 스스로 예측할 수 없게 되고, 그 때문에 그들은 법조
> 문을 다루는 몇몇 사람들의 처분에 맡겨지게 된다. 이러한
> 종류의 법언어는 공적이고 일반적인 문서를 사적이고 특
> 수한 문서로 바꾸어버린다.[19]

2장 《법의 정신》 강의에서 몽테스키외가 같은 취지의
주장을 했다고 말씀드렸죠. 난해한 우리나라 법률용어 몇 개
를 소개했는데, 기억나세요? 베카리아도 "보통 사람들이 이해
할 수 없는 언어"로 적힌 법조문을 비판했습니다.

오늘 강의에서도 불명확한 법률용어의 문제점을 살펴
보겠습니다. 법조문이 불명확한 개념으로 쓰여 있으면, 수범
자受範者(법을 지켜야 하는 사람)인 국민은 무엇이 허용되고 무엇이
금지되는지 알 수 없습니다. 반면 법을 집행하는 행정부, 그리

고 재판에서 법을 해석하는 법관의 재량이 커집니다.

우리나라에 있었던 몇 가지 예를 들어보겠습니다. 과거 전기통신사업법은 "공공의 안녕질서 또는 미풍양속을 해하는 불온통신"을 유포하면 범죄로 처벌했습니다. 그런데 '공공의 안녕질서', '미풍양속', '불온통신' 등의 내용이 무엇인지 명확하지 않습니다. 이 자리에 계신 분들도 아마 다 생각이 다를 것입니다. 이런 개념을 사용해서 처벌하면, 시민의 표현의 자유는 위축될 수밖에 없습니다. 실제로 어떤 대학생이 PC 통신에 "서해안 총격전, 어설프다 김대중!"이라는 제목의 글을 올렸고, 운영자는 정보통신부 장관의 명령에 따라 이 대학생에게 PC 통신 이용을 중지시킵니다. 그러자 이 학생은 헌법재판소로 갑니다. 헌법재판소는 이 법률이 사용하고 있는 개념의 모호성, 추상성, 포괄성을 지적하면서 위헌결정을 내립니다.

국가보안법이 위헌이라는 주장 가운데 핵심은 반국가 단체의 '찬양', '고무'라는 개념이 명확하지 않다는 것입니다. 저를 포함해서 많은 학자들이 위헌이라고 보지만, 헌법재판소는 그렇지 않다고 보고 있습니다.

또 헌법재판소는 "미성년자에게 음란성 또는 잔인성을 초래할 우려가 있는 만화"를 처벌한 미성년자보호법 조항이 모호하고 막연한 개념을 사용하고 있다는 점을 지적했습니다.

같은 법의 다른 문구인 "아동의 덕성을 심히 해할 우려가 있는 도서"에 대해서도 '잔인성', '덕성', '조장', '우려' 개념이 불명확하다며 위헌결정을 내렸습니다. 이런 불명확한 개념으로 만화와 도서를 금지하면, 창작과 예술의 자유는 위축될 수밖에 없습니다.

경범죄처벌법은 "여러 사람의 눈에 띄는 곳에서 알몸을 지나치게 내놓거나 가려야 할 곳을 내놓아 다른 사람에게 부끄러운 느낌이나 불쾌감을 준" 경우를 처벌해왔습니다. 그러나 2016년 헌법재판소는 "해당 조항은 알몸을 '지나치게 내놓는' 것이 무엇인지 판단 기준을 제시하지 않고, '가려야 할 곳'의 의미도 구체화하지 않아 죄형법정주의 명확성 원칙에 위배된다"고 판단했습니다. 그리고 "'부끄러운 느낌이나 불쾌감'은 사람마다 달리 평가될 수밖에 없는 주관적이고 정서적인 부분"이라고도 지적했습니다. 자기가 사는 아파트 앞 공원에서 상의를 벗고 앉아 있다가 범칙금 처분을 받은 사건에 대한 이야기입니다. 그리 아름다운 모습은 아니었겠죠.(웃음) 그러나 이러한 행위에 대해 형사처벌을 해야 하는가는 다른 문제입니다.

범죄와 형벌의 비례

《법의 정신》 강의에서 몽테스키외가 "죄와 벌의 올바른 균형"을 강조했다고 말씀드렸죠. 베카리아도 같은 주장을 합니다.

> 범죄를 억제할 수 있는 장애물의 크기는 그 범죄가 공익에 반하는 정도에 비례하여, 그리고 범죄로 이끄는 유혹에 비례하여 설정되어야 할 것이다. 요컨대 형벌은 범죄에 비례해야 하는 것이다.[20]

'비례성의 원칙'이라고 불리는 것입니다. 현대 민주주의 나라의 형법을 관철하는 원칙이죠. 범죄를 통해서 사회에 해악이 1만큼 일어났으면 형벌도 1만큼만, 해악이 2만큼 있으면 형벌도 2만큼만 부과되어야 한다는 것입니다. 가장 가벼운 범죄인 경범죄부터 가장 무거운 범죄인 살인죄까지 경중輕重에 따라 형벌이 부과되어야 한다는 것입니다. 베카리아는 "가장 가혹한 것으로부터 가장 경미한 것에 이르기까지 각각 상응하는 형벌의 등급을 설정"[21]해야 한다고 말합니다.

너무 당연한 이야기처럼 들립니다. 그러나 우리 시민들도 잔혹한 범죄가 일어나면 또는 언론이 비난을 가하는 범죄가 발생하면 분노하게 되고, 과도한 형벌을 부과해야 한다는 마음이 생기게 됩니다. 예를 들어 우리 집에 강도가 들어와 나를 마구 때리고 돈을 빼앗아 갔어요. 당연히 분노가 치밀고, 살인죄와 똑같이 처벌되어야 한다는 마음이 들 수 있습니다. 그렇지만 법은 그렇게 하면 안 됩니다.

실례를 들어보겠습니다. 사체유기 뺑소니 운전자는 큰 사회적 비난을 받습니다. 비난받아 마땅하죠. 그런데 과거 특정범죄가중처벌법은 이 죄의 법정형을 '사형, 무기 또는 10년 이상의 징역형'으로 규정하고 있었어요. 법정형이 '사형, 무기 또는 5년 이상의 징역형'인 살인죄보다 무겁게 책정되어 있었던 것입니다. 그래서 1992년 헌법재판소는 이 중형重刑 조항을 위헌이라고 결정합니다.

잔혹한 형벌 금지와 사형폐지론

베카리아는 잔혹한 형벌의 금지를 촉구합니다. 몽테스키외가 같은 주장을 했다는 점은 이미 살펴보았습니다.

> 잔혹한 형벌이 공공복리나 범죄예방의 목적에 직접적으로 저촉되지 않는다고 여겨지는 경우라 할지라도, 그것이 별 쓸모없음을 증명할 수 있기만 하다면, 그 경우에 잔혹한 형벌을 과해서는 안 된다. 필요 이상의 잔혹한 형벌은 박애의

덕에 비추어 비난받아야 할 뿐 아니라 정의에도 반하고 사회계약의 본질과도 상반되는 것이다.[22]

현대 사회를 사는 우리가 가장 잔혹하다고 생각하는 형벌은 사형입니다. 한국은 교수형으로 사형을 집행하는데 김대중 정부 이후 집행하지 않아 '사실상 사형폐지국'입니다. 형법에 사형이 형벌로 규정되어 있고 선고도 이루어지지만 집행은 하지 않고 있습니다. 유럽연합EU 소속 국가들은 모두 사형 자체를 폐지했습니다. 베카리아의 사형폐지론에 대해서는 뒤에서 다시 보겠습니다.

조선시대로 가보겠습니다. 중국 형벌에서 유래한 '능지처참陵遲處斬'이라는 형벌이 있었습니다. 살아 있는 상태에서 머리, 몸통, 팔, 다리를 잘라내는 형벌입니다. 상상만 해도 끔찍하죠. 중세 유럽에서는 화형이 수시로 행해졌습니다. 잔 다르크도 마녀재판에서 유죄판결을 받아 화형대에 올랐습니다. 손과 발을 자르는 절단형切斷刑도 만연했어요. 사람을 눕혀놓고 큰 나무 바퀴를 몸 위로 계속 굴려 뼈를 차례로 부러뜨리면서 천천히 죽이는 형벌도 있었습니다. 이 바퀴는 '캐서린의 바퀴The Catherine Wheel'라고 불렸습니다. 성聖 캐서린St. Catherine of Alexandria이 이 방식으로 처형되어 붙여진 이름입니다. 중세 유럽을 생각하면,

화형대 위의 잔 다르크
Hermann Anton Stilke, 1843년

멋진 기사와 공주가 등장하는 동화가 떠오릅니다. 그러나 당시 부과되었던 형벌을 보면 모골이 송연해지죠.

또 다른 예를 들겠습니다. 스코틀랜드의 독립영웅 윌리엄 월리스Sir William Wallace의 이야기를 다룬 〈브레이브 하트Braveheart〉(1995)라는 영화가 있습니다. 멜 깁슨이 월리스 역을 맡아 열연했죠. 에딘버러 성에 가면 이 사람의 동상이 있습니다. 영화의 마지막 부분을 잘 보면 월리스가 잉글랜드군에 체포되어 런던에서 처형을 당하는데, 목이 잘리기 전에 가해진 형벌이 있습니다. 너무 잔인해서 영화에서는 그 장면을 직접 보여주지 않고 난쟁이가 나와 긴 끈을 갖고 장난치는 장면을 보여줍니다. 무엇일지 짐작이 가시나요? 월리스가 살아 있는 상태에서 성기를 자르고 배를 갈라 창자를 끄집어낸 후 월리스의 눈앞에서 불태웠습니다.

여러분, 프랑스혁명 시기에 도입된 단두대, '기요틴guillotine'을 아시나요? 무거운 칼날이 내려와 단숨에 목을 자르는 기계 말입니다. 생각만 해도 겁나죠. 그런데 당시 시점에서는 기요틴이 '인도주의적' 사형 집행 기구였습니다. 의사 조제프 이냐스 기요탱Joseph Ignace Guillotin(1738~1814)이 사형 대상자의 고통을 줄이자는 차원에서 국민공회에 도입을 제안했죠. 기요탱이 이 사형 기구를 발명한 것은 아니었고 그 이전에 이미 존재하고 있었어요. 격심한 고통이 동반되는 끔찍한 방법으로 사형을 집행하지 말고, 사형 대상자의 고통을 최소로 줄이자는 차원에서 도입된 것입니다. 참 역설적이죠? 참고로 기요탱은 사형폐지론자였습니다. 베카리아는 다음과 같이 분석합니다.

> 형벌이 잔혹해질수록 범죄자는 그 처벌을 피하기 위해 위험을 무릅쓰게 된다. 잔혹한 형벌 그 자체가 범죄자를 더욱 대담하게 만든다. 형벌을 통해 그가 받을 해악이 너무나 크기 때문에, 그는 한 범행에 대한 처벌을 피하려는 일념에서 여러 후속범죄를 저지를 수 있다.[23]

> 형벌이 잔혹해질수록, 그에 비례하여 인간의 마음은 완강하고 무감각해지게 된다. (⋯) 수레바퀴에 높이 매달아 죽이는 거형(車刑)이 아무리 잔혹한 형이더라도 한 세기 이상 시행된 이후에는 이전에 감옥형이 만들어낸 것 이상의 공포감을 안겨줄 수 없게 된다.[24]

잔혹한 형벌은 인도주의 차원에서도 잘못이지만 범죄예방을 위해서도 효과가 없다는 것입니다. 잔혹한 형벌의 금지를 촉구한 베카리아의 주장은 유럽 전역의 지식인들에게 큰 영향을 주었고, 자기 나라의 형사사법을 돌이켜보게 만듭니다.

베카리아는 잔혹한 형벌의 금지뿐만 아니라 사형폐지
론을 주장합니다. 《사회계약론》을 쓴 루소가 사형을 찬성한
것과 대조됩니다.

> 자신의 생명을 빼앗을 권능을 타인에게 기꺼이 양도할 자
> 가 세상에 있겠는가? (…) 사형은 결심이 선 인간이 사회를
> 침해하는 것을 방지하지 못했음을 모든 시대의 경험은 입
> 증하고 있다. (…) 사형이 주는 인상이 아무리 대단하더라
> 도 급속한 망각의 힘을 이겨낼 수 없다. (…) 사형을 대체한
> 종신노역형만으로도 가장 완강한 자의 마음을 억제시키기
> 에 충분한 정도의 엄격성을 지니고 있다. (…) 법은 살인을
> 미워하고 또 처벌한다. 그런데 그런 법이 스스로 살인죄를
> 범한다니 얼마나 어리석은가. 시민들보고 살인하지 말라
> 면서 공공연한 살인을 명한다는 것은 얼마나 어리석은가.[25]

이 글에 사형폐지론의 요체가 다 들어 있습니다. 사회
계약론에 따라 인민은 자신의 생명을 빼앗을 권한을 국가에
양도한 적이 없다고 주장함은 물론이고, 사형이 중대한 범죄
를 예방하거나 억지하지 못한다, 억지 효과는 종신형이 더 크

1794년 로베스피에르와 그의 지지자들이 단두대에서 처형되는 모습
작자 미상

다 등의 실증적 이유를 밝히고 있습니다.

앞에서 말씀드렸듯이 우리나라는 김대중 정부 이후 사형을 집행하지 않은 '사실상 사형폐지국'입니다. 그러면 사형을 집행했던 시기와 비교할 때 지금 인구 대비 흉악범죄가 더 늘었을까요? 아닙니다. 거의 비슷합니다. 유럽연합은 사형 자체를 폐지했습니다. 그래서 흉악범죄 수가 늘었을까요? 이 역시 아닙니다. 사형 제도가 있다가 폐지되거나, 사형 집행을 하다가 중단하면, "잘됐다. 이제부터 사형 안 당한다" 하면서 흉악범죄인들이 살인 등을 더 저지를 것 같은 불안한 마음이 들 수도 있습니다. 그러나 실제로는 그러지 않는다는 것입니다.

빠른 미래에 우리나라 국회가 사형을 폐지할 것으로는 예상하지 않습니다. 정치권은 국민 여론을 의식하니까요. 헌법재판소도 사형이 합헌이라는 입장을 유지하고 있습니다. 그러나 사형 제도가 국민의 생명권을 침해하는 등 위헌이라며 이의를 제기하는 헌법소원은 계속 제기될 것으로 보입니다.

범죄를 예방하는 효과적인 방법

베카리아는 또 매우 중요한 명제를 제시합니다.

범죄를 처벌하는 것보다 범죄를 예방하는 것이 더 바람직

하다. 이것은 모든 훌륭한 입법의 근본 목적이다.[26]

형법의 목적은 '처벌'이 아니라 '예방'이어야 한다는 명제는 현대 형법학의 주춧돌입니다. 시민들은 대체로 이미 발생한 범죄에 대해서는 강하게 처벌해야 한다고 생각합니다. 보수 정치세력이 특히 그렇게 주장합니다. 그러나 곰곰이 생각해보십시오. 범죄 자체가 발생하지 않도록 예방하면 범죄 피해가 발생하지 않는 것이니 시민들의 삶에 훨씬 유리하고 유익할 것입니다. 국가 형사사법체제는 한정된 자원을 갖고 있습니다. 이 자원을 어디에 쓸 것인지 고민해야 합니다. 베카리아는 "범죄를 예방하는 가장 효과적인 방법"을 다음과 같이 제시합니다.

범죄를 예방하는 가장 효과적인 방법은 형벌의 잔혹성이 아니라 형벌의 확실성에 있다. (…) 형벌은 비록 온건하더라도 확실하기만 하면 형면제의 희망이라는 요행수와 결부된 무시무시한 처벌의 공포감보다 훨씬 더 큰 인상을 심어줄 것이 틀림없다. 처벌이 확실할 때는 최소한의 해악도 사람들의 마음을 떨게 할 수 있다. 반면 요행히 처벌되지 않겠지 하는 희망은 더 혹독한 처벌에 대한 공포감으로부

터 벗어나게 해준다.[27]

베카리아가 살았던 당시는 물론이고 우리가 살고 있는
지금도 많은 사람들이 범죄 예방의 효과적인 방법은 "형벌의
잔혹성"에 있다고 생각합니다. 예를 들어 살인 사건이 일어나
면, '이 나쁜 놈에게 잔혹한 형벌을 내리고 이를 널리 알려지게
하면 잠재적 범죄인들이 위축되어 범죄를 저지르지 않을 거
야'라고 생각할 수 있습니다. 그런데 불행하게도 실제로는 그
렇지 않습니다.

2장 《법의 정신》에서 살짝 언급했지만, 전근대 유럽의
광장에서 사형 집행을 하거나 다른 잔혹한 형벌을 부과할 때
도 그 현장에서 소매치기가 이뤄졌습니다. 당시에는 절도범도
사형에 처했는데 말입니다. 당시 사형 집행은 큰 볼거리였기
에 많은 사람들이 모였습니다. 목이 매달리고 잘리는 상황에
서도 소매치기는 일어났습니다. 이 소매치기는 '난 잡히지 않
을 거야'라는 생각으로 절도를 범했겠죠.

현대 범죄학자들이 살인범에 대한 조사를 했습니다.
"살인하는 순간, 당신이 사형 집행을 당할 것이라고 걱정했습
니까?"라고 묻자 그들은 "아니요"라고 답했습니다. 대신 이렇
게 말했습니다. "잡힐 것이라고 생각하지 않았다." "격분한 상

태라 아무 생각이 없었다."

　　이러한 맥락에서 "형벌의 잔혹성"이 아니라 "형벌의 확실성"이 범죄를 예방할 수 있다는 베카리아의 명제를 잘 이해할 수 있습니다. 잠재적 범죄인이 범죄를 안 저지르게 하려면 잔혹한 형벌을 부과하는 방식이 아니라 "범죄를 저지르면 확실히 잡혀서 벌을 받는다"라는 생각을 하도록 법과 제도를 만들어야 한다는 것입니다.

고문 폐지

이러한 베카리아가 고문 폐지를 주창한 것은 필연적이었습니다.

> 재판관이 판결하기 전에는 누구도 유죄라 할 수 없다. 피고인이 공적 보호를 부여하기 위한 사회계약의 조건을 위반했음을 확정하기 전에는, 사회는 그로부터 공적 보호를 철회할 수 없다. (…) 법의 눈에는 범죄사실이 입증되지 않은 자는 결백한 자이다. 그의 범죄사실이 확실하지 않으면, 당신은 결백한 자를 고문한 것이다. (…) 개인의 근육과 힘줄을 상대로 진실 테스트를 하는 것처럼, 고통이 진실을 발견하기 위한 시금석으로 기대하는 것도 마찬가지다. 고문은

건장한 악당들의 죄를 벗겨주고, 결백하지만 허약한 자를 범죄자로 만드는 확실한 방법이다. (…) 고문이라는 수치스러운 진실의 발견 방법은 낡아빠진 야만적인 시대의 법적 잔존물이다. (…) 고통의 감각이 고문당하는 자의 모든 마음을 지배하는 지점에까지 이르게 되면, 그에게는 잠시라도 그 고통을 면할 지름길을 택하는 것 이외에 어떤 자유로운 선택을 할 여지가 없게 된다.[28]

고문은 인도주의 차원에서도 잘못된 것이지만, 진범을 확인하는 데도 효과가 없다는 것입니다. 고문을 받게 되면, 웬만한 사람은 고문자가 원하는 답을 하게 됩니다. 고통을 피하기 위해 죄가 있다는 허위자백을 하기 마련입니다. 신체적으로 강건한 사람은 조금 버틸 것입니다. 허약한 사람은 바로 무너지고, 보통 사람들도 조금 버티다가 무너집니다. 결국 유죄의 자백이 고문 대상의 강건함에 따라 달라지는 결과가 나오는 겁니다. 그래서 베카리아는 말합니다.

결백한 자가 범죄자보다 열악한 상황에 놓이게 된다.[29]

베카리아의 고문폐지론은 남의 나라 이야기가 아닙니

다. 우리나라 역시 권위주의 정권에서 자행된 국가권력의 고문으로 수많은 사람이 고통을 받았습니다. 지금 같으면 상상도 못 할 일입니다. 여러분이 경찰서에 잡혀갔는데, 경찰관이 때리면 가만히 있겠습니까? 지금은 고등학생도 가만히 있지 않습니다. 하지만 독재정권 시절에는 그러지 못했습니다.

3장 로크의 《통치론》 강의에서 1985년 '김근태 고문 사건'을 다룬 영화 〈남영동1985〉(2012) 이야기를 했습니다. 영화 〈변호인〉(2013)에서는 1981년 '부림사건'의 고문 장면이 나옵니다. 1000만 명이 넘는 관객이 이 영화를 관람했다고 합니다. 당시 부산 지역의 학생, 교수 등이 체포되어 '물고문', '라면 국물 고문', '통닭구이 고문' 등 각종 고문을 당하면서 공산주의자로 조작되고 기소되었습니다. '물고문'은 욕조나 변기에 머리를 집어넣어 숨을 못 쉬게 하거나 눕혀 놓고 얼굴에 수건을 덮은 후 물을 부어 숨을 못 쉬게 하는 것입니다. 1987년 6월항쟁의 도화선이 된 박종철 열사의 죽음은 바로 이 '물고문' 때문이었습니다. '라면 국물 고문'은 눕혀놓고 얼굴 위로 라면 국물을 붓는 것입니다. '통닭구이 고문'은 팔다리를 철봉에 묶어 사람을 공중에 매달리게 하는 고문입니다. 배우 송강호 씨가 분한 '송우석 변호사'가 고 노무현 대통령입니다. 배우 임시완 씨는 송우석 변호사가 밥값 신세를 졌던 국밥집 아들로 뜻하지 않은 사건에 휘말려 고문을 당하는 대학생 '진우'로 나오죠.

정치범 또는 반독재 민주화운동가들만 고문을 당했던 게 아닙니다. 몇 가지 예를 들겠습니다. 1972년 춘천경찰서 역전 파출소장의 딸이 살해되는 사건이 일어납니다. 지역 경찰관들이 격분했을 것입니다. 경찰은 사건 현장에서 범인의 유류품으로 보이는 빗과 연필 등을 단서로 수사를 진행해 동네 만화가게 주인 정원섭 씨를 체포하고 고문해서 자백을 받아냅니다. 정 씨는 무기징역형을 받고 15년간 옥살이를 한 뒤 가석방됩니다. 그런데 경찰에게 빗과 연필이 정 씨의 것이라고 확인해주고, 김모 씨와 정 씨로부터 성폭행을 당했다고 진술했던 10대 소녀가 당시 경찰의 고문과 강압으로 허위 진술을 했음이 확인됩니다. 2008년 재심 청구가 받아들여졌고, 2011년 대법원은 무죄를 선고한 원심을 확정합니다. 기가 막히지 않습니까? 정 씨는 현재 목사로 활동하고 있습니다.

1992년 '청수장 여관 살인사건'이라고 불린 악명 높은 사건이 있습니다. 서울 신림동 소재 청수장 여관에서 18세 여성(술집 종업원)이 죽은 채로 발견됩니다. 같이 투숙한 사람은 관악경찰서 소속 김기웅 순경으로 확인되었고, 그는 범행을 부인했지만 동료 경찰관들도 믿어주지 않았습니다. 오히려 그는 각종 가혹행위를 당했습니다. 동료 경찰관들이 "여러 가지

정황으로 볼 때 혐의를 벗기 어렵다. 자백을 하면 가벼운 처벌을 받을 수 있다"라고 회유, 설득하자 결국 허위자백을 합니다. 그리고 1심과 2심에서 징역 12년을 선고받습니다.

그런데 대법원 상고 중에 진범이 잡힙니다. 진범은 김 순경이 새벽에 여관에서 나온 뒤에 방으로 들어가서 피해자를 살해했던 것입니다. 김 순경이 조사 과정에서 "내가 그녀에게 10만 원짜리 수표 두 장을 주었는데 유류품을 보니 없다"라고 말했지만, 아무도 믿어주지 않았습니다. 그런데 이후 불심검문 과정에서 이 수표 두 장이 진범을 통해 발견됩니다. 그리고 여관방에서 진범의 지문이 확인되었죠. 김 순경의 고초는 어떻게 보상을 받습니까?

2010년 양천경찰서에서 고문 사건이 발생합니다. 고문 방지를 위해 모든 경찰서에 CCTV를 설치했지만 소용이 없었습니다. CCTV를 제대로 관리하지 않아서 작동이 되지 않은 상태였습니다. 수사관 5명은 피의자들이 소리를 지르지 못하게 휴지나 수건을 입에 집어넣고 테이프로 봉한 후 두들겨 팼습니다. 2017년 개봉해 흥행한 영화 〈범죄도시〉 많이들 보셨죠? 저도 재미있게 봤습니다. 그런데 저는 한 장면이 불편했습니다. 배우 마동석 씨가 분한 형사 마석도가 "진실의 방으로"라고 말하는 장면입니다. 강력반 건물 안에 CCTV 사각지대를 만들고, 피의자를 그곳으로 데려가 구타를 한 뒤 자백을 받아내죠. 이것은 명백한 불법입니다. 영화 속에서는 장첸(윤계상 분) 등 악랄한 조폭들을 잡기 위한 것으로 은근슬쩍 정당화되고 있지만, 매우 위험한 설정입니다. 이러한 불법이 용인되는 방향으로 자리를 잡으면 불법수사는 점점 확대될 것입니다. 정치적 민주화 이후 고문이 완전히 폐지되었다고 생각하지만, 음지에는 독버섯처럼 아직 남아 있습니다. 이 점에서 베카리아의 고문폐지론은 여전히 의미가 큽니다.

미결구금의 최소화와 신속한 재판

베카리아는 또 다른 획기적 의견을 제시합니다.

> 자유박탈 그 자체가 일종의 형벌인 까닭에, 형의 선고가 있기 전에는 필요 최소한의 정도 이상으로 자유박탈의 고통을 받아서는 안 된다. 미결구금은 피고인이 유죄 확정될 때까지만 신병을 확보하기 위한 수단이다. 이러한 구금 그 자체는 본질적으로 형벌적 성격을 갖고 있으며, 따라서 그 기간은 가능한 최소한이어야 하며, 가능한 한 관대한 처우를 받아야 한다.[30]

재판은 가능한 최단 시일 내에 종결되어져야 한다. 재판관의 나태함 대 피고인의 고통스러운 초조함, 무심한 재판관의 편안과 쾌락 대 수감자의 눈물과 누추한 환경—이보다 더 잔혹한 대비가 있을 수 있겠는가?[31]

첫 번째 구절은 미결구금을 최소화하라는 것입니다. 그 당시나 지금이나 미결구금이 되면 자신을 방어하는 데 심각한 장애가 생깁니다. 정신적·육체적으로 위축됨은 물론이고 가족이나 친구들과의 소통도 어렵습니다. 변호인이 있는 경우라도 만남의 횟수는 한정적입니다. 우리나라는 불구속 재판이 원칙이지만, 철저하게 관철되지는 않습니다. 외국에서는 살인범 같은 경우에도 보석으로 석방되어 재판을 받지 않습니까? 베카리아는 일찍이 이런 점을 포착하고 있었습니다.

두 번째 구절은 신속재판의 원칙을 말한 것입니다. 정을병 씨가 1974년 《창작과비평》에 발표한 단편소설 〈육조지〉가 있습니다. 저는 형법 전공 대학원생들에게 이 소설을 꼭 읽으라고 권합니다. '육조지'란 여섯 개의 '조지기'를 뜻합니다.(웃음)

"순사는 때려 조지고, 검사는 불러 조지고, 판사는 미뤄 조지고, 간수는 세어 조지고, 죄수는 먹어 조지고, 집구석은 팔아 조진다."

생생한 느낌이 오시죠? 이 여섯 가지 중 "간수는 세어
조진다"에서 무엇을 세는 것인지 불명확한데, 죄수의 머릿수
를 센다는 것으로 알고 있습니다. 다른 다섯 가지 '조지기'는
쉽게 이해가 되시죠? 이 중에서 "판사는 미뤄 조진다"라는 말
을 베카리아가 한 셈입니다. 여러분이 구속되어 재판을 받는
데, 재판이 계속 연기되고 지연된다고 생각해보세요. 얼마나
고통스럽겠습니까.

마지막으로 베카리아의 《범죄와 형벌》을 잘 요약하는
문구를 소개하며 강의를 마치겠습니다. 그의 사상은 당시에는
물론이고 현재에도 형사사법체제 개혁을 위한 북극성이자 나
침반 역할을 하고 있습니다.

> 형벌의 목적은 오직 범죄자가 시민들에게 새로운 해악을
> 입힐 가능성을 방지하고, 타인들이 유사한 행위를 할 가능
> 성을 억제시키는 것이다. 따라서 형벌 및 그 집행의 수단
> 은, 범죄와 형벌 간의 비례관계를 유지하면서, 인간의 정
> 신에 가장 효과적이고 지속적인 인상을 만들어내는 동시
> 에, 수형자의 신체에는 가장 적은 고통을 주는 것이어야 한
> 다.[32]

청중1 베카리아의 책을 보면 신체형에 대한 이야기가 있는데요. 신체형의 정확한 개념 정의가 궁금합니다.

조국 신체형은 두 가지 종류가 있습니다. 첫째는 신체를 때리는 것입니다. '태형' 아시죠? 채찍이나 곤장을 치는 것입니다. 둘째는 신체를 자르는 것입니다. 절도를 하면 손을 자르는 벌이 있죠. 이슬람권에서는 이러한 절단형을 지금도 사용하고 있습니다. 중세 유럽에서는 코와 입술을 자르는 형도 있었습니다. 그러면 사람의 모습이 해골처럼 보일 것 아닙니까. 끔찍하죠.

청중2 잔혹한 범죄가 발생하면, 사람들이 분노하면서 강한 처벌을 바라는 여론이 형성됩니다. 그런데 이와 별도로 강자들이 법 기술을 통해 무죄를 받는다거나, '지강헌 인질극 사

건'(1988)에서 지강헌 씨가 말한 것처럼 '유전무죄 무전유죄'
현상이 계속되는 것에 대한 불만 때문에 강한 처벌을 희망하
는 마음도 있습니다.

조국　　우리나라 시민들은 국가형벌권에 대한 불신이 강합니
다. 형벌권이 공정하게 집행되고 있다고 생각하지 않기 때문
입니다. '지강헌 사건'을 말씀하셨는데요. 여러분이 많이 알
고 있는 '유전무죄 무전유죄'라는 말을 처음 한 사람입니다.
지강헌 씨는 상습 절도범이었어요. 1988년 남의 집에 침입해
556만 원을 훔쳤는데, 징역 7년에 보호감호 10년을 선고받습
니다. 도합 17년이죠. '보호감호'는 지금은 폐지된 '사회보호
법'에 규정되어 있던 처분으로 상습범의 '위험성'이 없어질
때까지 구금할 수 있게 하는 제재였습니다.
지강헌 씨는 교도소에서 방송을 듣다가 전두환 대통령의 동
생이자 새마을운동중앙본부장을 역임한 전경환의 형량이 자
신의 형량보다 적다는 것을 알게 됩니다. 전경환은 공금 76억
원을 횡령하고도 징역 7년을 선고받았으니까요. 지 씨는 격분
했고, 영등포교도소에서 공주교도소로 이감되어 가던 중 버
스에서 탈주합니다. 공범들과 함께 도주하다가 서울 시내 가
정집에 들어가 일가족을 인질로 잡고, 자신들의 주장을 텔레

비전으로 생중계해달라고 요구합니다. 이 과정에서 지 씨가 '유전무죄 무전유죄'라는 말을 남겨 전국에 회자됩니다. 이 사건으로 공범 일부는 자수하고 일부는 자살합니다. 지 씨도 자살을 시도했지만 진입한 경찰특공대의 총에 맞았고, 과다 출혈로 사망합니다.

이 사건은 〈홀리데이〉(2006)라는 제목의 영화로 만들어졌습니다. 배우 이성재 씨가 지강헌 역할을 맡았고, 최민수 씨가 악한 간수 역할로 나오죠. 〈홀리데이Holiday〉는 지강헌 씨가 제일 좋아했던 비지스Bee Gees의 노래였습니다. 그는 이 노래를 들으며 자살을 시도했습니다.

지강헌 씨가 범죄인이었던 것은 맞습니다. 그런데 그의 절규가 지금도 회자되고 있는 이유가 무엇인지 우리 모두 생각해봐야 합니다. 국가형벌권이 공정하지 못하다는 불신이 팽배해져 있는 상태에서 어떤 흉악범죄가 일어나면 그 사람을 향해서 분노가 집중되는 것입니다.

청중 3 교수님은 강의를 하시면서 배심제의 장점을 많이 말씀하셨습니다. 단점이 있다면 어떤 것이 있을까요?

조국 배심제의 단점을 말하는 분들은 "시간이 많이 걸린다"(배심원들을 모집하고 선정해야 한다), "비용이 많이 든다"(배심원에게 교통비 등을 지급해야 한다) 등의 이유를 거론합니다. 미국의 'O.J. 심슨 사건'도 많이 거론됩니다. 이 사건은 1994년 6월 미국 로스앤젤레스에서 일어난 살인 사건입니다. 유명 미식축구 선수였던 O.J. 심슨이 전처와 전처의 남자친구 살해 혐의로 체포되는데, 배심재판에서는 무죄 평결로 풀려나고, 민사에서는 거액의 손해배상 책임을 지게 되어 빈털터리가 됩니다. 그런데 이 사건은 극히 예외적인 경우입니다. 통상의 배심재판에 대한 미국 시민의 신뢰도는 매우 높습니다. 그리고 우리나라 사법부 내에서 배심재판을 하지 말자는 의견은 거의 다 없어졌습니다. 양승태 대법원장이 공식문서를 통해서 판사들에게 1심 배심재판에서 만장일치로 난 평결은 존중하라고 지시하기도 했습니다.

2015년 2월 4일

Thomas Paine,
Common Sense, 1776/*Rights of Man*, 1791~1792

Alexander Hamilton·James Madison·John Jay,
The Federalist Papers, 1787~1788

미국 독립과 미합중국 수립에 사상적 기초가 된 저술들이다.
《상식》·《인권》은 '인치'가 아닌 '법치'를 강조하고,
절대군주제는 물론 사회 귀족을 비판하며
민중을 위한 사회대개혁을 주장한다.
《페더랄리스트 페이퍼》는 민주 정체에서 발생하는
'다수의 전제'를 방지하기 위해 소수자 보호,
위헌적 입법 행위에 대한 사법통제를 역설한다.

민중을 위한 사회대개혁과 '입헌민주주의' 구축

토머스 페인 《상식》·《인권》
알렉산더 해밀턴·제임스 매디슨·존 제이 《페더랄리스트 페이퍼》

자유로운 나라에서는 국가가 사람이 아닌 법에 근거한다.

—토머스 페인 Thomas Paine

만약 다수가 그들의 공동 이익을 위해 결합한다면
소수의 권리는 위태로워진다.

—제임스 매디슨 James Madison

지금까지 유럽의 절대군주제를 반대하며 새로운 시대를 열었던 여러 저작들을 살펴봤습니다. 로크, 몽테스키외, 루소, 베카리아 등 유럽 계몽주의 사상가들의 저작은 근대법 사상의 뿌리입니다. 이번 강의에서는 1775년 발발해 1783년까지 진행된 미국독립전쟁* 또는 미국독립혁명**과 관련된 두 저작을 다루려고 합니다. 북아메리카의 13개 영국령 식민지 대표들로 구성된 대륙회의가 독립을 선언한 '미국독립선언'은 1776년에 발표되었습니다.

토머스 페인Thomas Paine(1737~1809)의《상식Common Sense》은

---

* 1775년 영국의 새로운 간섭 정책에 반발해 북아메리카의 13개 영국령 식민지가 일으킨 전쟁. 프랑스를 비롯한 유럽 여러 나라의 군사적·재정적 지원을 받아 1783년의 파리조약에서 독립을 인정받았다.

** 북아메리카의 13개 영국령 식민지가 본국으로부터 독립을 달성한 혁명. 본국 정부가 인지세와 같은 새로운 세금을 부과한 데 대해 식민지인들이 항의함으로써 시작되었으며, 인간의 자연적 평등과 권리를 내세워 절대군주제에 대항했다.

미국독립혁명의 정당성을 설파하는 글이고, 《인권Rights of Man》은 프랑스혁명을 옹호하는 글입니다. 제가 교재로 삼아 강의할 《상식, 인권》(필맥, 2004)은 이 두 개의 글을 묶어 출간한 책입니다. 이 책은 법고전이라기보다는 정치 팸플릿이지만, 미국독립혁명에 중대한 영향을 끼친 책이므로 다뤄보고자 합니다.

《페더랄리스트 페이퍼The Federalist Papers》는 미국독립혁명이 성공한 이후 어떠한 나라를 만들 것인가에 대해 밝힌 책입니다. 이 책은 정치학과 헌법 두 분야에서 빼놓을 수 없는 중요한 책입니다. 순서대로 강의를 시작하겠습니다.

페인의 펜이 없었다면

토머스 페인은 영국인입니다. 코르셋을 제작하는 장인의 아들로 태어나서 아버지와 같은 일을 하다가 하급 관세 공무원도 하고 교사도 합니다. 이후 미국 '건국의 아버지들' 가운데 한 명인 벤저민 프랭클린Benjamin Franklin(1706~1790)의 초청으로 미국에 가서 독립혁명을 설파하는 활동을 전개합니다. 영국인이지만, 영국의 식민 지배를 받는 미국의 독립을 추구하는 사람이 된 거죠. 영국 입장에서 보면 반역자라고 할 수 있을 것입니다. 《상식》은 1776년 미국에서 출간 즉시 베스트셀러가 되었고, 6개월 뒤 발표된 '미국독립선언'에 중대한 영향을 끼칩니다.

페인은 미국이 독립된 후 영국과 프랑스를 왔다 갔다 했는데, 프랑스혁명 후에는 프랑스 '국민공회'* 의원으로 선출 됩니다. 그는 루이 16세 처형에 반대한 온건파 '지롱드'였어요. 이후 로베스피에르를 위시한 강경파 '자코뱅'들에 의해 체포 되어 처형될 뻔했는데 로베스피에르가 실각되는 바람에 석방 됩니다. 단두대 '기요틴'에 의해 목이 잘리기 직전까지 갔다가 살아난 거죠.

페인의 고향은 영국 동부의 노퍽Norfolk입니다. 이곳에 페 인의 동상이 있는데, 한 손에《인권》을 들고 있죠. 그러나 그가 생전에 영국으로 돌아갔다면 바로 잡혀서 사형당했을 것입니 다. 미국의 2대 대통령 존 애덤스John Adams(1735~1826)가 한 유 명한 말이 있습니다.

"페인의 펜이 없었다면, 워싱턴의 검劍은 헛되이 휘둘러 졌을 것이다."

여기에서 워싱턴은 바로 미국독립전쟁의 지도자이자 초대 대통령이 된 조지 워싱턴George Washington(1732~1799)입니다. 이 헌사에서 알 수 있듯이 당시 미국의 혁명가들과 미국의 독

---

*   프랑스혁명 때 입법의회에 이어 1792년부터 1795년까지 프랑스를 통치한 의
     회. 공화정 선언, 국왕 처형, 미터법 제정 등의 업적을 남기고 해산했다.

토머스 페인의 동상
© Andrewself, wikimedia commons

립을 추구했던 사람들은 거의 다 페인의 글을 읽었다고 보면 됩니다. 프랑스혁명을 꿈꾼 사람들이 루소의 《사회계약론》을 읽었던 것처럼 말입니다.

군주제와 귀족제 비판

페인의 사상 가운데 제가 주목하는 부분만 뽑아서 강의를 한 뒤 《페더랄리스트 페이퍼》로 넘어가겠습니다. 먼저 페인은 군주제를 맹공격합니다.

> 한 사람을 다른 사람들보다 더욱 위대하게 높이는 행위는 자연의 평등권이라는 측면에서 정당화될 수 없다. 마찬가지로 그런 행위는 성경의 권위로도 변호될 수 없다. (…) 요컨대 군주제와 왕위 계승은 (이 나라 또는 저 나라만이 아니라) 전 세계를 오직 피와 재 속으로 몰아넣어 왔다. 그것은 신의 말씀을 거스르고, 피가 따르는 국가형태다.[1]

> 권력을 잡은 도당의 우두머리는 군주라는 이름으로 도적이라는 제 이름을 없애려고 했다. 이것이 바로 군주국과 왕의 기원이다. (…) 전쟁과 강탈의 체제 (…) 전쟁은 국가의 노름판이고, 국민은 그 노름에서 속임을 당하는 자다. (…)

왕이 되기 위해서는 사람이라는 동물의 모습만 갖추면 된
다. 그것은 일종의 숨 쉬는 자동인형이다.[2]

페인은 철두철미 공화국을 지지했습니다. 페인은 자신
의 조국인 영국의 명예혁명에 대해서도 역시 비판합니다.

국민은 제임스와 윌리엄이라는 두 악마 중에서 덜 나쁘다
고 생각하는 쪽을 선택했다. (⋯) 여기서 권리장전이라는
법령이 등장한다. 그러나 그것은 정부의 여러 부문이 권력,
이익, 특권을 나누어 갖기 위한 흥정에 불과했다.[3]

로크를 포함해 명예혁명을 옹호하는 사람들은 "축출된
제임스는 나쁜 왕, 의회와 타협해 새로 즉위한 윌리엄은 좋은
왕"이라고 평가했습니다. 그러나 페인은 둘 다 '악마'에 불과하
다고 봤습니다. '권리장전'에 대해서도 의의보다 한계를 지적
합니다.

소위 마그나 카르타는 정부가 횡령한 것의 일부를 포기하
도록 정부에게 강요한 것에 불과했다. (⋯) 그것은 겨우 재
정복(再征服)의 성격인 것이지 헌법이 아니었다. 왜냐하면

프랑스가 그 전제주의를 완전히 쫓아낸 것처럼 국민이 그 찬탈행위를 완전히 쫓아내어야 비로소 헌법을 제정할 수 있기 때문이다.[4]

페인은 귀족제도 비판합니다.

귀족제는 인간이라는 종을 타락시키는 경향을 갖고 있기 때문이다. 어떤 소수가 사회 전체에서 분리되어 자기들끼리만 결혼하면, 그런 인간의 종은 퇴화한다. (…) 세계가 아는 위대한 인물들은 민주적 기반에서 나타났다.[5]

귀족은 다른 신분이나 다른 계급의 사람을 같은 사람으로 보지 않죠. 우리나라에서 유행했던 표현을 빌리자면 '개, 돼지'로 보는 겁니다. 그래서 결혼도 같은 귀족끼리만 하죠. 우리나라는 공화국이지만, '사회 귀족'은 엄연히 존재합니다. 재벌은 재벌끼리만 결혼합니다. 귀족 지위를 유지하기 위해 재산을 귀족 안에 묶어두고, 이 재산을 대를 이어 물려주기 위해 이렇게 통혼하는 것입니다. 페인은 귀족에 대해 지성도 능력도 없다고 비판합니다.

《상식》초판 표지
1776년

대다수의 귀족들이 현저한 무력감과 지성의 결핍 증세
를 보였다. (…) 이런 점들은 모든 나라 귀족, 소위 노블스
(Nobles)나 노빌러티(Nobility), 아니 차라리 노-어빌러티
(No-ability, 무능)의 일반적 특징이다.[6]

노빌러티(귀족)는 노-어빌러티, 즉 무능이라는 조롱은
정말 통렬합니다. 귀족 중에는 지적인 사람도 있고 능력이 뛰
어난 사람도 있습니다. 그러나 다수의 귀족들이 가만히 있어
도 잘사는데 굳이 노력할 필요가 없었을 것입니다. 오락과 향

《인권》 초판 표지
1791~1792년

락에 젖어 사는 귀족의 모습은 여러 문학 작품에서 많이 묘사
됩니다.

인치가 아닌 법치

이런 페인이 공화제를 옹호하는 것은 필연입니다. 그는 군주
를 남기는 명예혁명이 아니라 군주를 없애는 프랑스혁명을 지
지했습니다.

아메리카의 조국은 영국이 아니라 유럽이다. (…) 그들은

어머니의 부드러운 품이 아니라 괴물의 잔혹함으로부터
도망쳐 이곳으로 왔다.[7]

우리가 인정하는 군주제가 있다면, 아메리카에서는 **'법이
왕'**인 군주제다. (…) 우리에게는 자연권이 바로 국가다.[8]

"'법이 왕'인 군주제", 즉 공화국이라는 이야기입니다.
왕 대신 법이 지배하는 나라입니다.

공화국이란 개인적으로나 집단적으로나 공공의 이익을 위
하여 수립되고 운영되는 국가 (…)가장 자연스럽게 대의제
형태와 관련된다. (…) 완전히 대의제에 입각한 미국이란
국가는 그 성격과 실제에서 현존하는 유일한 참된 공화국
이다. (…) **자유로운 나라에서는 국가가 사람이 아닌 법에 근
거한다.**[9]

'인치人治'가 아니라 '법치法治'가 작동하는 나라가 공화국
이라는 명제는 이후 모든 공화국의 근본이 됩니다. 정치적 민
주화가 이루어졌지만 '제왕적 대통령'의 행태를 볼 수 있는 현
대 한국 사회에서도 이 지적은 중요합니다. 그리고 법 적용과

토머스 페인의 초상화
Laurent Dabos, 1791년경

집행, 그리고 그 강도가 사람에 따라 달라지는 편파성은 현대 한국 사회가 여전히 안고 있는 문제입니다. '유전무죄 무전유죄', '유권무죄 무권유죄', '유검무죄 무검유죄'란 말이 시중에 회자되고 있지 않습니까.

페인은 '법치'에 기초한 공화국이 무엇을 해야 하는가도 제시합니다.

가난이나 굴욕 속에서 삶을 마치는 것밖에는 다른 기회를 거의 갖지 못하는 민중이 있다. 그 삶의 시작부터가 운명의 예고를 표시한다. 그리고 이것이 시정되지 않는 한 처벌은 쓸데없는 짓이다. **시민국가는 처벌하는 데 있는 게 아니라, 청년들을 가르치고 노인들을 돌보며, 가능한 한 한쪽으로부터는 방탕을, 다른 한쪽으로부터는 절망을 배제하는 제도를 갖추는 것이다.**[10]

페인은 이러한 민중을 열거합니다. "나날의 빵을 위해 죽는 날까지 일하는 노인", "농부, 일반 노동자, 각 직종의 행상과 그들의 아내, 수부, 제대군인, 지친 하인 남녀, 가난한 과부", "상당수의 중개업자."[11] 그는 "가난한 사람만 처벌되고 다른 사람들은 거의 처벌되지 않는 것"을 개탄하고, "도덕 없이 성장

했고 희망 없이 세상에 내던져진 그들은 악과 합법적 야만 앞에 적나라하게 내던져진 희생물"이라고 말합니다.[12] 약자에 대한 연민과 동정이 절절히 느껴집니다.

민중의 삶을 위한 사회대개혁

페인은 고통받는 민중을 구제하기 위한 제도를 만들어야 한다고 역설합니다.

> 국가가 엄청나게 낭비하고 있는 그 수백만 파운드의 돈이면 그런 악을 개혁하고, 궁정 주변에 들어가지 않는 나라의 모든 사람들에게 충분한 이익을 주고도 남는다.[13]

그리고 실증적 계산에 기초하여 14개의 개혁 방안을 제시합니다. 내용이 길지만 같이 살펴보겠습니다.

1. 구빈세 200만 파운드의 폐지.
2. 25만 2000 빈곤가구에 대한 구제. 14살 미만의 모든 아동에게 일인당 4파운드로 계산해 지급. 이것은 25만 파운드의 추가자금과 함께 103만 아동을 교육시키는 데 사용된다.
3. 50세 이상, 60세 미만의 모든 가난한 사람들, 실패한 상

인, 기타 사람들(7만 명으로 추정)에게 매년 일인당 6파운드의 연금 지급.

4. 60세 이상의 모든 가난한 사람들, 실패한 상인, 기타 사람들(7만 명으로 추정)에게 매년 일인당 10파운드의 종신연금 지급.

5. 신생아 5만 명에게 각각 20실링씩 지급.

6. 신혼부부 2만 쌍에게 각각 20실링씩 지급.

7. 일감을 찾아 헤매다가 친지와 멀리 떨어진 곳에서 죽는 사람들을 위한 장례비로 2만 파운드 지급.

8. 런던과 웨스트민스터 시의 일시적 빈민에 대한 상시적 고용.

9. 주택과 창문에 대한 세금 폐지.

10. 해산된 1만 5000명의 사병과 해산된 부대의 장교에게 평생 매주 3실링 지급.

11. 잔류 사병에게 매년 1만 9500파운드의 봉급 증액.

12. 해산된 해군에게 육군과 동일한 지급 및 봉급 증액.

13. 대체세 폐지.

14. 부당하고 비자연적인 장자상속제 법과 귀족제의 폐단을 해소하는 데 기여하는 누진세 마련.[14]

요컨대 민중에게 부과되는 과도한 세금을 폐지하고, 이들에 대한 복지를 강화하자는 제안입니다. 페인은 이런 개혁이 이루어져야 "비참한 사람들이 도움을 받을 수 있게 될 것이며, 따라서 불행과 빈곤에서 비롯되는 경범죄의 수는 줄어들"[15] 것이라고 말합니다.

빈민, 실패한 상인, 신혼부부, 신생아에게 일률적으로 정액을 지급해야 한다는 주장은 최근 우리나라에서도 논의되기 시작한 '보편적 복지론'이나 '기본소득론'과 맥이 닿아 있습니다. 경제성장은 이루었으나 소득·자산의 불평등이 심화되고 있는 현실을 타개하는 문제는 진보와 보수의 문제가 아니라 대한민국이라는 공동체의 존속과 통합을 위해 필수 불가결한 과제입니다. 소득·의료·교육·주거·노동 등 일상생활 전체에 걸쳐 경제적 약자의 삶의 질을 높여야만 정치적 민주주의도 존속될 수 있습니다. 민생이 취약해지면 정치적 민주주의도 후퇴할 수밖에 없습니다.

페인의 개혁 방안은 우리가 지금까지 살펴본 위대한 사상가들의 저작에는 없는 내용입니다. 2장에서 보았듯이 몽테스키외에서만 단초를 발견할 수 있을 뿐입니다. 페인은 폭정을 무너뜨리고 공화국을 세우는 것을 넘어서 민중의 삶이 개선되는 사회를 꿈꾸었습니다. 현대 인권 개념을 빌려 말하자면, '자유권'은 물론 '사회권'이 실현되는 세상을 지향했던 것입니다.

페인의 이 획기적 제안은 당대에 실현되지 못합니다. 페인의 제안은 《페더럴리스트 페이퍼》의 저자들, 미국 '건국의 아버지들'에게도 수용되지 못합니다. 유럽의 경우에는 사회(민주)주의 정당이 힘을 얻으면서 '사회권'이 제도화되고 '복지국가'도 만들어집니다. '사회권'은 유엔UN '경제적·사회적·문화적 권리에 관한 국제협약'에 규정되어 있는 권리인데, 노동, 주거, 복지, 생계, 의료 등의 분야에서 사회·경제적 약자가 인간으로서의 존엄과 행복을 유지하고 살아갈 수 있도록 보장받아야 할 권리를 말합니다. 그러나 미국의 경우 '사회권'을 요구하면 '빨갱이' 사상으로 취급되었습니다. 제2차 세계대전이 진행 중이던 1941년 루스벨트 대통령이 "결핍으로부터의 자유freedom from want"를 공개적으로 강조하면서 조금씩 변화합니다.

브라질에서는 금속 노동자 출신 룰라 다시우바Lula da Silva 가 대통령이 된 후 '보우사 파밀리아Bolsa Familia'로 불리는 획기적인 실험이 진행됩니다. 2004년 '시민기본소득법'이 만들어지고 2010년부터 시행됩니다. 브라질 정부는 인구의 4분의 1에 해당하는 사람들에게 '기본소득'을 직불카드로 지급했습니다. 이 혜택을 받고 싶은 가족의 아동은 반드시 학교에 다녀야 한다는 조건이 붙었죠. 특이한 점은 이 돈을 여성 가장에게 지급했다는 점입니다. 빈곤층 남성들이 이 돈을 다른 곳에 쓸 가능성이 있다고 판단했기 때문이죠.(웃음) 그 결과 룰라의 재임 기간에 약 2000만 명이 극빈 상태에서 벗어났고, 약 3000만 명의 저소득층이 중산층이 되었습니다.

여러분, 빅토르 위고Victor Marie Hugo의 명작《레 미제라블Les Misérables》(1862) 다 아시죠? 2012년에는 뮤지컬 형식의 영화로 만들어져 개봉했는데, 우리나라에서도 인기가 높았습니다. 소설의 배경은 1815년 프랑스 사회의 현실에서 시작해 1832년 6월 봉기로 끝을 맺습니다. 여기서 여주인공 팡틴은 비참한 삶을 살아갑니다. 영화에서는 미국 배우 앤 해서웨이가 분했습니다. 그녀는 공장 노동자로 일하다가 부유한 집안 학생의 아이를 갖게 되었지만, 이 남자로부터 버림을 받고 공장에서도 쫓겨납니다. 생계를 위해 머리카락과 앞니를 팔고 결국 성매매까지 하게 됩니다. 팡틴의 딸 코제트는 어린 시절 여관집 부부에게 맡겨져 하인 일을 하게 됩니다. 페인은 말합니다.

다음과 같이 말할 수 있을 때 우리는 헌법과 국가를 자랑할 수 있을 것이다. 즉 이 세상 어느 나라보다도 우리의 빈민은 행복하고, 그들에게 무지와 불행이 없으며, 감옥에는 죄

코제트의 초상화
Émile Bayard, 1862년

수가 없고, 거리에는 거지가 없으며, 노인들에게는 부족한 것이 없고, 세금이 과중하지 않으며, 우리는 세계의 행복과 친구이기 때문에 합리적인 세계가 우리의 친구라고 말할 수 있을 때 그렇다.[16]

저는 이 문구를 처음 접했을 때 가슴이 찌릿했습니다. 1792년 페인이 가슴속에 품었던 꿈을 생각해보시면 좋겠습니다. 그의 꿈은 현대 한국 사회에도 여전히 강력한 의미를 갖습니다. 정치적 민주화가 이루어져 시민들의 '입'은 자유로워졌고 대한민국이 가진 부의 규모도 획기적으로 커졌지만 민생의 어려움으로 고통받는 사람들은 여전히 많기 때문입니다. 저는 《가불 선진국》에서 이렇게 말했습니다.

우리는 대한민국이 식민지, 전쟁, 그리고 군사독재와 권위주의 체제를 겪은 후 선진국이 되었음에 자부심을 가져도 좋다. 그러나 충분한가? 아니다. '외연적(外延的) 발전'을 넘어 '내포적(內包的) 발전'을 이룩하기 위한 사회개혁이 필요하다. '국뽕'을 넘어 선진국 대한민국에 필요한 사회·경제적 제도개혁을 고민해야 한다. 심각해지는 자산 및 소득 격차를 해소하지 않으면 지속적 발전과 국민통합은 어렵다.

확보된 '자유권' 보장은 기본으로 하면서 '사회권' 보장을 '자유권' 보장 수준으로 높여야 한다. 그래야만 선진국 반열에 오르기 위해 '가불'했던 '빚', 그래서 여전히 남아 있는 '빚'을 갚을 수 있다.[17]

현대 정치학·헌법학의 기초

이제 《페더랄리스트 페이퍼》로 넘어가보겠습니다. 이 책은 현대 정치학·헌법학에서 반드시 다루어야 하는 저작입니다. 1776년 미국독립선언이 이뤄지고 나서 1789년 미국 헌법이 채택되기 전까지의 여러 과제를 다루고 있는데, 주와 연방의 구조, 그리고 각각의 권한을 어떻게 설정할 것인가의 문제가 많은 분량을 차지하고 있습니다.

'페더랄리스트'라는 단어의 뜻이 '연방주의자' 아닙니까? 그런데 당시 미국의 독립은 원하지만 강한 연방정부 수립에는 반대하는 정치세력이 있었습니다. 예컨대 버지니아는 '주'인데, '주'의 영어명은 'state'죠. '나라', '국가'란 뜻 아닙니까? 이 '주'들이 각각 자기 방식으로 독립적인 운영을 하면 되는 것이지 강한 연방정부는 필요 없다는 입장이었습니다. 물론 《페더랄리스트 페이퍼》의 저자들은 강한 연방정부가 필요하다는 입장이었죠. 해밀턴은 이렇게 말했습니다.

알렉산더 해밀턴의 초상화
John Trumbull, 1806년

제임스 매디슨의 초상화
John Vanderlyn, 1816년

분리된 주들 사이의 파괴적 투쟁으로 아메리카는 아메리카 전체의 공동의 적인 나라들의 모략과 음모에 희생될 가능성이 높다. "분열시켜 지배하라"는 말은 우리를 증오하거나 두려워하는 모든 나라들의 표어일 것이다.[18]

이 부분은 현재 한국 사회의 문제와 직접 연결되지 않으므로 이번 강의에서는 생략하고, 정치와 법의 일반론 부분만 뽑아서 설명하겠습니다.《페더랄리스트 페이퍼》의 저자는 세 사람인데 모두 미국 '건국의 아버지들'입니다. 첫 번째 사람은 알렉산더 해밀턴Alexander Hamilton(1755~1804)입니다. 미국 10달

존 제이의 초상화
Gilbert Stuart, 1794년

러 지폐에 얼굴이 새겨져 있습니다.

다른 두 저자 제임스 매디슨James Madison(1751~1836)이나 존 제이John Jay(1745~1829)가 대지주, 상류층 계급인 것과 달리 해밀턴의 출신은 미천했습니다. 영국령 서인도제도에서 혼외 사생아로 태어났고, 어머니가 혼자서 그를 키웠습니다. 그런 그가 독립전쟁 기간에 조지 워싱턴 장군의 부관으로 활약합니다. 조지 워싱턴은 미국의 초대 대통령이 되는 인물이죠. 해밀턴은 미국 독립이 성취되고 난 뒤 1대 재무장관이 되고 연방은행을 만듭니다. 미국 달러를 찍는 기관이죠. 그의 얼굴이 10달러 지폐에 들어간 이유입니다. 그는 강한 중앙정부가 필요하

알렉산더 해밀턴의 초상화가 그려진 미국 10달러 지폐

다는 입장이었고, 상업과 무역을 중시하는 '중상주의' 노선을 취했습니다. 이런 정치적 노선을 '해밀턴주의'라고 부릅니다.

해밀턴은 재능이 많았던 사람입니다. 연방은행을 창설한 것뿐만 아니라 〈뉴욕포스트〉라는 언론을 만들었고 '연방당'이라는 정당도 만들었습니다. 이 정당은 세계 최초로 투표에 기반한 정당입니다. 지금 시각에서는 당연한 것 아니냐고 할 수 있지만 당시로서는 놀라운 일이었습니다.

한편으로 그는 열혈남아이기도 했습니다. 해밀턴은 당시 미국 3대 대통령 토머스 제퍼슨Thomas Jefferson(1743~1826) 정부의 부통령이었던 에런 버Aaron Burr(1756~1836)와 경쟁 관계였는데, 서로 정치적 논쟁이 격해집니다. 버가 해밀턴에게 결투를 신청하고 해밀턴이 수락하면서 1804년 허드슨강에서 결투가 벌어집니다. 당시 남성 문화에서는 결투를 피하면 비겁자로 낙인찍히고 매장되었습니다. 해밀턴의 총은 빗나갔고 버의 총은 명중하면서 해밀턴은 사망합니다. 이 결투만 아니었으면 해밀턴은 분명히 대통령이 되었을 것입니다.(웃음) 삶이 파란만장하다 보니 2015년 2월 초연된 뮤지컬 〈해밀턴〉은 미국 브로드웨이 역사상 가장 흥행에 성공한 뮤지컬로 꼽힌다고 합니다.

매디슨은 버지니아의 대지주였습니다. 독립전쟁 기간에 버지니아 주의원을 했고, 4대 대통령을 역임합니다. 특히 1787년 필라델피아 제헌회의를 결성하는 데 결정적 역할을 함으로써 '미국 헌법의 아버지'로 불립니다. 그는 《페더랄리스트 페이퍼》를 집필할 때는 해밀턴과 같은 파였는데, 이후 해밀턴과 결별하고 약한 중앙정부를 주장하는 제퍼슨 편에 서게 됩니다. 미국의 3대 대통령 제퍼슨은 약한 중앙정부가 필요하다는 입장, 상업보다 농업을 중시하는 '중농주의' 노선을 취했습니다. 이를 '제퍼슨주의'라고 부릅니다. 대지주였던 매디슨이 '중농주의' 노선을 따른 것은 자연스러워 보입니다.

세 번째 저자인 제이는 뉴욕의 부유한 상인 집안 출신입니다. 독립전쟁 기간에 스페인 대사를 지냈습니다. 그리고 2

알렉산더 해밀턴과 에런 버의 결투
작자 미상

대 뉴욕 주지사와 초대 연방대법원장을 지냅니다.

야심에는 야심으로

《페더랄리스트 페이퍼》의 본격적인 강의는 매디슨의 글로 시작해보겠습니다. 총 85편의 논문이 실려 있는 두꺼운 책이라 다른 부분은 다 못 읽더라도 '페이퍼 51번'만은 정독하면 좋겠습니다.

> 만약 인간이 천사라면 어떤 정부도 필요 없을 것이다. 또한 천사가 인간을 다스린다면 정부에 대한 외적, 내적 통제도 필요 없을 것이다. 인간을 통치하는 인간의 정부를 구성하는 데 큰 어려움은 바로 여기에 있다. 우선 정부가 피치자(被治者)들을 통제할 수 있도록 해야 하고, 그다음으로 정부가 그 자신을 통제할 수 있도록 해야 한다.[19]

대통령도 총리도 국회의원도 대법원장도 천사가 아니라 인간이란 겁니다. 그들도 인간으로서 가질 수밖에 없는 욕망과 편견에 둘러싸여 있음을 직시하고 정부의 구성 원리를 짜야 한다는 것이죠. 따라서 지도자에 대한 견제책이 필요할 수밖에 없습니다. 매디슨은 말합니다.

모든 정치 체제의 목표는 우선 그 사회의 공익이 무엇인가
를 판단할 최고의 지혜와 공익을 추구하는 최고의 덕성을
지닌 사람들을 지도자로 확보하는 것이거나 확보해야 하
는 것이다. 그리고 다음으로는 그들이 대중의 신탁을 받고
있는 동안 그러한 덕성을 유지할 수 있도록 가장 효과적인
견제책을 강구하는 것이다.[20]

몽테스키외와 로크에 대한 강의에서 '삼권분립론'을 다
뤘습니다. 《페더랄리스트 페이퍼》의 저자들도 당연히 '삼권분
립론'에 따릅니다.

정부를 구성하는 여러 부문이 그들의 상호관계에 의해 서
로를 적절한 위치에서 벗어나지 못하도록 정부의 내적 구
조를 설계함으로써 그 결함을 보완하여야 한다 (…) 권력의
남용은 정부를 개별적이고 독립적인 부문들로 나눔으로써
견제된다.[21]

매디슨은 '삼권'을 분리하는 것만으로는 충분하지 않으
며, '삼권'을 구성하는 사람들을 선발하는 통로가 상호 구별되
어야 한다고 말합니다.

각 부문의 구성원들이 다른 부문의 구성원을 임명하는 데
가능한 한 영향력을 행사할 수 없도록 구성되어야 한다. 이
러한 원칙이 엄격하게 지켜지려면 입법, 사법, 행정부의 최
고 수반은 **서로 아무런 관련도 갖지 않는 통로**를 통해서 권
위의 공통된 원천인 국민들에 의해 임명되어야 할 필요가
있다.[22]

몽테스키외의 사상에서 한 걸음 더 나아갔습니다. '삼
권'을 분리함은 물론 각 권력을 구성하는 사람들을 다른 통로
를 통해 임명하자는 것입니다. 그러면 각 권력에 속하는 사람
들은 각자의 자부심, 야망에 따라 움직이고, 다른 쪽 권력에 속
한 사람들의 눈치를 볼 일도 없게 됩니다. 오히려 다른 쪽 권력
의 사람을 견제하고 싶은 욕망이 더 커지겠죠. 여기서 매디슨
의 유명한 말이 나옵니다.

야심에는 야심으로 대항해야 한다. 개인의 이해관계는 그
의 직책의 헌법적 권리와 결부되어야 한다. (…) 모든 개인
의 사적인 이익이 공적인 권리의 파수꾼이 되게끔 한다.[23]

"야심에는 야심으로 대항해야 한다." 매디슨이 인간과

권력에 대해 매우 냉정하고 현실적인 시각을 갖고 있음을 확인할 수 있습니다. 권력에 대한 견제가 도덕이나 종교로 해결되지 않음을 직시하고 있었던 것입니다.

소수자 보호

정치, 권력, 인간에 대한 현실주의적인 파악도《페더럴리스트 페이퍼》의 성과이지만, 저는 매디슨의 다음과 같은 명제를 가장 의미 있는 독자적 통찰이라고 생각합니다.

> 공화국에서는 통치자의 억압으로부터 사회를 보호하는 것뿐만 아니라 사회의 일부분에 의한 부정으로부터 다른 부분을 보호하는 것도 매우 중요하다. (…) **만약 다수가 그들의 공동 이익을 위해 결합한다면 소수의 권리는 위태로워진다.** (…) 강한 당파들이 쉽사리 결합하여 약한 당파들을 억압할 수 있는 형태의 사회는, **약자들이 강자들의 폭력으로부터 보호**되지 못하는 자연상태에서처럼 무정부주의가 실제로 지배한다고 할 수 있다.[24]

그는 "개인 또는 소수의 권리가 다수의 이해관계에 의한 결합으로부터 위험해질 가능성"[25]을 경계했던 것입니다. 앞의 강의에서 보았듯이 계몽주의 사상가들은 전제군주제를 비판, 타도하고 다수의 지배에 따른 공화국을 세우는 것을 목표로 삼았습니다. 그렇지만 새로운 다수자에 의한 소수자 억압에 대해서는 주목하지 않았습니다. 그 결과 "계몽의 독재" 현상이 등장하게 됩니다. 《페더럴리스트 페이퍼》의 저자들은 이점을 포착했습니다. 매디슨은 "시민의 권리에 대한 보장"은 "이익의 다양성"으로, "종교적 권리에 대한 보장"은 "종파의 다양성"으로 가능하다는 점을 강조합니다.[26]

몇 가지 예를 들어보겠습니다. 종교적 소수자 가운데 '여호와의 증인Jehovah's Witnesses'이 있습니다. 이 종파는 1870년대 초 미국 펜실베이니아주에서 찰스 테이즈 러셀Charles Taze Russell 목사에 의해 만들어집니다. 우리나라 기독교에서는 이 종파를 '이단'으로 보지만 미국 등에서는 그렇게 보지 않습니다.

'여호와의 증인'은 교리상 군대에 가면 안 됩니다. 국가기관에 참여해도 안 됩니다. 공무원이 될 수도 없습니다. 한국에서는 종교를 떠나 이러한 내용에 동의하지 못하는 시민들이 많을 것입니다. 그런데 '여호와의 증인'은 이 신조를 일제강점기 때부터 철저하게 지켜왔어요. 일제의 징병을 거부했죠. 당시 다수의 기독교 신자들이 신사 참배를 할 때 이들은 거부하고 감옥에 갔습니다. 지금까지도 병역을 거부하고 감옥에 가고 있죠. 매년 300~500명 정도의 '여호와의 증인' 신도들이 병역거부로 투옥되어 유죄판결을 받습니다.[*]

학계와 인권단체에서는 OECD 국가에서 인정하는 '대체복무제'를 도입함으로써 이들에게 병역을 대신하는 다른 방식의 제도를 제공해야 한다고 주장해왔습니다. 분단국이었던 독일, 분단 상태인 대만도 이 제도를 도입했습니다. 만약 우리나라에서 국민투표로 이 문제를 결정한다면, 아마도 다수가 처벌에 찬성할 것입니다. 군대에 간 남성, 군대에 갈 남성, 군대에 갔다 온 남성, 군대에 간 또는 군대에 갈 아들을 둔 부모, 보수적 기독교, 군대 관계자 등이 찬성하지 않겠습니까?

다른 예를 보겠습니다. 세계적인 권투 선수 무하마드 알리Muhammad Ali(1942~2016)를 아시죠? 그의 원래 이름은 캐시어스 마셀러스 클레이 주니어Cassius Marcellus Clay Jr.입니다. 그는 무슬림으로 개종하면서 자신의 서양식 '노예 이름slave name'을 버리고 무하마드 알리가 됩니다. 우리나라에는 권투 선수로만 알려져 있지만, 흑인민권운동에 참여하고 전쟁에 반대하는 사

---

[*]   2018년 헌법재판소는 '양심적 병역거부'를 처벌하는 조항 자체는 합헌이지만, '대체복무제'를 규정하지 않은 것은 '헌법불일치'라는 결정을 내렸고, 같은 해 대법원은 '양심적 병역거부'를 처벌하던 기존 입장을 변경하고 종교적 신념에 따라 병역을 거부하는 것은 처벌 대상이 아니라고 판결했다.

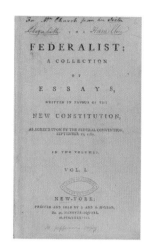

《페더랄리스트 페이퍼》 초판 표지
1788년

회운동가이기도 했습니다. 알리는 전쟁 반대의 신조에 따라 1966년 베트남전쟁 징집을 거부하면서 체포되어 유죄판결을 받습니다. 정치·사회적으로 엄청난 비난을 받았고 챔피언 타이틀까지 박탈됩니다. 그러나 1971년 연방대법원에서 양심적 병역거부를 인정받아 무죄를 받습니다. 8 대 0이라는 만장일치 의견으로 말입니다(Clay v. United States, 403 U.S. 698).

우리나라도 정치적 민주화가 이뤄지기 전까지는 권위주의 독재 또는 군부독재를 종식시키고 다수의 지배를 확보하자는 데 정치와 법의 초점이 맞춰져 있었습니다. 민주화운동에 헌신한 수많은 사람들, 시민들의 각성과 행동 덕분에 정치적 민주화가 이루어졌습니다. 이 과제가 실현되고 나서 그동안 외면해온 다른 문제가 부각되기 시작했습니다. 소수자 보호 문제입니다. 앞에서 본 양심적 병역거부자의 인권 문제 외에 성적 소수자, 장애인, 외국인 노동자 등 다양한 소수자의 인권 문제가 사회적 쟁점으로 떠올랐습니다. 이들 소수자의 입장에서는 여전히 '다수의 전제專制'가 관철되고 있는 사회라고 할 수 있을 것입니다.

《페더랄리스트 페이퍼》의 저자는 아니지만, 미국 3대 대통령을 지낸 토머스 제퍼슨은 이렇게 말했습니다.

"인민의 51퍼센트가 다른 49퍼센트의 권리를 빼앗는 곳에서는 민주주의는 폭도의 규칙mob rule에 불과하다."

제퍼슨과 매디슨이 공유하고 있던 '다수의 전제'에 대한 경계는 현대로 올수록 그 의미가 커집니다.

정파 · 정당 민주주의

지금까지 《페더랄리스트 페이퍼》의 '페이퍼 51번'을 중심으로 핵심 내용들을 살펴보았습니다. 이제 '페이퍼 10번'을 중심으로 이야기를 나눠보겠습니다. 공화주의 정부가 들어서면 바로 등장하는 것이 '파벌'의 문제입니다. 동서고금을 막론하고 정치에는 파벌이 있습니다. 무슨 파와 무슨 파가 서로 싸우고 타협하는 것이 정치의 속성이죠. 현재 한국 정치를 보더라도 정당으로 갈리고, 정당 내에서도 무슨 파로 갈리지 않습니까. 그런데 많은 시민들이 이런 파벌에 대해 부정적인 인식을 갖습니다. 파벌은 다 없어져야 한다는 생각을 하기도 합니다.《페더럴리스트 페이퍼》는 이와 다르게 냉정하고 현실주의적으로 접근합니다. 매디슨은 '파벌'을 다음과 같이 정의합니다.

> 나는 여기서 파벌이란, 전체의 다수이건 소수이건 다른 시민의 권리 또는 지역사회의 영구적이며 전체적인 이익에 역행하는 어떤 공통된 열정 또는 관심의 충동으로 단결되어 행동하는 사람들이라고 해석한다.[27]

당시에도 파벌에 대한 부정적인 인식이 있었음이 확인됩니다. 하지만 매디슨은 이 문제를 해결하기 위해 정치적 자유를 없애는 것에는 반대합니다. "단지 자유가 파벌을 조성하기 때문에 정치적 생명에 필수적인 자유를 없애는 일은 공기가 불에 파괴적 힘을 제공한다고 해서 동물의 생명에 필수 불가결한 공기를 소멸시키려는 것과 똑같이 어리석은 짓"[28]이라고 비판합니다. 그는 파벌의 존재는 인류의 본성에서 나오는 것이기에 없앨 수 없다고 봅니다. 그러면서 "공화주의 정부에 가장 흔히 발생하는 병에 대한 공화주의 치료법"[29]을 제시합니다.

> 파벌의 원인은 제거될 수 없고 오직 파벌의 영향을 **조정**하는 방법에 의해서만 치료할 수밖에 없다.[30]

매디슨의 유명한 말인 "야심에는 야심으로 대항해야 한다"라는 문제의식과 같은 맥락에 있는 처방입니다. "파벌에는 파벌로 대항해야 한다"로 변형할 수 있을 것입니다. 매디슨은 "파벌을 없애라"가 아니라 여러 파벌이 존재하는 것은 불가피하니 서로 싸우고 협상하고 합의하는 '치료법'만이 가능하고 또 옳다고 한 것입니다. 매디슨은 이 '조정'을 위해 "다수가 그들의 수와 지역적 여건에 의해 압제의 음모를 공동으로 계획하거나 시행하지 못하게 하는 것"이 필요하다고 말합니다.[31] 사실 이러한 파벌에 대한 매디슨의 이해는 (정치적) 인간에 대한 해밀턴의 인식과 궤를 같이합니다.

> 진실을 옹호하는 사람이 그들의 적대자보다 항상 더 순수한 원칙을 갖고 있다고는 말할 수 없기 때문이다. 야심, 탐욕, 개인적 적대심, 반정당 정신 그리고 더 나쁜 다른 여러

동기들은 어떤 문제에 있어 그릇된 편의 지지자들뿐만 아니라 **옳은 편의 지지자들에게도** 똑같이 작용될 수 있다.[32]

해밀턴은 자신이 진실을 옹호하고 있다고 확신하는 사람입니다. 부통령과 정치적 논쟁을 벌이다가 목숨을 건 결투도 벌인 사람입니다. 그런데 해밀턴은 "야심, 탐욕, 개인적 적대심, 반정당 정신, 그리고 더 나쁜 다른 여러 동기"를 자기편도 가지고 있다고 말한 것입니다. 무섭게도 객관적이고 냉정한 인식 아닙니까?

이러한 맥락에서 보면 매디슨이 "정당의 다양성 증가"를 지지한 이유를 자연스럽게 이해할 수 있습니다. 그는 자신이 우려한 '다수의 전제'를 막기 위해서는 더 많은 정당이 필요하다고 갈파합니다.

사회가 작을수록 사회를 구성하는 이권과 정당의 수는 더적을 것이다. 개별 정당과 이권 수가 적을수록 더욱 자주같은 정당에서 다수가 형성될 것이고 (⋯) 일사불란하게 행동하는 것을 더욱 어렵게 만든다. (⋯) 연맹 내부의 정당의 다양성의 증가는 안전의 증가를 뜻한다.[33]

우리 사회는 정당을 시끄러운 것, 더러운 것 등 부정적으로 인식하는 경향이 엄존(儼存)합니다. 그러나 정당 없이 정치는 없습니다. 정당 없이 민주주의도 없습니다. 해밀턴의 표현을 빌리면, "진실을 옹호하는 사람"들은 각자의 '진실'이 옳다고 믿으며 권력을 잡기 위해 정치투쟁을 벌입니다. 그러나 이들은 다 '부분적 진실', '제한적 진실'을 갖고 있을 뿐입니다. 이 점에서 다양한 정당이 필요합니다.

그리고 기존 정당이 자신의 이익, 욕망, 비전 등을 반영하지 않는다고 생각하는 계급, 계층, 집단이 있을 수 있습니다. 이들은 자신들을 위한 정당을 만들 수 있어야 합니다. 매디슨은 다양한 정당이 존재해야 "불일치하는 의견을 조정하고 상호의 경계심을 완화하고 각자의 이해관계를 조정"[34]하는 것이 용이해진다고 본 것 같습니다. 또 정당이 다양하게 존재해야 '다수의 전제'를 막을 수 있다고 생각했습니다. 정당의 수가 적으면 '다수의 전제'가 쉬워진다고 판단한 것입니다.

사법부의 역할 '위헌심사'

우리가 앞선 강의에서 공부한 계몽주의 사상가들은 공통적으로 사법부에 대한 입법부의 우위를 강조하면서 사법부의 역할을 축소했습니다. 선출되지 않는 권력에 대한 선출된 권력의 우위를 분명히 하려는 의도였습니다. 해밀턴은 물론 삼권분립을 지지합니다. 그런데 《페더럴리스트 페이퍼》에서 해밀턴은 사법부의 역할에 대해 다른 문제의식을 품고 논의를 전개합니다. 먼저 해밀턴은 사법부가 다른 두 부처에 비해 "가장 힘이 약하다"고 판단합니다.

> 사법부는 헌법의 정치적 권리를 괴롭히거나 손상시킬 능력이 가장 적기 때문이다. 행정부는 명예를 필요로 할 뿐만 아니라 사회라는 칼, 즉 수단을 갖고 있다. 입법부는 경비를 주관할 뿐만 아니라 모든 시민을 규제하는 의무와 책임을 규정하는 법을 만든다. 반면에 사법부는 칼도 돈도 갖고 있지 않으며, 사회의 힘이나 부에도 영향을 미치지 못하고, 어떤 것도 실질적으로 결정하지 못한다. (…) 사법부가 정부의 세 부처 가운데 가장 힘이 약하다.[35]

"법원의 판결은 힘이 센데, 무슨 말이지?"라는 의문을 가질 수 있습니다. 법은 국회가 만듭니다. 입법부가 만든 법의 집행은 행정부가 합니다. 이 과정에서 사법부는 권한을 행사할 수 없습니다. 그렇다면 사법부는 언제 자신의 권한을 행사할 수 있을까요. 분쟁이 나서 재판으로 넘어올 때만 권한을 행사할 수 있습니다. 또한 입법부가 법을 개정하면 그에 따라 재판을 해야 합니다. 국가 예산을 봐도 사법부 예산은 행정부의 한 부처, 예컨대 기획재정부보다 적습니다.

해밀턴은 행정부와 입법부가 연합하면 사법부가 더 취약해진다고 말합니다. 대통령 선거에서 이긴 정당이 국회의원 총선에서도 이긴 경우를 생각해보면 됩니다. 행정부와 입법부는 사실상 한 몸이 되고, 이때 사법부는 이 강력한 합체合體 권력 앞에 위축됩니다.

그래서 해밀턴은 사법부에 두 가지를 주어야 한다고 말합니다. 첫째는 "법원의 완전한 독립", 둘째는 "입법적인 행위를 무효로 하는 법원의 권한"입니다.[36] 그는 법관의 독립이 확보되지 않으면, "사람들 사이에서 퍼지는 모든 복잡한 나쁜 영향으로부터 개인의 권리를 보호"하는 것이 어려워진다고 봤습니다. 법관도 사람이므로 정치권의 주장, 여론의 흐름에 영향을 받습니다. 이 경우 정치적 소수자, 사회·문화적 소수자는 불리합니다. 법관의 독립이 보장되어야 여론이 아니라 헌법과 법률에 따라 판단할 수 있게 됩니다. 해밀턴은 말합니다.

사회의 나쁜 풍조에 의해 일어날 수 있는 영향에 대한 방패로서 필수 불가결한 요소인 법관의 독립은 헌법의 위반이라는 관점에서만 필요한 것은 아니다. 그것은 종종 부당하고 편파적인 법률에 의해 특정 계급의 시민들의 사적인 권리를 침해할 수도 있다. 여기서 다시 그런 법률의 가혹함을 완화하고 제한하는 사법관의 확고함이 중요하게 부각되는 것이다.[37]

위임받은 권한으로 인한 모든 행위가 그 위탁받은 임무에 어긋날 경우는 무효화되어야 한다는 것보다 더 명백한 원칙은 있을 수 없다. 그러므로 **헌법에 어긋나는 모든 입법행위도 정당화될 수 없다.** (…) 법정은 시민과 입법부 사이의 중재 역할을 위해 존재한다고 가정하는 것이 더 합리적일 것이며, 다른 것보다도 입법부의 권한을 제한하는 것을 중요한 역할로 보아야 할 것이다. (…) 헌법은 하위법보다 우선되어야 하며, 시민의 의도는 시민의 대표자의 것보다 우선되어야 한다는 것이다.[38]

현대 민주주의 국가법 체계에서 말하는 '위헌심사' 또는 '사법통제'를 강조한 사람이 바로 해밀턴임을 확인할 수 있습니다. 법은 입법부가 만들고, 사법부는 입법부보다 우위의 존재가 아니지만, 입법부가 헌법에 위반하는 법률을 만들 경우 어떻게 할 것인가 하는 문제를 포착했던 것입니다. 해밀턴은 독립성을 보장받는 법관으로 구성된 사법부에서 위헌심사를 해야 한다고 여겼습니다.

미국의 '연방대법원Supreme Court'은 우리나라의 헌법재판소와 대법원을 합친 기관입니다. 입법부가 만든 법률이 헌법에 위배되는지를 심사하고 결정합니다. 미국 연방대법원은 인종차별을 합법화하는 법률, 표현의 자유를 억압하는 법률, 낙태를 처벌하는 법률 등을 위헌으로 보고 무효화했습니다.* 미국 사회에서 벌어지는 각종 정치적·사회적·문화적 쟁투는 최종적으로 연방대법원에서 다뤄지게 되는 것입니다.

미국 연방대법원 건물은 8개의 기둥으로 이뤄져 있습니다. 기둥의 모양이 그리스-로마 느낌이 나도록 건물을 지었죠. 미국 '건국의 아버지들'은 그리스-로마 공화정의 후예를 자처하면서 새로운 나라를 만들었습니다. 그러면서 위헌심사라는 유례없는 제도를 만들어 연방대법원에 권한을 주었던 것입니다.

우리나라에서는 정치적 민주화로 1987년 헌법이 만들

----

*   그러나 2022년 6월 보수 우위로 재구성된 미국 연방대법원은 50년 만에 1973년 낙태합법화 판결(Roe v. Wade, 410 U.S. 113)을 폐기했다. 이제 낙태 처벌 여부는 각 주 정부와 의회의 권한이 되었다.

어지고, 이에 따라 헌법재판소가 설립되면서 위헌심사가 활성화됩니다. 그 이전에는 '헌법위원회'라는 것이 있었지만 유명무실했습니다. 이전 강의에서 '명확성의 원칙', '비례성의 원칙'을 언급하면서 헌법재판소의 위헌결정 예를 살펴봤는데요. 우리나라에서도 분쟁의 최종 귀결 지점은 헌법재판소인 경우가 많아졌습니다.

헌법재판소가 처음 생겼을 때는 시민들이 무엇을 하는 조직인지 잘 몰랐고, 대법원에서도 낮추어 보는 경향이 있었습니다. 그러나 이제 확고하게 자리를 잡았습니다. 전 세계의 민주주의 국가에서 한국 헌법재판소는 모범이 되고 있습니다. 이러한 흐름의 뿌리가 해밀턴이었음을 기억하면 좋겠습니다. 물론 헌법재판소에 대한 불만도 존재합니다. 특히 헌법재판관들이 주로 고위 법관 출신으로 이루어지는 것에 대한 우려입니다.

오트프리트 회페 교수의 지적처럼,《페더랄리스트 페이퍼》는 "'사회국가'라는 사유를 결여했다는 점, 여성과 유색인에 대한 동등한 권리를 인정하고 있지 않다는 점, 좋은 삶에 대해 전혀 묻지 않고 있다는 점"[39] 등의 한계가 있습니다. 그러나 국가권력은 헌법에 따라 작동되고 행사되어야 한다는 '입헌민주주의constitutional democracy'의 사상적 기초를 만들었다는 점에서 중요한 저작이 아닐 수 없습니다. 제 강의를 들으면서 법고전이 현재 대한민국에 던지는 시사점이 무엇인지 포착하시면 좋겠습니다.

청중 1 '제왕적 대통령제'에 대해서 비판이 많습니다. 교수님은 한국 대통령에게 부여된 지나친 권한이 어떤 것이라고 생각하시는지, 어떤 방향으로 바뀌어야 좀 더 좋아질 것이라고 보시는지 궁금합니다.

조국 제왕적 대통령제The Imperial Presidency는 미국 역사학자 아서 M. 슐레진저 2세Arthur M. Schlesinger Jr.가 1973년에 처음 쓴 말입니다. 그 뿌리를 찾으면, 미국 '건국의 아버지들'이 했던 고민으로 거슬러 올라갑니다. 당시 그들은 워싱턴 장군을 왕으로 추대하려는 생각도 했습니다. 그러다가 완전히 새로운 공화국을 설계한 거죠. 대통령제는 미국의 발명품인데, 그 출발부터 대통령이 왕에 준하는 위치로 상정되었습니다. 미국 학계에서도 대통령President을 '선출된 군왕elected monarchy'이라고 부릅니다.

한국 대통령에게 많은 권한이 집중되어 있는 것은 사실입니다. 여기서는 두 가지 예만 들어보겠습니다. 제가 꼼꼼히 세어보진 않았지만, 청문회를 하지 않고 대통령(청와대)이 바로 임명할 수 있는 자리가 2000개 이상인 것으로 알고 있습니다. 그리고 우리나라에서 감사원은 대통령 밑에 있습니다. 다른 나라는 의회 밑에 있죠. 감사원이 독립적으로 감사를 수행해야 하는데, 대통령의 의중에 맞추어 감사를 실시하는 경우가 종종 발생합니다. 정권이 바뀌면 기존 입장을 바꾸기도 하죠. 제 생각으로는 감사원을 국회 소속으로 배치하는 것이 맞습니다. 행정부를 감시하는 것은 입법부이므로 국회의 통제하에서 감사원이 행정부에 대한 감사를 하는 것이 삼권분립의 원칙에 맞습니다.

청중 2 국가인권위원회의 위원장, 상임위원, 비상임위원은 대통령, 국회, 대법원장이 추천해서 임명하는 것으로 알고 있습니다. 이러한 구성 방식에는 문제가 없을까요?

조국 국가인권위원회는 김대중 정부 때 법률로 만들어졌습니다. 따라서 헌법적 지위를 갖는 기관이 아닙니다. 개헌이 된다면, 독립성을 보장하기 위해 헌법기관화 해야 한다고 생각합니다. 저는 대법원장의 지명으로 2007~2010년 국가인

권위원회 비상임위원으로 활동했는데, 이명박 정부에서 국가
인권위원회의 예산과 인원을 축소하는 데 항의하며 사표를
던졌습니다.

저는 인권위원들이 너무 법률가 중심으로 구성되어 있는 것
이 문제라고 생각합니다. 국가인권위원회는 법원이 아니거든
요. 오히려 시민들이 느끼고 고통받는 인권 문제에 공감하고
소통하는 능력이 필요하다고 봅니다. 그래서 저는 인권운동
에 헌신한 분들이 국가인권위원회에 더 많이 들어와야 한다
고 생각합니다. 대통령, 국회, 대법원장이 각각 추천권을 행
사할 때도 밀실에서 하지 말고 추천위원회를 구성해 시민들
의 추천을 받도록 실무를 개선하면 좋겠습니다.

폭염 속에 휴가도 안 가시고 강의를 들으러 와주셔서 감사합
니다. 초가을이 되니 순식간에 날씨가 서늘해졌습니다. 자연
의 이치는 거스를 수가 없네요.(웃음)

2016년 8월 24일/8월 31일

John Stuart Mill, *On Liberty*, 1859

진보적 자유주의의 기초를 놓았다.
사상과 토론의 자유를 비롯해 정치적·사회적 자유의 중요성을 밝히고
자유에 대한 국가권력 개입의 한계를 설정한다.

국가와 사회는
개인의 자유에 어디까지 개입할 수 있는가

존 스튜어트 밀《자유론》

설령 단 한 사람만을 제외한 모든 인류가 동일한 의견이고,
그 한 사람만이 반대 의견을 갖는다고 해도
인류에게는 그 한 사람에게 침묵을 강요할 권리가 없다.

—존 스튜어트 밀 John Stuart Mill

지금까지 다섯 번의 강의에서 일곱 권의 고전을 살펴보았습니다. 이 책들은 영국 명예혁명, 프랑스대혁명, 미국독립혁명과 직간접적으로 연결되어 있으며, '근대' 정치, 법, 제도의 기초를 만드는 사상적 기초가 되었습니다. 이번 강의에서는 존 스튜어트 밀John Stuart Mill(1806~1873)의 《자유론On Liberty》을 살펴보고, 다음 강의에서는 루돌프 폰 예링Rudolf von Jhering의 《권리를 위한 투쟁Der Kampf um das Recht》을 다룹니다. 19세기로 넘어가는 것입니다.

현대 한국 사회에서 시민들이 읽어야 할 고전을 꼽으라고 한다면, 저는 《자유론》을 첫 번째 책으로 추천합니다. 나치즘, 파시즘, 스탈린주의를 겪은 인류의 경험을 생각하면 자유의 중요성은 말할 것도 없습니다. 냉전이 종료한 후에도 '비非 자유 민주주의illiberal democracy' 현상이 확산되고 있습니다. 이 용어는 미국 언론인 파리드 자카리아Fareed Zakaria가 1997년에 처음 썼습니다.[1] 선거 등 형식적 민주주의는 유지되고 있지만, 집권

해리엇 테일러의 초상화
작자 미상

세력이 헌법을 무시하는 등 시민의 자유가 제약되는 체제를 말합니다.

우리나라는 오랜 권위주의 정권 또는 군사독재의 지배를 겪으면서 '자유'의 의미가 왜곡되어 있습니다. '자유주의'를 사상의 자유를 제한하거나 억압하는 '반공' 자유주의로 이해하거나 기업의 무한정 자유를 의미하는 것으로 이해하는 경우가 많습니다. 이 두 가지가 결합된 외국의 대표적 예는 1970년대 칠레 피노체트 군사독재 정권입니다. 피노체트 정권은 '반공'과 밀턴 프리드만이 이끈 '시카고 학파'의 '신자유주의'를 앞세우고 칠레 사회를 폭력적으로 재편했습니다.* 그런데 자유론의 선구자 존 스튜어트 밀의 《자유론》을 보면 자유주의의 의미가 전혀 그렇지 않음을 알 수 있습니다.

먼저 그림 속 여성에 대한 이야기로 시작해보겠습니다. 해리엇 테일러 Harriet Taylor 는 밀의 친구인 존 테일러 John Taylor 의 부인이었습니다. 두 사람은 1831년 처음 만나게 됩니다. 밀의 나이 만 25세, 해리엇 테일러의 나이 만 24세였습니다. 밀은 그녀

---

* 2022년 칠레 대선에서 "신자유주의의 고향인 이 나라를 신자유주의의 무덤으로 만들겠다"라는 구호를 외치고 등장한 35세 학생운동가 출신 가브리엘 보리치가 대통령에 당선되면서 큰 변화가 예상된다.

의 지적 능력, 여성 인권과 사회개혁에 대한 신념에 동감하는 동시에 그녀를 사랑하게 되었습니다. 그는 프랑스어로 열렬한 구애 편지를 보냈는데, 프랑스어로 편지를 쓴 이유는 두 사람의 관계를 숨기기 위함이었다는 말도 있습니다.(웃음) 존과 해리엇 부부는 1833년 별거를 시작했고, 1849년 존 테일러가 사망하자 1851년 밀과 해리엇은 결혼합니다. 도덕적 비난을 피하려고 이때까지 기다렸다고 합니다. 상喪을 치르는 기간을 관례보다 길게 지키고 결혼의 합법성을 갖추기 위해 "우스울 정도로 신경 썼다"[2]라는 것입니다. 그리하여 해리엇 테일러는 해리엇 테일러 밀Harriet Taylor Mill이 됩니다.

결혼한 지 7년 만에 해리엇이 사망합니다. 밀은 사상적으로 해리엇으로부터 많은 영향을 받았고 저술에도 많은 도움을 받았습니다. 밀은 고인이 된 해리엇에게 《자유론》을 바치는 헌사를 씁니다.

> 그녀는 나의 저술 중에서 가장 훌륭한 것 모두를 불러일으켰고 그 일부의 저자였다. 진리와 정의에 대한 그녀의 숭고한 감각은 나에게 가장 강한 자극이었고, 그녀의 동의는 나에게 가장 중요한 보상이었다. 내가 여러 해 저술한 모든 글과 마찬가지로, 이 책도 그녀의 것이자 나의 것이다.[3]

밀에 가려 그 이름이 세상에 덜 알려졌지만, 이처럼 해리엇의 역할은 컸습니다.

이제 본격적으로 《자유론》의 내용을 살펴보겠습니다. 그는 이 책의 주제에 대해 "사회가 합법적으로 개인에게 행사할 수 있는 권력의 본질과 한계"[4]라고 밝혔습니다. 권력을 제한하는 방법으로 "헌법적 견제의 확립, 즉 더욱 중요한 지배권의 행사에 대해 공동체의 동의나 그 이익을 대변하도록 되어 있는 어떤 집단의 동의를 필요조건으로 삼게 하는 것"[5]을 제시합니다. 말이 좀 어렵죠?(웃음) 좀 더 쉽게 설명된 밀의 문장을 소개합니다.

애국자들은 지배자가 그 공동체에 행사하는 권력을 제한하고자 했다. 이러한 제한이야말로 그들이 자유라고 생각한 바로 그것이었다.[6]

자유의 세 가지 영역

밀은 자유를 세 가지 영역으로 나눕니다. 첫째는 양심의 자유, 사상과 감정의 자유, 과학·도덕·종교의 실제적 또는 사색적인 모든 문제에 관한 의견과 감각의 자유 등 "의식의 내면적 영역"에 관한 자유입니다. 둘째는 생활을 자신의 성격에 따라 계획하고, 그 결과를 감수하면서 하고 싶은 대로 행동하는 자유, 동료에게 해를 끼치지 않는 한 그들에게 방해받지 않을 자유 등 "취향과 탐구의 자유"입니다. 셋째는 타인에게 해를 끼치지 않는 한계 내에서 "어떤 목적을 위해서도 단결하는 자유"입니다.[7]

이 세 가지는 차례로 연결되어 있습니다. 특히 양심, 사상, 신앙 등 '내면'을 형성하는 자유는 특정한 사람의 정체성을 형성하는 것으로, 가장 근본적이고 본질적인 자유입니다. 근대 이전에는 정치권력이나 종교권력이 이 내면까지 통제하고 감독하고 처벌했죠. 밀은 루터의 종교개혁 이전과 이후의 박해 사례를 나열하고 있습니다.[8] 우리나라의 경우 조선시대에 천주교 신자 색출을 위한 '십자가 밟기'가 있었습니다. 마을 입구에 십자가를 놓아두고 밟고 지나가게 했는데, 이를 거부하면 바로 신자로 간주해 죽였습니다. 서울 합정동 한강 변에 있는 절두산切頭山을 아시죠? 거기서도 1866년 병인박해丙寅迫害 때 천주교도들의 목을 잘랐습니다. 17세기 일본에서 벌어진 천주교 박해를 다룬 영화 〈사일런스Silence〉(2016)를 보시면, 더 생생하게 다가올 것입니다.

일제강점기에는 독립운동가들에게 각종 고문을 가하면서 '전향서'를 작성하도록 강요했습니다. 해방 후에도 한반도의 냉전체제가 확립되면서 '전향' 제도는 계속 작동했습니다. 권위주의 정권은 민주화운동가를 포함한 정치범·사상범에게 '전향서' 작성을 강요했습니다. 이 문서를 쓰지 않으면 징역형 복역을 마친 후에도 '사회안전법'에 따라 '보안감호保安監護'라는 이름 아래 가두는 야만이 자행되었죠.

서승, 서준식 형제 사건이 대표적입니다. 재일동포로 서울대에서 유학 중이던 두 형제는 사회주의 사상을 갖고 있었는데, 북한을 방문했다가 1971년 '유학생간첩단 사건'으로 기소되어 유죄판결을 받습니다. 두 형제는 '전향'을 거부했고, 그 결과 징역과 보안감호를 합해 서승 씨는 총 19년, 서준식 씨는 총 17년을 복역한 후 석방됩니다. 서승 씨는 보안사의 고문을 피하려고 자살을 기도하다가 온몸에 중화상을 입었습니다.

우리의 자유가 양심, 사상, 신앙 등 '내면'을 형성하는 자유에만 그친다면, 이 자유는 반쪽짜리가 됩니다. 내면에 따라 행동하는 자유가 있어야 합니다. 양심, 사상, 신앙을 머리와 마음속에만 갖고 있으라고 할 수는 없으니까요. '외부'로 표현할 수 있어야 진짜 자유겠죠. 또한 사람은 '정치적·사회적 동물'이니만큼 혼자만이 아니라 다른 사람들과 같이 행동할 수 있어야 합니다.

우리 헌법상 '표현'하는 방법에는 네 가지가 있습니다.

언론, 출판, 집회, 시위의 자유입니다. 언론과 출판의 자유는 언론사나 출판사를 소유하거나, 언론사에 투고하거나, 출판사에서 책을 출간할 수 있는 지적·물적 능력과 사회적 네트워크가 있는 사람만 누릴 수 있습니다. 그래서 집회, 시위의 자유가 따로 보장됩니다. 언론, 출판의 자유를 누릴 수 없는 사람은 집회와 시위의 자유를 행사하라는 이야기입니다. 언론, 출판의 자유에 비해 시끄럽고 와자지껄하겠죠.(웃음) 촛불 집회·시위가 허용되는 법적 근거가 여기에 있습니다. 2003년 헌법재판소는 이렇게 결정했습니다.

> 집회의 자유는 집권 세력에 대한 정치적 반대 의사를 공동으로 표명하는 효과적인 수단으로서 현대 사회에서 언론 매체에 접근할 수 없는 소수 집단에게 그들의 권익과 주장을 옹호하기 위한 적절한 수단을 제공한다는 점에서, 소수 의견을 국정에 반영하는 창구로서 그 중요성을 더해 가고 있다.

그런데 권력의 입장에서 보면 이해가 안 되는 거죠. 수많은 시민들이 참여하는 촛불 집회·시위가 벌어져도 왜 이런 접근 방식이 나왔는지 이해를 못 합니다. 권력을 가진 자들은 이해가 안 될 때 자기를 성찰해보는 것이 아니라 배후가 누구인지를 따집니다. "직장 다니면서 조용히 살아야 되는 사람들이 왜 이러지?" "사람은 경제적 동물이기 때문에 직장에서 열심히 일해야 하는데, 왜 일도 안 하고 거리로 나오지?"

다수의 폭정과 소수자 보호

현대 민주주의 국가에서 자유의 의미가 무엇인지 정확하게 포착한 명문구가 있습니다. 밀은 루소와 알렉시 드 토크빌Alexis de Tocqueville*의 생각을 간략히 소개한 뒤 다음과 같이 말합니다.

> '자기통치'라든가 '인민 자신을 지배하는 인민의 권력'이라는 문구가 실상을 표현하는 것이 아님을 사람들이 인식하게 되었다. 즉 권력을 행사하는 '인민'은 언제나 권력 행사를 당하는 인민과 동일하지 않고, 이른바 '자기통치'란 각자가 자신을 통치하는 것이 아니라, 각자가 여타 모든 사람의 지배를 받는 정치를 뜻하는 것으로 인식되었다. 나아가

---

* 프랑스 귀족 출신의 역사학자이자 외교관(1805~1859). 프랑스 정부의 명령에 따라 미국 교도소를 연구하기 위해 방문한 것을 계기로 미국 사회 전반을 둘러보았고, 귀국 후 《미국의 민주주의(Democracy in America)》를 저술했다. 토크빌과 밀은 서로의 책을 보내주고 토론하는 등 깊은 교유를 맺었다.

인민의 의사란, 실제로는 인민 중에서 대다수의 의사나 가장 적극적인 부분의 의사를 뜻하는 것으로 인식되었다. 즉 다수자 또는 자신을 다수자라고 인식시키는 데 성공한 사람들의 의사라는 것이다. 따라서 인민이 그 구성원의 일부를 억압하고자 할 수 있음을 알게 되었다. 여기서 권력의 다른 남용과 마찬가지로 **인민의 권력에도 똑같은 경계가 필요**하게 되었다. (⋯) 그리고 정치적 논의에서 '다수의 폭정'이란 이제 사회가 경계해야 할 해악에 일반적으로 포함되게 되었다.'

인민의 자기통치 이념이 구현되는 민주공화국이 수립되었다고 해서 모든 것이 해결되는 것은 아니라는 지적입니다. 5장 《페더랄리스트 페이퍼》 강의에서 제퍼슨과 매디슨이 '다수의 전제專制'를 강력하게 경계했다고 말씀드렸죠. 밀 역시 마찬가지입니다. 'the tyranny of the majority'라는 영어 문구를 역자가 '다수의 폭정' 또는 '다수의 전제'라고 각각 조금 다르게 번역했을 뿐입니다. 민주국가라고 하더라도 권력은 다수를 구성한 사람들의 의사를 반영하기 때문에, 다름 아닌 그 민주국가에 의해서도 소수자가 억압될 수 있음을 직시한 것입니다. 밀은 권력의 강제적 행사는 "인민에 의해 행해지든, 인민의 국가에 의해 행해지든 마찬가지다"[10]라고 말하면서 경계를 늦추지 않았습니다.

또한 밀은 민주국가에서 도덕이나 관습을 통해 개인을 억압하는 경향을 감지합니다.

> 도덕적 억압의 기구는 사회적 문제보다도 자신에 관련된 사항에 대한 그 사회의 지배적 여론을 거역하는 것에 대해 도리어 더욱 엄청난 통제를 가해왔다. (…) 이 세계에서는 전반적으로 여론의 힘과 심지어 법의 힘으로 사회의 권력을 개인에게 부당하게 신장시키려는 경향이 증대하고 있다.[11]

이러한 경향은 단지 밀이 살았던 시대에만 있는 것은 아닙니다. 그는 소수자 보호에 대해 더 구체적으로 언급합니다.

> 위정자의 억압에 대한 보호만으로 충분하지 않고, 이와 함께 널리 퍼져 있는 우세한 여론과 감정의 억압에 대한 보호, 즉 (…) 사회 자체의 사상과 관습을, 그것에 찬성하지 않는 사람들에게 행동 규범으로 강요하려는 경향에 대한 보호도 필요하다. 또 사회가 그 자체의 관습과 조화되지 않는

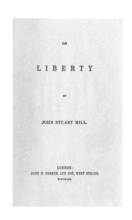

어떤 개성의 발전도 저지하고, 되도록이면 그 형성을 가로
막으며, 모든 성격을 사회의 모델에 맞추라고 강요하는 경
향에 대한 보호도 필요하다.[12]

인민의 감정 속에, 이 나라의 중산계급이 항상 가지고 있는
강력하고도 영원한 이단자 배척이라는 효모가 들어 있는
곳에서, 인민을 도발하여 그들이 언제나 박해의 적당한 대
상으로 생각해온 사람들에게 실제로 박해를 가하게 하기
란 아주 쉬운 일이다.[13]

권력의 억압 외에도 여론과 감정의 억압으로부터 소수
자를 보호해야 한다는 지적입니다. 사회의 주류 사상, 지배적
도덕이나 관습으로 소수자를 옭아매서는 안 된다는 것입니다.
밀은 한 나라의 도덕의 대부분은 "(우월한 계급의) 계급적 이익
과 계급적 우월감에서 발생"하고, "종교적 견해의 차이에 따
른 혐오도 진지한 광신자 사이에서는 도덕적 감정이 된다"라
고 냉정하게 진단합니다.[14] 현대 한국 사회에서도 여론, 도덕,
관습은 다수자의 것입니다. 이 점에서 《자유론》의 문제의식은
바로 이 순간 이 자리에 살아 있습니다.

사상과 토론의 자유

이제 《자유론》 2장 '사상과 토론의 자유'로 넘어가겠습니다. 2
장은 밀이 갖고 있는 법사상의 위대함이 가장 잘 드러난 곳이
므로 원문을 찬찬히 읽어보시길 권합니다. 매우 많이 인용되
는 명문구부터 시작하겠습니다.

> 설령 단 한 사람만을 제외한 모든 인류가 동일한 의견이고,
> 그 한 사람만이 반대 의견을 갖는다고 해도 인류에게는 그
> 한 사람에게 침묵을 강요할 권리가 없다. 이는 그 한 사람
> 이 권력을 장악했을 때, 전 인류를 침묵하게 할 권리가 없

는 것과 마찬가지다. (…) 어떤 의견의 표현을 침묵시키는
것의 특별한 해악은, 전 인류의 권리를 강탈한다는 것과 같
다. 즉 현존 세대와 마찬가지로 미래 세대, 또 그러한 의견
에 찬성하는 사람들은 물론 그것에 반대하는 사람들의 권
리까지 강탈한다는 것이다. 만일 그 의견이 옳다고 하면,
인류는 오류를 진리와 바꿀 기회를 빼앗기게 된다. 반대로
그 의견이 그르다고 해도 인류는 마찬가지의 엄청난 이익,
즉 진리가 오류와 충돌함으로써 생기는 진리에 대한 더욱
명확한 이해와 더욱 생생한 인상을 상실하게 된다.[15]

이 한 페이지의 문구만큼 사상과 토론의 자유가 왜 필
요하고 중요한지를 잘 밝힌 글은 없다고 생각합니다. 제가 별
도의 부연 설명을 하기보다는 여러분이 직접 읽어보시는 것이
좋겠습니다.

밀은 정당, 정파, 교회, 사회적 계급 등 '세상'의 무오류
를 맹목적으로 믿어서는 안 된다고 역설하고, 그 '세상'의 확신
이 절대적으로 확실하다는 독단을 비판합니다.[16]

우리가 가장 굳게 믿는 신념도 그것에 근거가 없음을 증명
해보라고 끝없이 전 세계에 호소하는 것 외에 달리 신뢰할

만한 보장이 없다. 만약 이러한 도전이 수용되지 않고, 또 수용되었다고 해도 그 시도가 좌절되는 경우, 우리는 여전히 확실성을 확보하지 못한다.[17]

밀은 인민의 사상과 의견에 오류가 있을 수 있지만, 이 오류는 사상과 의견을 표현하고 토론하는 과정에서 교정되어야 하며 그것을 금지하는 식으로 대응해서는 안 된다고 강조합니다. 이 점에서 밀은 존 밀턴John Milton(1608~1674)의 계승자였습니다. 밀턴은 군주제를 반대하고 공화제를 옹호한 사상가였습니다. 선구적 공화주의자였죠. 밀턴은《아레오파기티카Areopagitica》(1644)에서 '사상의 자유 시장marketplace of ideas' 이론을 제시했습니다. 진실과 허위가 자유롭고 공개적으로 대결할 때 진리가 확보될 수 있다는 이론입니다. 유명한 문구를 보겠습니다.

우리는, 온갖 교의(敎義)들이 대지 위를 춤추게 방치하면서도 진리가 거기에 끼여들면, 허가나 금지 따위로 불법적인 방법으로 진리의 힘을 의심하게 만든다. **진리와 오류가 서로 맞붙어 싸우게 하라.** 그렇게 하면, 진리가 전능하신 하느님 다음으로 강하다는 사실을 알지 못하는 사람들을 위

《아레오파기티카》 초판 표지
1644년

해······ 이미 진리를 알고 있는 사람이 자유롭고 공개적인 싸움을 통해 거짓을 팽개치게 될 것이니. 진리는 자신이 승리하기 위해 방책도 책략도 면허장도 필요로 하지 않는 다.[18]

밀은 "진리에 도달하려면 반대론을 알아야 한다"라고 강조합니다. 그런데 이 반대론을 아는 데 있어서 자신의 선생이 가르친 대로 또는 그 선생이 제시한 반박론을 받아들이는 것만으로 그쳐서는 안 된다고 했습니다. 오히려 "참으로 그러한 주장을 믿는 사람들, 열성을 가지고 그것을 변호하는 사람

274   **조국의 법고전 산책**

들, 그것을 위해 최선을 다하는 사람들에게 들어야 한다"라고 말했습니다.[19] 밀의 진정성이 느껴지지 않습니까?

또한 밀은 소수파의 의견을 경청해야 한다고 강조합니다.

만일 양측 이견 중 어느 하나가 다른 쪽보다 관용되어야 하고, 장려되며 지원받아야 할 정당한 주장을 갖는다고 한다면, 그 의견은 어떤 특정한 시기, 특정한 장소에서 소수파에 속하는 의견이다.[20]

진리와 정의의 이익을 위해서는 다른 무엇보다도 소수 의견자의 독설을 규제하기보다는 다수 의견자의 독설을 제한하는 것이 더욱 중요하다.[21]

'미네르바' 처벌

'미네르바 사건'을 기억하십니까? '미네르바'라는 필명으로 '다음 아고라'에 정확한 경제 예측 글을 써서 필명을 날린 박대성 씨가 2009년 1월 허위사실유포 혐의로 체포되고 구속 기소된 사건입니다. "정부가 주요 7대 금융기관과 수출입 관련 주요 기업에 달러 매수를 금지할 것이라는 긴급 공문을 전송했다"라는 글을 올렸는데, 이 내용이 허위라는 것이었습니다. 실제로 정부는 공문을 보낸 적이 없으니 그 자체로는 허위가 맞습니다. 그런데 당시 민주당 이석현 의원이 밝힌 바에 따르면, 기획재정부 등 외환 당국이 같은 취지의 내용을 공문이 아니라 각 기관 간부들을 모아놓고 직접 알렸다고 합니다.(웃음)

사건이 일어나자 언론은 박대성 씨가 '전문대 졸업자'라는 보도를 내보냅니다. 신뢰도를 떨어뜨리려는 것이죠. 이전까지는 그를 '경제대통령'이라고 칭찬하더니 말입니다. 고 노무현 대통령을 공격할 때 '상고 출신'이라며 조롱하던 사람들의 야비한 모습이 떠올랐습니다. 실제로 박 씨는 전문대를 졸업한 뒤 독학으로 경제를 공부했습니다. 그렇지만 그가 전망한 경제 예측의 상당 부분이 맞아떨어졌습니다.

'미네르바'에 대한 수사가 개시되자 어떤 일이 벌어졌을까요? 많은 네티즌들이 자기가 올렸던 글을 내리기 시작합니다. 새로운 글을 쓸 때 조심하기 시작합니다. 이것을 법률용어로 '냉각 효과chilling effect'라고 합니다. 형사처벌이 두려워 자기검열을 하는 것입니다.

박대성 씨는 이 사건 이후 사실상 글쓰기를 중단합니다. 이 사태를 겪으면서 체중이 급격히 빠지는 등 건강이 악화됩니다. 법원마저도 구속적부심을 기각하고 박 씨의 구속이 타당하다고 결정하면서 그는 계속 구속 상태에서 재판을 받아야 했습니다. 몇 달 뒤 무죄판결이 났지만 심신은 피폐해졌을 것입니다. 이 피해를 누가 어떻게 보상해야 하나요? 박대성 씨가 올린 글에는 틀린 부분도 있었습니다. 그렇다면 이를 지적해서 수정하면 됩니다. 그러나 정부는 바로 검찰 수사에 착수했고 박 씨의 몸을 가둔 채 입을 막았습니다.

'미네르바'는 로마 신화에 나오는 지혜의 여신입니다. '미네르바 사건'은 한국 사회의 지혜 수준이 어느 정도인지 적나라하게 보여줬습니다. 밀턴이나 밀이 이 사건을 접했더라면 기가 막혔을 것입니다.

"김일성만세"

한국 사회에서는 오랫동안 '사상의 자유 시장'이 작동하지 못했습니다. 친북적 좌파 사상은 물론이고, 북한과 무관한 또는 북한에 비판적인 좌파 사상도 금압禁壓되었습니다. 그런 내용의 책은 '불온 문서'가 되어 출판이 금지되고, 그 책을 쓴 사람과 출판한 사람은 처벌되었습니다. 지금은 '서울대 권장도서 100권'에 속하는 책입니다만, 카를 마르크스의 《자본론Das Kapital》을 번역·출간했다는 이유로 처벌되는 블랙코미디도 벌어졌죠. 정치적 민주화가 이뤄지면서 많이 완화되었지만, 국가보안법이 여전히 존재한다는 점에서 한국의 '사상의 자유

시장'은 불완전합니다.

김수영(1921~1968) 시인을 아시죠? 한국의 대표적인 자유주의자 시인입니다. 저는 "풀이 눕는다/바람보다도 더 빨리 눕는다/바람보다도 더 빨리 울고/바람보다 먼저 일어난다"라는 구절이 있는 〈풀〉과, "왜 나는 조그마한 일에만 분개하는가"로 시작하는 〈어느 날 고궁을 나오면서〉를 제일 좋아합니다. 그런데 김수영 시인이 4월혁명 후인 1960년 10월 6일에 쓴 시가 있습니다. 제목이 〈"김일성만세(金日成萬歲)"〉입니다. 다들 긴장하시는 것 같습니다.(웃음) 제가 전문을 한번 읽어보겠습니다.

"김일성만세"
한국의 언론 자유의 출발은 이것을
인정하는 데 있는데

이것만 인정하면 되는데

이것을 인정하지 않는 것이 한국
언론의 자유라고 조지훈이란
시인이 우겨 대니

나는 잠이 올 수밖에

"김일성만세"
한국의 언론 자유의 출발은 이것을
인정하는 데 있는데

이것만 인정하면 되는데

이것을 인정하지 않는 것이 한국
정치의 자유라고 장면이란
관리가 우겨 대니

나는 잠이 깰 수밖에

부인 김현경 씨가 공개하지 않고 보관만 하다가 2008
년에 공개해 《창작과비평》에 실린 작품입니다. 부인이 왜 공
개하지 않았는지 짐작이 가시죠?(웃음) 김수영 시인은 한국전
쟁의 기억이 여전히 생생하고 남북 대립이 첨예하던 상황 속
에서 금기 중의 금기를 건드리며 언론의 자유를 강조했습니
다. 김수영 시인이 '김일성주의자'가 아니었음은 분명합니다.

그렇지만 김수영은 이 시에서 언론의 자유, 사상과 토론의 자유가 무엇인지 그 핵심을 정확히 포착했습니다. 만약 이 시가 1960년 당시에 공개되었다면 어떤 일이 벌어졌을까요? '빨갱이'라는 공격과 비난이 난무했을 것입니다. 지금도 이 시를 공개적인 자리에서 읽기는 쉽지 않습니다. 2015년 경희대와 고려대에 이 시를 적은 대자보가 붙었는데, 이 사실이 보도되자 외부인이 교내에 들어와 대자보를 찢는 일이 발생했습니다.

제가 2006년 법원에 의견서를 제출한 일이 있습니다. '소년 빨치산' 출신 김영승 씨(1935년생) 변호인의 요청이었습니다. 김 씨는 1950년 15세의 나이로 지리산에 들어가 빨치산이 되어 전투에 참여했다가 1954년 체포됩니다. 징역과 보안감호처분을 합해 총 35년 9개월을 복역한 뒤 출소했습니다. 그런데 이 사람이 자신의 블로그에 김정일 북한 국방위원장을 "장군님"이라고 부르며 여러 '친북'적인 내용의 글을 올렸습니다. 이에 대해 비판하거나 분노한 사람들이 있었겠죠. 검찰은 김 씨를 바로 국가보안법 위반으로 불구속 기소했습니다.

저는 이분을 형사처벌하는 것에 반대했습니다. 이분의 '친북'적 주장은 남한 체제에 실질적인 위협이 되지 않으며 토론과 논쟁의 대상일 뿐이라고 주장했습니다. 이 내용을 신문 칼럼으로도 썼습니다. 주변 지인들이 걱정했죠. 바로 전화와 이메일 등으로 비난이 폭주했습니다. 제가 전화를 받자마자 "이 빨갱이 주사파야"라고 하시더군요.(웃음) '국가정상화추진 위원회'라는 단체에서는 2010년 발표한 '친북 반국가 인사' 명단에 제 이름을 올려놓기도 했습니다.

다른 예를 하나 들어보겠습니다. 동국대에서 퇴임한 강정구 교수가 2001년 정부 허가를 받고 '8·15 민족대축전' 참석을 위해 북한을 방문하고 만경대에 갔습니다. 만경대는 김일성 생가가 있는 곳이죠. 강 교수는 방명록에 "만경대 정신 이어받아 통일 위업 이룩하자"라고 썼는데, 남쪽으로 돌아와 국가보안법 위반으로 구속되었고, 보석으로 풀려난 뒤 기소되었습니다. 강 교수는 "방명록에 글을 쓴 이유는 만경대 학원이 항일 무장독립투쟁을 하다 돌아가신 분들의 자녀를 교육시키는 곳이었다는 점에 착안해 민족정기를 바로 세워 통일을 이루자는 뜻에서였다"라고 항변했지만 법원은 유죄판결을 내렸습니다. 강 교수의 생각과 글은 일고의 가치도 없는 '친북 행위'일 뿐일까요? 밀이 현재 한국 사회에 있었다면 강 교수의 발언에 대해 뭐라고 했을까요?

"문재인은 공산주의자"

지금까지 국가보안법 위반 표현으로 처벌된 사례를 말씀드렸는데, 정반대의 예도 들어보겠습니다. 공안검사 출신 고영주 변호사는 2013년 우파 단체 신년하례회에서 "문재인은 공산주의자이고 대통령이 되면 우리나라가 적화될 것을 확신한다", "문재인은 부림사건을 맡은 변호인이었고 부림사건은 민주화운동이 아니라 공산주의운동이었다"라고 주장했습니다. 1981년 '부림사건'으로 구속된 사람들은 국가보안법 위반 등으로 처벌되었으나 2014년 재심을 통해 무죄를 선고받았습니다.

　　고 변호사는 허위사실적시 명예훼손으로 기소되어 1심에서 무죄, 2심에서 유죄를 선고받았지만, 2021년 대법원은 유죄를 선고한 원심을 파기했습니다. 이 사건은 민사재판으로도 이어집니다. 2015년 문 전 대통령은 고 변호사가 허위사실을 적시해 명예를 훼손했다며 1억 원의 손해배상 청구 소송을 냈습니다. 1심과 2심은 명예훼손을 인정했으나 2022년 대법원은 원심을 파기했습니다. 그 이유는 다음과 같습니다.

　　공산주의자라는 표현이 북한과 연관 지어 사용되더라도 대한민국의 자유민주적 기본질서를 위협할 수 있는 다른 구체적 사정에 대한 언급이 없는 이상 그 사람의 명예를 훼손할 만한 구체적 사실의 적시라고 쉽사리 단정할 수 없다. 피고의 발언은 공적 인물인 원고의 정치적 이념에 대한 의견 교환과 논쟁을 통한 검증 과정의 일환으로 봐야 한다. 원고의 사회적 평가에 대한 부정적인 측면만을 부각해 표현의 자유의 한계를 일탈했다고 평가하는 것은 타당하지 않다.

같은 맥락의 사건이 또 있습니다. 전광훈 사랑제일교회 목사는 2020년 광화문광장 집회에서 "문재인은 간첩이다", "문재인은 공산주의자 조국을 앞세워 대한민국의 공산화를 시도했다" 등의 발언을 했습니다. 제 이름이 나오죠.(웃음) 1심과 2심, 그리고 대법원은 모두 무죄판결을 내렸습니다.

이상과 같은 대법원의 태도는 우리 사회에서 표현의 자유가 점점 확대되고 있음을 보여줍니다. 최고 권력자인 대통령에 대해 허용되는 비판의 폭을 넓혔으니까요. 다만 이러한 표현의 자유가 좌우, 진보·보수 양측에 공평하게 보장되는지는 따져봐야 합니다.

개방적이고 두려움을 모르는 지성인들

우리나라의 전통적 지배계급 또는 지배세력은 강정구 교수, 김영승 씨 등에 대해 '박멸'해야 한다는 사고를 갖고 있을 것입니다. 과거 권위주의 시대에 깊숙이 자리 잡았던 반공 이데올로기의 영향이 여전하므로 다른 계급, 계층, 집단도 그리 우호적 시각을 갖고 있지는 않을 것입니다. "남북 대치가 여전한데, 꼭 저래야 했어?"라고 생각하겠죠. 그러나 밀의 《자유론》을 읽은 사람이라면 김수영의 입장을 취해야 할지, 공안검사의 입장을 취해야 할지 고민해야 합니다.

밀은 2장의 결론에서 자신의 사상을 요약합니다. 이 부분 역시 차분히 읽어보시면 좋겠습니다.

첫째, 비록 어떤 의견이 침묵을 강요당할 때도, 그 의견은 틀림없이 진리일 수 있다. 우리가 이를 부정함은 자신의 무오류를 가정하는 것이다. 둘째, 비록 침묵 당한 의견이 오류라고 해도, 거기에는 진리 일부가 포함되어 있을 수도 있고, 사실 대체로 포함되어 있다. (…) 셋째, 설령 일반적으로 공인된 의견이 단순히 진실일 뿐 아니라, 완전한 진리라고 해도, 그것이 활발하고 진지하게 토론되도록 허용되지 않고, 실제로 토론되지 않는다면, 그것은 승인자 대부분에게 그 합리적인 근거를 전혀 이해하지 못하게 하거나 느끼지 못하게 하여 일종의 편견으로 신봉하는 것에 그치게 할 것이다. 넷째, 이러한 주장 자체의 의미가 상실되거나 약화되면 결국 인격과 행동에 미치게 되는 생생한 영향력이 박탈

될 위험에 직면하게 될 것이다.[22]

사상과 표현의 자유에 대한 밀의 명제가 온전히 실현될 때 우리 사회는 정말 자유롭고 다양하고 풍부하고 창의가 넘치는 사회가 될 것입니다.

한편 밀은 "우수한 두뇌를 가졌으면서도 불경이나 부도덕이라는 낙인을 두려워해서 활기차고 자유로운 사상의 줄기를 철저히 탐구하려 하지 않는 비겁한 성격의 사람들", "일단 권위 있는 사람들에게 그들의 신조를 전수받게 되면 보통 그 신조에 대한 의문을 허용함은 무익하다고 생각"하는 사람들을 비판합니다.[23] 그리고 다음과 같이 말합니다.

진리란, 스스로 사색하지 않고 오로지 타인의 주장에 맹종할 뿐인 사람들의 진실한 의견에 의해서가 아니라, 적절한 연구와 준비를 통해 스스로 생각하는 사람들의 오류에 의해 더 많은 것을 얻게 된다.[24]

우리에게 말하는 것 같지 않습니까? 제가 재직하고 있는 서울대는 머리 좋고 성실하고 시험 잘 치는 젊은이들이 공부하는 곳입니다. 저는 수업 중에 농반진반으로 이렇게 말합니다.

"여러분이 북한에서 태어났다면, 대부분 '주체사상'에 따라 성실하게 생활하면서 북한에서 제일 좋은 대학인 김일성 종합대학에 성공적으로 입학해 아침저녁으로 '수령님'께 감사한 마음으로 공부에 매진하고 있을 것입니다."(웃음)

서울대생 전체를 조롱하거나 폄훼하려는 의도가 아닙니다. 다만 어느 국가에서나 머리 좋은 '모범생'의 경우 기성의 지배적 이데올로기, 법리, 도덕, 관습 등을 그대로 따르는 경향이 있음을 경고하기 위함입니다. 우리 사회에는 "개방적이고 두려움을 모르는 지성인들"[25]이 더 많이 필요하다고 생각합니다. 서울대 졸업생 가운데 고 조영래 변호사는 바로 이러한 지성인의 대표라고 할 수 있습니다. 조 변호사가 북한에서 태어났다면 주체사상 비판운동을 벌이지 않았을까요.(웃음)

개인에 대한 사회적 권위의 한계

《자유론》3장은 강의 마지막에 설명하고, 여기서는 4장부터 보겠습니다. 4장은 '개인에 대한 사회적 권위의 한계'를 다룹니다. 밀은 "타인의 이익을 침해하는 경우에만 처벌된다"[26]라는 명제를 제시합니다. 이는 일찍이 '종교적 죄악'과 '범죄'를 구분하고 '사회적 유해성'이 있는 행위만 '범죄'로 처벌해야 한다고 말했던 베카리아의 《범죄와 형벌》과 궤를 같이합니다.

　　먼저 밀은 법과 도덕의 구별, 법과 종교의 구별이라는 대원칙을 강조합니다. 밀은 청교도 영향이 강했던 미국 뉴잉 글랜드와 크롬웰 통치 시대의 영국에서 사적·공적 오락을 금 지하고, 음악, 춤, 공개 경기, 정신 위안을 목적으로 하는 집회 와 연극을 금지했던 점을 비판합니다. 밀이 살던 당시의 미국 에서 시행된 '사치금지법'과 '금주법'도 비판합니다.[27] 지금의 시각에서 보면 이러한 법률이 황당하게 느껴집니다. 그러나 당시에는 법률의 이름으로 도덕과 종교를 강제하려 했습니다.

　　또한 밀은 "자신을 적절하게 돌보지 않은 성년자"를 처 벌해서는 안 된다고 합니다.[28] 일도 하지 않고 매일 술을 마시 면서 방탕한 삶을 사는 사람이 있다고 합시다. 그 집안에서는 골칫거리겠죠. 가족들도 '이 자식을 감옥에 보내야 정신을 차 리지 않겠나!'라고 생각할지 모릅니다.(웃음) 그래도 이러한 행 위를 범죄로 처벌할 수는 없겠죠. 밀은 말합니다.

　　게으름 자체를 법적 처벌의 대상으로 삼는 것은 압제다.[29]

　　강의를 듣는 분 중에 애연가도 계시죠? 담배 속에 수많 은 발암 물질이 들어 있다는 사실은 널리 알려져 있습니다. 그

존 스튜어트 밀의 초상화
George Frederic Watts, 1873년

러면 담배를 만들어 파는 것을 금지하고, 담배를 피우는 행위를 처벌할 수 있을까요?(웃음) 안 될 것입니다. 전자담배를 피우는 분도 계실 텐데, 태국, 싱가포르, 인도, 이란 등에서는 전자담배가 불법인 것을 아세요?(웃음) 요컨대 국가가 어디까지 개입하는 것이 타당한가에 대한 고민이 필요합니다.

프랑스 작가 프랑수아즈 사강Françoise Sagan(1935~2004)은 18세의 나이에 소설《슬픔이여 안녕Bonjour Tristesse》(1954)을 발표하며 유명해집니다. 그런데 그는 각종 마약에 빠지고 도박에 중독됩니다. 2000년 마약 복용 혐의로 경찰에 체포되고 기소되어 법정에 섰을 때는 이런 말을 남기기도 했습니다. "타인에게 해를 끼치지 않는 한, 나는 나를 파괴할 권리가 있다."

이 말은 상당한 파문을 일으킵니다. 사강이 밀의《자유론》을 읽었는지는 확인할 수 없지만, 그 요체를 알고 있었음은 분명합니다. 참고로 1996년에 소설가 김영하 씨가《나는 나를 파괴할 권리가 있다》라는 제목의 장편소설을 발표했습니다.

현재 상당수의 서구 나라에서 마약 판매는 처벌하지만, 마약 복용은 처벌하지 않습니다. 전자가 타인의 중독을 활용해 돈을 버는 행위라면, 후자는 자기 자신의 건강을 스스로 해치는 것이기에 벌할 수 없다는 것이 근거입니다. 대마의 경우 합법화하는 추세가 강해지고 있습니다. 네덜란드 '커피숍'은 대마를 파는 곳입니다. 네덜란드에서 커피를 마시고 싶으면 '카페'에 가야 합니다. 착각하면 안 됩니다.(웃음) 캐나다의 경우 2018년부터 의료용과 기호용으로 대마를 소지할 수 있게 되었습니다. 태국은 아시아 최초로 2022년 대마를 합법화했습니다.

그렇지만 다들 알다시피 우리나라에서는 대마를 포함하여 마약 복용이 범죄로 처벌됩니다. 2005년 가수 신해철 씨가 '대마초 합법화 논쟁'에 나서면서 큰 화제가 되었습니다. 2004년에는 '대마 합법화 및 문화적 권리 확대를 위한 문화예술인 선언'이 있었죠.

이러한 흐름 속에 2018년 마약류관리법이 개정되면서 '의료용' 대마 사용은 허용되었습니다. '기호용' 대마 사용은 여전히 불법입니다. 따라서 캐나다, 네덜란드, 태국 등에서 대마를 흡입하고 귀국해서 발각되면 처벌을 받습니다.(웃음) 그렇지만 대마 합법화 논쟁은 한국을 포함한 전 세계에서 계속 진행 중입니다. 밀은 우리에게 이러한 논쟁을 바라보는 탈脫도덕주의적 시각을 제공했다고 평가할 수 있습니다.

혹시 저의 설명을 듣고 마약 복용을 옹호하는 것 아니냐는 오해가 생길지도 모르겠습니다.(웃음) 마약 판매는 타인을 중독에 빠지게 해서 돈을 버는 중범죄이며 마땅히 처벌되어야 합니다. 이들을 엄벌해야 공급이 끊어지죠. 문제는 단순 마약 복용입니다. 이들을 감옥에 보내는 것만으로는 해결되지 않습니다. 외국처럼 '치료'를 우선시하는 조치가 필요하다고 생각합니다.

밀은 성매매(=매춘)의 '비非범죄화'에 대해서도 화두를 던집니다.

사회의 복지라고 간주되는 것과 상반된 이해관계를 가지며, 사회의 복지와 반대되는 것에 기초한 생활방식을 갖는 사람들 (…) 그러한 사람들의 생활방식에 대해 간섭해야 하는 것인가? 가령 매춘이나 도박은 허용될 수밖에 없다. 그러나 그렇다고 해서 매춘집의 주인이 (…) 되는 것이 자유롭게 인정되어도 좋은가?[30]

밀은 성판매자와 구매자는 처벌하지 않고, 포주는 처벌해야 한다는 입장을 가졌던 것으로 보입니다. 이러한 입장을 '비범죄화주의'라고 부릅니다.

우리나라에서는 성판매자와 성구매자 모두 처벌됩니다. 포주도 물론 처벌되죠. 그렇지만 성매매가 근절되지는 않고 있습니다. 반면 독일, 네덜란드 등 성매매를 '합법화'한 나라에서는 성매매를 '직업'으로 인정하고 성판매를 '노동'으로 파악하면서 이들을 위한 노동법적, 사회보장법적 지원을 제공합니다. 성매매 시 콘돔 착용 의무화, '화대'의 확실한 지불 보장 등이 법규화되어 있습니다. 그러나 '급진적 페미니스트radical feminists'들은 성구매자만 처벌해야 한다고 주장하고, 스웨덴은 이러한 제안을 수용해 성구매자만 처벌합니다. 현재 전 세계에서 성매매에 대해 어떠한 법적 태도를 취해야 하는가를 두고 치열한 논쟁이 진행되고 있는데, 밀은 일찍이 '비범죄화' 노선을 제시한 것입니다. 이와 같이 밀은 도덕적으로 예민한 사안에 대해 거리낌 없이 자신의 소신을 펼쳤습니다.

밀은 모르몬교에 대한 억압도 비판합니다. 모르몬교 창시자 조지프 스미스Joseph Smith Jr.를 포함하여 여러 신도가 살해된 후 이들은 유타주로 집단 이주합니다. 그런데 당시 모르몬교는 일부다처제를 허용했습니다.* 일부다처제에 대해 기독교인들은 비판을 넘어 증오감을 갖고 있었죠. 밀 역시 일부다처제를 강하게 비판하고 있었습니다. 그렇지만 밀은 이렇게 말합니다.

---

*   1890년 미국 연방의회가 중혼(重婚)금지법을 제정하자 모르몬 교단도 공식적으로 일부다처제를 폐지했다.

그들은 다른 나라를 침략한 적도 없고, 자기들의 풍습에 불만을 갖는 사람들에게는 마음대로 그것을 버릴 수 있는 자유까지 인정했다. 모르몬교도가 이렇게 한 이상, 그들이 좋아하는 법 밑에서 사는 것을 금지할 원리가 압제의 원리 외에 달리 있을 수 있겠는가? (…) 나는 어떤 사회에게도 다른 사회에게 문명화를 강요할 권리가 있다고는 생각하지 않는다.[31]

모르몬교에 대한 적대감이 팽배했던 시대에 이런 소신을 밝혔다는 것은 놀라운 일 아닙니까. 어느 나라든 그 나라의 지배적 도덕, 관습, 종교에 어긋나는 '일탈' 행위는 존재하기 마련입니다. 이때 많은 사람들은 간단한 해결 방식을 떠올립니다. 일탈자들을 감옥에 넣는 것입니다. 그러나 감옥에 넣는다고 해서 사람이 쉽게 바뀌지 않습니다. 출소하면 원위치로 돌아오는 경향이 강합니다. 또는 감옥 안에서 범죄를 학습해서 사회에 더 큰 해악을 끼칠 수도 있습니다. 밀은 범죄화만이 능사가 아니고, 형사처벌이 사회문제 해결의 만능 수단이 아님을 직시하고 있었던 것입니다. 《자유론》의 기저에는 형사처벌보다 사회정책의 역할이 더 중요하다는 생각이 깔려 있습니다.

개성의 중요성

이제 마지막으로 《자유론》 3장 '복지의 요소인 개성'을 보겠습니다. 여기서 '복지'를 '복지국가'의 복지로 이해하지 마시고, 넓은 의미로 이해하시면 좋겠습니다. 혼동을 피하기 위해 '복리福利'로 번역하는 것이 더 낫지 않았을까 하는 생각을 합니다. 3장의 내용은 법에 관련된 것이 아니므로 짧게 언급하고 넘어가겠습니다.

밀은 "개성에 대한 일반인의 무관심", "집단 속에 매몰된 개인"이라는 현상, "모든 개인을 공인된 표준에 합치시키려고 노력하려는 경향"을 개탄합니다.[32] 그는 당시 영국 사람들이 타인에 관련된 사항만이 아니라 자신과 관련된 사항에 대해서도 "나는 무엇을 좋아하는가? 무엇이 나의 성격과 성향에 맞는가? 또는 무엇이 내 속에 있는 최고 최선의 것으로 하여금 공정하게 그 힘을 발휘하게 하여 그것을 성장 발달하게 하는 것일까?"라고 묻지 않고, 반대로 "무엇이 나의 지위에 적합한가? 나와 같은 신분으로 같은 수입을 얻는 사람이 하는 일은 무엇인가? 또 (더욱 나쁘게도) 나보다 높은 신분과 재산을 가진 사람들이 보통 어떤 일을 하는가?"를 자문하고 있다고 평합니다.[33]

지금 우리가 살고 있는 한국 사회도 마찬가지 아닐까

요? 인간은 각자 자신만의 기질, 취향, 꿈, 욕구, 욕망이 있습니다. 그런데 국가나 여론이 이를 특정 기준에 따라 획일화하고, 그 기준에 맞지 않는 것은 억압하려는 경향이 있습니다. 어른에 대해서는 물론이고 어린이에 대해서도 그런 경향에 따라 훈육訓育하는 일이 이루어집니다. 붕어빵 찍듯이 사람을 찍어내고 싶은 것입니다. 일제의 지배와 권위주의 정권의 통치 경험이 있다 보니 이런 현상이 고착된 게 아닌가 싶습니다. 밀은 말합니다.

> 인간성을 위협하는 위험은 개인적 충동과 선호의 과다에 있는 것이 아니라, 그 결핍에 있다. (…) 진보의 원칙은, 그것이 자유를 사랑하는 형태든 개량을 사랑하는 형태든, 관습의 지배에는 반대하고, 적어도 관습의 속박으로부터 해방을 요구한다. (…) 하나의 인민은, 일정 기간 진보적이었다가 그다음에는 정지한다. 언제 정지하는가? 그것은 개성을 갖지 못할 때다.[34]

이번 《자유론》 강의를 통해서 밀이 강조한 '개성'이 여러분 속에 살아 숨 쉬고 있는지, 우리 사회가 '개성'을 북돋우고 있는지 자문해보면 좋겠습니다.

강의를 마무리하겠습니다. '울프피쉬 호리'라는 물고기가 있습니다. 이 물고기는 작은 어항에서 키우면 1센티미터까지 자라는데, 연못에서 키우면 5센티미터, 강에 있으면 15센티미터, 바다에 있으면 50~60센티미터까지 자란다고 합니다. 국가와 사회는 우리가 살고 있는 틀입니다. 이 틀이 우리의 사고를 속박하도록 짜여 있다면 우리는 그 틀 안에서만 생각하고 행동할 것입니다. 우리가 자유롭게 사고하고 행동할 수 있도록 그 틀이 짜여 있다면 전혀 다른 결과가 나올 것입니다.

밀의 자유주의의 핵심은 민주적 절차에 따라 수립된 권력이라 할지라도 그 권력을 통제해야 하고, 주체적 개인이 자신의 양심, 사상, 개성을 충분히 살리면서 살아가는 데 국가권력이 방해하지 못하도록 막아야 한다는 것입니다.

청중1 존 스튜어트 밀은 미개사회의 사람들에게는 '선의의 독재'가 필요하다고 했는데, 교수님은 이런 주장에 대해 어떻게 생각하십니까?

조국 좋은 질문입니다. 밀의 한계 중 대표적인 대목입니다. 밀은 문명화되지 않은 사회에서는 자신이 제창한 자유 보호의 원리가 적용되지 않는다고 말하고 있습니다.《자유론》에서 "야만인을 다스리는 경우, 전제 정치는 목적이 야만인의 개량에 있고, 그 수단이 목적을 실현하는 데 정당화되는 한 합법적인 통치 형태"[35]라고 말하고 있습니다. 밀은 인도를 지배하는 기관이었던 영국 동인도회사의 직원으로 살았는데 아마도 이러한 경험이 반영되었을 것입니다. 그럼에도 불구하고 자유에 대한 그의 사상은 여전히 중대한 의미를 갖습니다.

청중 2   책을 읽으면서 잘 이해가 되지 않는 점이 있습니다. 밀은 개인의 자유가 타인에게 피해를 주지 않는 이상, 자유를 보장받아야 한다고 했는데요. 우리나라에서 촛불 집회·시위가 열렸을 때 참여하지 않은 사람들에게 어느 정도 피해를 줬다고도 할 수 있을 것 같거든요. 그런 상황에서는 표현의 자유, 집회의 자유가 억압받아도 되는 걸까요?

조국   중요한 쟁점입니다. 법률적 용어를 사용하면, '기본권의 서열'이라는 확립된 법리가 있습니다. 최상위는 생명입니다. 그다음 순위는 양심과 사상의 자유, 표현의 자유 등 정신적 자유입니다. 그다음은 신체의 자유이고, 그 아래는 재산권입니다. 이 서열에서는 위의 것을 위해서는 아래의 것을 제한할 수 있습니다. 촛불 집회·시위가 열리면 그 주위에 있는 상인들이 장사를 못하거나 방해받을 수 있습니다. 그분들의 재산적 이익도 소중합니다. 그러나 법리에 따르면 상인 분들이 감수해야 합니다. 물론 집회·시위 참가자가 이 상점에 불을 지르거나 물건을 파손했다고 하면 사정이 달라집니다.

청중 3   극대화된 자유를 설명하시면서 프랑수아즈 사강의 예를 드셨습니다. 제가 의료인이라서 자살하는 환자를 많이 봅니다. 그래서인지 극단적인 거부감이 듭니다. 자기를 파괴할 권리에 대해서 어떻게 생각하시는지 궁금합니다.

조국　당연히 저는 자신을 파괴하는 것을 원치 않습니다.(웃음) 마약은 물론 담배도 안 피웁니다. 사람들 대부분은 자신을 파괴하는 행동을 하지 않습니다. 오늘 강의에 참석하신 분들도 마찬가지일 것입니다. 문제는 자신을 파괴하려는 충동 또는 경향을 가진 사람이 존재하는 엄연한 현실입니다. 마약을 하면 심신의 건강을 해친다는 게 의학계의 확립된 의견이라고 알고 있습니다. 그런데 이 사람들을 형사처벌하면 마약 복용 문제가 해결될까요? 밀은 '처벌'이 아니라 '치료'가 필요하다고 본 것입니다.

청중 4　다양성의 중요성에 대해 많이 강조하셨습니다. 기존 체제의 변화를 요구하는 사람들은 진보적인 경우가 많은데, 그 진보적인 사람들 안에서 다양성 추구가 안 되는 점에 대해서는 어떻게 생각하시는지 궁금합니다.

조국　진보 진영 사람들이 빠질 수 있는 오류로 도덕적 오만이 거론됩니다. "내가 진리를 알고 있다"라는 독선 말입니다.

통상 보수 진영은 이익을 중심으로 뭉치기 때문에 진리를 알고 있느냐의 문제는 부차적일 수 있습니다.(웃음) 진보 진영은 진리가 무엇인지를 두고 치열하게 싸우는 경향이 있는데, 그 속에서 차이를 인정하지 못하는 일이 벌어집니다. 한국의 정치 지형地形은 여전히 보수 우위입니다. 진보 진영이 차이를 인정하면서도 연대를 강화하면 좋겠습니다.

청중 5　저는 시민단체에서 일하고 있는데 장애인이나 성적 소수자 같은 소수자들에게는 정치권력뿐 아니라 시민사회의 다수자가 더 큰 벽이 될 수 있다는 생각을 하고 있습니다. 소수자들이 사상의 자유와 토론의 자유를 보장받기 위해서는 어떻게 해야 할까요?

조국　소수자 중의 소수자는 사실 사회·문화적 소수자입니다. 다수자 시민의 마음속에서 가장 편견이 심하고 차별을 당하는 사람이 바로 사회·문화적 소수자이기 때문입니다. 이들은 정치적 다수파와 소수파 모두로부터 배척되는 경향이 있습니다. 그래서 사회·문화적 소수자들은 사회로부터 존재를 인정받기 위해 여러 가지 방식으로 '인정투쟁'을 벌입니다. 제가 현재 국가인권위원(2007년 12월 24일부터 2010년 12월 23일까지 비상임 국가인권위원을 역임했다)이라는 직책을 맡고 있어서 여러 계기로 성적 소수자나 장애인들의 목소리를 듣게 됩니다. 그 전까지는 저에게도 일정한 편견이 있었습니다. 만나서 이야기를 하다 보니까 편견이 많이 사라졌습니다. 만나고 대화하는 자리를 계속 만드는 것이 중요합니다.

청중 6   주변에서 '신자유주의'라는 용어를 굉장히 많이 쓰는데, 오늘 교수님 강의를 들으면서 '신자유주의'와 '자유주의'가 많이 다르다는 것을 알게 되었습니다. 《자유론》이 고전으로는 의미가 있다는 것은 알겠는데, 실제로 현재까지 학계나 시민사회 운동에 의미 있는 텍스트로 살아 있는지 궁금합니다.

조국   우리 사회에서 자유주의라는 용어는 오랫동안 냉전, 반공, 수구 등의 이념과 결합되어 사용되었습니다. 한국 수구보수 진영은 자유주의를 왜곡했죠. 그러다 보니 진보 진영에서도 자유주의 사상에 거리를 두는 현상이 생겼습니다. 정치적 민주화 이후 기업의 자유를 일방적으로 옹호하는 신자유주의 정책이 국내외에 확산되었습니다. 그러면서 자유주의가 신자유주의인 것처럼 인식된 것도 사실입니다. 저는 자유주의 사상을 재발견해야 한다고 생각합니다. 밀의 '진보적 자유주의'

를 계승·발전해야 합니다. 이 분야에서 선구자 역할을 한 분이 이근식 교수(현 서울시립대 명예교수)입니다. 그는 '상생적 자유주의'를 제안했습니다. 자유주의를 보수적으로만 해석하며 외면하지 말고 진보적으로 해석하며 계승해야 한다는 것입니다.

2010년 6월 22일

Rudolf von Jhering,
Der Kampf um das Recht, 1872

법은 '사회적 목적'을 위해 창조된 것이고,
권리는 '법적으로 보호되는 이익'이라고 정의한다.
권리를 위한 투쟁은 자신에 대한 의무인 동시에 사회 공동체에 대한 의무임을 강조하며
국민들에게 권리를 위한 투사가 되라고 요청한다.

"권리 침해에 저항하는 것은 의무다"

루돌프 폰 예링 《권리를 위한 투쟁》

권리에 대한 경시와 인격적 모욕의 성질을 지니고 있는
형태로서의 권리 침해에 저항하는 것은 의무다.

—루돌프 폰 예링 Rudolf von Jhering

일상생활에서 우리는 '무슨 무슨 권리'라는 말을 많이 합니다. 예를 들면 생명권, 자유권, 사회권 등등이 있죠. '권리'는 법학의 핵심 개념입니다. 오늘 공부할 법고전은 루돌프 폰 예링 Rudolf von Jhering(1818~1892)의 《권리를 위한 투쟁 Der Kampf um das Recht》입니다. 법대생들에게 이 책을 꼭 읽으라고 권하지만, 실제로는 대부분 안 읽는 것 같습니다.(웃음) "권리 위에 잠자는 자는 보호받지 못한다"라는 말 들어보셨습니까? 바로 예링이 한 말입니다.

　　저도 대학에 입학했을 때 교수님이 이 책을 읽으라고 해서 읽기 시작했는데 제가 무지했던지, 아니면 당시 번역본이 거칠었던지 얇은 책인데도 대충 읽고 말았습니다. 대학원에 진학하고 나서야 정독했죠. 《권리를 위한 투쟁》은 지금까지 살펴본 법고전에 비해서는 재미가 없습니다. 독일인이 써서 그럴지도 모르겠습니다.(웃음) 그렇지만 숭실대 윤철홍 교수의 번역이 매우 잘되어 있습니다. 어려운 책이기는 하지만 법을 전공하지 않은 분들도 이해할 수 있도록 제 방식으로 변형해서 의미를 전달해보려고 합니다.

예링은 19세기 최고의 법학자로 불립니다. 변호사의 아들로 태어나 법대를 졸업하고 대학교수로 활동했죠. 베를린대학에서 로마법 연구로 박사학위를 취득한 뒤《로마법의 정신》이라는 대작을 저술합니다. 독일의 여러 대학에서 교수 생활을 하다가 1868년 오스트리아의 빈대학으로 옮깁니다.《권리를 위한 투쟁》은 예링이 1872년 빈대학을 떠나면서 고별 강연을 했던 원고들을 정리한 것입니다. 번역자인 윤철홍 교수가 소개하듯이 빈대학 수강생 중에 황태자가 셋 있었는데, 그중 하나가 러시아의 황태자 레오 갈리친이었습니다. 갈리친은 예링에 대해 "법학의 불을 인류에게 가져다준 프로메테우스"[1]라며 극찬했다고 합니다.

조금 전문적인 이야기인데 예링은 '개념법학'의 비판자로 불립니다. 개념법학은 법의 체계성과 완결성을 중시하고, 법 개념 간의 위계를 강조합니다. 그리고 법체계, 구성, 논리에 따라 법규범이 추론된다는 입장을 취합니다. 법대생이 되면 법학에서 사용하는 생소한 개념과 논리에 익숙해지는 데 시간이 걸립니다. 예를 들면 '미필적 고의'와 '인식 있는 과실'의 차이가 무엇인지, '추정'과 '간주'의 차이가 무엇인지 등등의 문

루돌프 폰 예링

제에 답해야 합니다. 우리말인데도 알아들을 수가 없죠?(웃음)

　　다른 학문과 마찬가지로 법학은 법학만의 개념과 논리가 있습니다. 그런데 '개념법학'에만 매몰되면 어떤 문제가 생길까요? 개념 뒤에 있는 계급·계층·집단의 이익, 사회적·역사적 맥락과 배경이 사라집니다. 예링은 개념법학을 비판하면서 법은 특정 '목적'을 위해 만들어진 것이기에 법의 본질을 알기 위해서는 법의 '목적'을 알아야 한다고 강조했습니다. 또한 '권리'에 대해서도 "법적으로 보호되는 이익"이라는 점을 분명히 했습니다. 그래서 그는 '이익법학', '목적 법학'의 창시자로 불립니다. 그의 표현을 빌리자면, 그는 법을 파악할 때 "힘의 개념으로서 현실적 측면보다 오히려 추상적 법규의 체계로서 논리적 측면을 더 강조하는 관점"을 비판했고, "법의 투박한 현실"을 직시하면서 법을 이해해야 한다고 주장했습니다.[2]

법의 생명은 투쟁

그럼 지금부터 《권리를 위한 투쟁》 제1장 '법과 권리의 생성과 목적'부터 살펴보겠습니다. 《권리를 위한 투쟁》은 고별 강연록이라는 점에서 한 문장 한 문장이 중요합니다. 제1장은 매우 유명한 문구로 시작합니다.

법의 목적은 평화이며, 평화를 얻는 수단은 투쟁이다. 법이 부당하게 침해되고 있는 한—그리고 세상이 존속하는 한 이러한 현상은 계속된다—법은 이러한 투쟁을 감수하지 않으면 안 된다. **법의 생명은 투쟁이다**. 즉 민족과 국가권력, 계층과 개인의 투쟁이다.[3]

'투쟁'이라는 단어가 자꾸 나오니 운동권의 격문을 읽는 느낌인가요?(웃음) 사람들이 살아가는 이 세상은 분쟁이 끊이지 않습니다. 분쟁이 없는 세상은 없습니다. 먼저 개인과 개인, 사인私人과 사인 간의 분쟁이 있습니다. 예를 들어 돈을 빌렸는데 갚지 않으면 분쟁이 생깁니다. 결혼을 했는데 사랑이 식어 이혼을 하려면 재산 분할과 아이 양육을 두고 분쟁이 생깁니다. 다음으로 사인과 국가 또는 지방자치단체 사이의 분쟁이 있습니다. 수사기관에서 시민을 잡아 구속하고 처벌하려 하면 분쟁이 발생하죠. 시민이 차를 운전하고 가다가 맨홀에 빠져 차가 망가지고 몸이 다쳤다면, 국가나 지방자치단체가 개보수를 철저하게 하지 않은 책임이 있다며 소송을 걸겠죠.

국가기관과 국가기관 사이에도 분쟁이 발생합니다. 대통령 탄핵이 대표적입니다. 국회가 노무현 대통령의 탄핵소추를 발의했으나 헌법재판소는 받아들이지 않았습니다. 반면

《권리를 위한 투쟁》초판 표지
1872년

박근혜 대통령은 탄핵되었죠. 중앙행정기관과 지방자치단체가 충돌하기도 합니다. 행정안전부가 서울시를 대상으로 포괄적·사전적인 일반감사, 위법 사항을 특정하지 않고 개시한 감사, 법령위반 사항을 적발하기 위한 감사를 벌인 것은 서울시의 지방자치권을 침해한 것이라는 헌법재판소의 결정이 있습니다. 나라와 나라 사이에도 분쟁이 일어납니다. 일제강점기의 '위안부' 문제, 강제징용공(강제동원)에 대한 손해배상을 놓고 한국과 일본이 대립하고 있지 않습니까?

　　이와 같은 각종 분쟁이 바로 투쟁입니다. 이 투쟁이 해결되어야 비로소 평화가 옵니다. 그래서 예링은 "법의 목적은 평화이며, 평화를 얻는 수단은 투쟁이다"라고 말한 것입니다.
예링은 다시 한번 말합니다.

> 이 세상의 모든 권리는 투쟁에 의해 쟁취되며, 중요한 모든
> 법규는 무엇보다도 이러한 법규에 반대하는 사람들에 맞
> 서 투쟁함으로써 쟁취된 것이다. (⋯) 권리는 단순한 사상
> 이 아니라 살아 있는 힘이다. (⋯) 법규나 제도에 대해 문제
> 를 제기하는 행위는 이 같은 모든 이해관계자들에게 선전
> 포고를 하는 것과 같으며, 수많은 촉수로 단단히 들러붙은
> 해파리를 제거하는 일과 같다.[4]

기성 법규와 제도는 그 시점까지의 계급·계층·집단의
투쟁과 타협이 반영되지만, 그 투쟁과 타협에서 우월적 지위
를 갖는 계급·계층·집단의 의지와 이익이 더 반영되기 마련
입니다. 따라서 법규와 제도를 바꾸려면 그 우월적 의지, 이익
과 투쟁해야만 합니다. 그러한 투쟁의 결과에 따라 법규와 제
도가 바뀌고, 시간이 흐르면 다시 투쟁이 전개됩니다.

법의 역사와 계속된 투쟁

법규에는 많은 '권리'가 규정되어 있습니다. 《자유론》 강의에

서 살펴본 양심과 사상의 자유, 표현의 자유는 대표적인 '자유권'의 내용입니다. 이러한 자유권은 근대 시민혁명 이전의 절대군주 시절, 현대 권위주의 체제 안에서는 보장되지 않았습니다. 많은 사람들이 피와 땀을 흘리면서 "수많은 촉수로 단단히 들러붙은 해파리를 제거하는" '투쟁'을 벌인 덕분에 법규의 보장을 받는 '권리'가 되었습니다. 현재 우리가 공기처럼 당연시하는 각종 '자유권'은 목숨을 걸고 투쟁한 민주화운동가들의 헌신과 희생 덕분임을 잊어서는 안 될 것입니다. 예링의 말을 계속 보겠습니다.

> 현행법이 이해관계를 배경으로 하는 모든 경우에 **새로운 법이 자신의 진입을 강행하기 위하여 치러야 할 투쟁**이 존재하는데, 이 투쟁은 종종 몇 세기 동안 계속되기도 한다. 이러한 투쟁은 이익들이 기득권의 형태를 취할 때 그 강도가 최고조에 달한다. (…) 법의 역사가 보여주는 모든 위대한 업적, 즉 노예제나 농노제의 폐지, 토지소유권의 자유나 영업 혹은 신앙의 자유와 같은 이러한 모든 것들은 치열하게 그리고 수 세기에 걸쳐서 계속된 투쟁을 통해 쟁취되었다.[5]

《페더럴리스트 페이퍼》와 《자유론》 강의에서 제퍼슨,

매디슨, 밀 등이 '다수의 전제專制'를 강력히 경계했다고 말씀드렸죠. 민주공화국에서도 소수자는 자신의 이익과 욕구가 다수자에 의해 억압되지 않고 법규에 의해 보장될 수 있도록 '투쟁'을 벌입니다. 미국의 경우 흑인인권운동이 대표적입니다. 마틴 루서 킹Martin Luther King Jr.(1929~1968) 목사 등이 주도한 투쟁의 결과, 1964년 '민권법Civil Rights Act'이 만들어집니다. 같은 해 노벨 평화상을 받은 킹 목사는 1968년 백인 우월주의자의 총에 머리를 맞고 37세의 나이로 숨을 거둡니다.

1988년 개봉된 영화 〈미시시피 버닝Mississippi Burning〉을 보셨나요? 1964년 미국 미시시피주에서 발생한 KKK단(백인우월주의를 내세우는 미국 극우단체)의 인권운동가 살해 사건을 극화한 것입니다. FBI가 만든 실종자 포스터를 보면, 가운데 사람이 제임스 체이니, 왼쪽이 앤드루 굿맨, 오른쪽이 마이클 슈워너입니다. 체이니는 흑인이고 다른 두 사람은 유대인이었습니다. 이 세 사람은 20대 초반의 청년으로 '인종평등회의Congress of Racial Equality' 회원으로 활동하다가 1964년 6월 21일 같은 날 살해됩니다.

투표권을 쟁취하기 위한 영국 여성들의 투쟁도 처절했습니다. 이들은 '서프러제트Suffragette'라는 조직을 만듭니다. 선거권을 뜻하는 단어 'suffrage'에 여성을 뜻하는 접미사 '-tte'를

붙여 만든 단어입니다. 대표적인 여성운동가인 에밀리 데이비슨Emily Wilding Davison(1872∼1913)은 아홉 번 체포되었는데, 1913년 영국 국왕 조지 5세가 참석한 더비 경마대회에서 여성 선거권을 호소하는 깃발을 들고 트랙에 뛰어들어 사망합니다. 데이비슨의 죽음을 계기로 여성 선거권 운동이 더욱 거세졌고 1918년 영국은 일정한 재산이 있는 30세 이상의 여성에게 선거권을 주게 됩니다. 현재 우리가 너무도 당연시하는 여성의 투표권은 이러한 격렬한 투쟁의 성과였습니다. 이러한 사실은 영화 〈서프러제트〉(2015)로도 만들어졌는데, 보신 분이 많지 않을 것 같습니다.

낙태권을 보장받기 위해 싸워온 여성들의 투쟁도 같은 맥락입니다. 1973년 미국 연방대법원이 낙태를 합법화하는 판결(Roe v. Wade, 410 U.S. 113)*을 내리기 전까지 여성들의 고통은 심각했습니다. 영화 〈더 월 If These Walls Could Talk〉(1996)은 당시 미국 여성들의 상황을 생생히 그리고 있습니다. 당시 미국의 극단적 기독교 우파들은 안전한 낙태 시술을 해주는 의사를 살해하기도 했습니다.

우리가 갖고 있는 권리 중에는 '사회권'이라고 분류되는 것들이 있습니다. 단결권·단체교섭권·단체행동권 등 노동삼권, 근로의 권리, 인간다운 생활을 할 권리, 주거권, 보건권 또는 건강권 등을 말합니다. '노동절'이 언제인지 아시죠? 5월 1일입니다. 1886년 5월 1일 미국 시카고에서는 8만 명의 노동자들과 그들의 가족이 '8시간 노동제'를 요구하며 파업 집회를 열었습니다. 바로 이날을 기념하기 위해 '노동절'을 5월 1일로 삼은 것입니다.** 당시 집회의 슬로건은 '8시간 노동, 8시간 휴

---

* 2022년 6월 보수 우위로 재구성된 미국 연방대법원은 50년 만에 낙태 합법화 판결을 폐기했다. 이제 낙태 처벌 여부는 각 주 정부와 의회의 권한이 되었다.

** 우리나라의 경우는 권위주의 정권에서 5월 1일 대신 대한노총 창립기념일인 3월 10일을 '근로자의 날'로 기념하다가 김영삼 정부가 들어서고 1994년에서야 비로소 5월 1일을 '노동절'로 기념하게 된다.

8시간 근무제를 위한
세계산업노동자연맹(IWW)
캠페인 홍보 포스터
1912년

식, 8시간 여가'였습니다.

1886년 5월 1일 집회가 열리자 미국 정부는 경찰을 동원해 유혈진압을 했고, 두 명의 노동자가 사망합니다. 이에 항의하는 시위가 5월 4일 시카고 헤이마켓 광장Haymarket Square에서 열리는데 폭탄 투척 사건이 발생하면서 경찰과 민간인이 죽습니다. 이 사건으로 8명의 무정부주의 활동가들이 체포되어 기소된 후 유죄판결을 받습니다. 이 중 1명은 감옥에서 자살하고, 4명은 사형에 처해집니다. 이러한 유혈투쟁을 거쳐 비로소 8시간 노동제가 도입됩니다.

예링이 말한 "새로운 법이 자신의 진입을 강행하기 위

하여 치러야 할 투쟁"은 이처럼 오랜 역사 속에서 다양한 방식
으로 목숨을 걸고 진행되었습니다. 그리고 그의 말대로 "피나
는 노력을 통해 쟁취한 법과 제도를 빼앗기는 일은 거의 없"었
습니다.[6]

법과 권리를 위한 개인의 투쟁

지금까지 《권리를 위한 투쟁》 제1장 '법과 권리의 생성과 목
적'을 살펴봤습니다. 이제 제2장 '법과 권리를 위한 개인의 투
쟁'으로 넘어가겠습니다. 자신의 권리가 침해된 경우 개인은
어떻게 해야 하는가의 문제입니다. 예링은 질문을 던집니다.

> 자기 권리를 주장해서 상대방에게 저항할 것인가, 즉 투쟁
> 할 것인가 혹은 다툼을 피하기 위해 권리를 포기할 것인
> 가? (…) 이 결정이 어떻게 내려지든지 간에 권리자는 두 가
> 지 경우에 하나의 희생을 감수해야만 한다. 한편에서는 권
> 리가 평화에 희생된다면, 다른 한편에서는 평화가 권리에
> 희생된다.[7]

현재 한국 사회를 살아가는 시민들도 많이 고민하는 문
제입니다. 소송을 해서 얻는 이익보다 소송을 해서 생기는 비

용과 부담이 더 크면 소송을 하지 않는 경우가 많습니다. 그런데 예링은 "소송물의 가치가 수고와 감정, 비용을 예측할 수 있는 소모와는 비교할 수도 없는 소송"임에도 소송을 제기하고, "소송에서 이기기 위해 값비싼 대가를 치러야 한다는 점이 확실히 예견되는 경우"에도 소송을 제기하는 경우가 있음을 주목합니다.[8]

먼저 예링은 한 민족이 다른 민족에게 1제곱마일의 척박하고 쓸모없는 땅을 빼앗은 경우를 예로 듭니다. 볼품없는 작은 땅을 되찾기 위해 전쟁을 벌이면 엄청난 비용과 위험이 뒤따르지만, 땅을 빼앗긴 민족이 저항하지 않는다면 종국에는 자신의 토지를 다 빼앗기게 될 것이라고 말합니다.[9] '주권'의 핵심 중 하나는 '국토'입니다. 아무리 쓸모없어 보이는 국토라 하더라도 이것이 침탈되는 상황을 방기하는 나라는 존속할 수 없습니다. 얼핏 보면 작은 돌섬에 불과한 독도를 생각해보시면 쉽게 이해가 될 것입니다.

권리 침해에 대한 저항은 의무

예링은 소송물의 가치가 미미하더라도 권리 침해에 맞서 싸워야 하는 경우가 있음을 밝힙니다. 즉 그 권리의 침해가 권리자의 "인격 그 자체와 인격적 법감정"[10]을 침해하는 경우입니다.

피해자가 소송을 제기하는 까닭은 단순한 금전의 이익 때문이 아니라 오히려 침해받은 불법에 대한 도덕적 고통 때문이다. (…) 내면의 소리는 (…) 그에게는 이미 무가치한 소송물이 아니라 자신의 인격, 명예, 법감정, 자존심 등을 위해 소송하라고 강조한다.[11]

예링은 나아가 저항이 "공동체에 대한 의무"라고까지 말합니다.

인격 그 자체에 도전하는 굴욕적 불법에 대한 저항, 즉 권리에 대한 경시와 인격적 모욕의 성질을 지니고 있는 형태로서의 권리 침해에 저항하는 것은 의무다. 이것은 권리자 자신에 대한 의무다―이것은 **도덕적인 자기 보존의 명령이며 또한 공동체에 대한 의무**다―왜냐하면 권리의 실현을 위해서는 불법에 대한 저항이 필요하기 때문이다. (…) 도덕적 생존의 여러 조건 가운데 하나가 바로 권리 주장이다.[12]

지금은 거의 다 사라졌지만 동전을 사용하는 공중전화기는 1962년 우리나라에 설치되었습니다. 1969년 한 시민이 공중전화기에 5원을 넣었는데 돈만 삼켜버리고 전화가 걸리지 않았습니다. 그래서 이 5원을 물어내라고 국가를 상대로 소송을 제기했는데 이겼습니다. 소송 비용도 그렇고 법정에 왔다 갔다 하는 시간과 비용까지 꽤 들었겠죠. 많은 사람들이 소송에서 이겨봤자 겨우 5원을 돌려받을 텐데, 왜 그렇게까지 하느냐고 했습니다. 이 시민은 말했습니다.

"5원짜리 동전 한 푼이 아까워서가 아니라 고장 수리에 무성의한 전화 당국과 불친절한 관리자를 일깨워주기 위해 괘씸한 공중전화를 '공중'의 이름으로 고발한다."

'5원짜리 소송'으로 불리는 이 소송은 법원행정처가 발간한 《역사 속의 사법부》(2009)에 '화제의 재판들'로도 소개된 유명한 소송입니다. 이 소송을 제기한 시민은 5원이라는 금전적 이익을 위해서가 아니라 정부에 경고를 주기 위해 소송을 제기했습니다. 정부가 제대로 일하도록 만드는 게 자신의 도덕적 의무라고 생각한 것입니다. 이 사건의 승소 판결은 이후 다른 정부기관의 임무 태만을 판단하는 데 중요한 기준이 되었습니다. 정부기관에서도 임무를 게을리하면 소송을 당할 수 있음을 인식하게 되면서 더 조심하게 되었겠죠.

예링은 권리가 침해되었을 때 느끼는 도덕적 고통이 직업에 따라서 다르다는 점도 지적합니다. 예를 들어 장교의 경우 명예에 대한 감정이 가장 발달되어 있기에 명예가 침해되면 참지 않고, 농민의 경우 노동과 소유권에 대해 강한 애착을 가지며, 상인의 경우 신용에 대한 비난을 받으면 분개한다는 것입니다.[13]

지금까지 제 강의를 듣고 "아니, 예링 이 사람, 소송광$_{狂}$ 아닌가?"라는 생각이 들 수도 있습니다.(웃음) 예링은 소송이 아닌 분쟁 해결 방식에 대해서도 그 중요성을 잘 인식하고 있었습니다. 《권리를 위한 투쟁》 머리말을 보겠습니다.

> 나는 '권리를 위한 투쟁'을 모든 분쟁에서가 아니라 오직 권리의 침해가 동시에 인격을 경시하는 데만 요구하기 때문이다. 양보와 화해, 관용과 온유, 조정과 권리 주장의 포기 등은 나의 이론에서도 역시 합당한 자리를 온전히 차지하고 있다.[14]

예링은 '화해'를 분쟁의 "가장 정당한 해결 방법"이라고도 했습니다.[15] 모든 분쟁에서 양보, 화해, 관용, 온유, 조정, 권리 주장의 포기 등이 이루어지면 제일 좋을 것입니다. 그러나 현실 세계에서는 잘 이루어지지 않죠. 형제지간이라도 재산상속 분쟁이 생기면 원수처럼 싸우지 않습니까. 화해가 불가능할 때, 최후의 수단은 '권리를 위한 투쟁'일 수밖에 없습니다.

영국인과 오스트리아인의 비교

예링은 '법과 권리를 위한 개인의 투쟁'과 관련해 영국인과 오스트리아인을 비교합니다. 오스트리아 빈대학에서의 고별 강연이라 오스트리아인을 비교 대상으로 삼은 것입니다. 예링의 분석에 따르면, 영국인은 대륙을 여행할 때 여관집 주인이나 마차부馬車夫가 바가지요금을 요구하면 매우 단호하게 대처한다고 합니다. 즉 "출발을 연기하고 며칠 그곳에 더 머무르면서 자기가 지급하기를 거절했던 액수의 10배나 더 많은 금액을 지출한다"라는 것입니다. 반면 오스트리아인 가운데 영국인의 예를 따르는 사람은 10분의 1도 안 될 것이라고 말합니다. 10분의 9는 "말다툼을 해야 하는 불쾌감, 사람들의 이목, 그들이 받게 될 오해의 가능성을 두려워한다"라는 것입니다. 예링은 이러한 차이에 대해 "영국과 오스트리아의 한 부분이 깃들어 있"고, "수 세기에 걸친 양국의 정치적 발전과 사회생활이 존재"한다고 봤습니다.[16]

예링은 영국인의 이런 권리의식 덕분에 영국이 발전했다고 평가했습니다.

영국 사람들이 집요하게 다투는 몇 푼의 굴덴* 속에 영국의 정치적 발전이 깃들어 있다. (…) 각 개인이 아주 사소한 일에서도 스스로의 권리를 대담하게 주장하는 일이 일반적으로 행해지는 민족에게서는 어느 누구도 그 민족이 보유한 최고의 것을 빼앗으려고 시도하지 못한다. 그러므로 안으로는 최고의 정치적 발전을, 밖으로는 최대의 권력 신장을 보여준 고대 로마 민족이 동시에 가장 발달한 사법을 가졌다는 점은 결코 우연이 아니다.[17]

한국인과 일본인은 어떨까요? 일본 법사회학의 거두인 가와시마 다케요시川島武宜 교수는 1967년 출간한 《일본인의 법의식》에서 일본인은 사인 간의 분쟁을 소송을 통해 해결하는 것을 기피하는 경향이 있다고 분석했습니다. 이 이론은 일본 법학계의 통설로 자리 잡았습니다. 일본적 가치는 '화和'인데, 소송에 의존하는 사람은 '화'를 깨뜨리는 사람으로 이해된다는 연구도 있습니다. 그러나 이후 일본에서 소송 수가 적은 것은 법률가의 수가 적고 법률부조扶助 비용이 적게 책정되어 있기 때문이라는 비판이 제기되었습니다.

---

*   gulden. 독일어권과 네덜란드의 금화 단위.

한국인은 어떨까요? 건국대 한상희 교수가 2007년 조사한 자료에 따르면, 인구 1000명당 발생하는 민사사건의 수가 한국이 24.8건일 때 일본은 4건이었습니다. 일본인에 비하면 한국인은 소송을 제기하는 것을 전혀 꺼리거나 두려워하지 않음을 알 수 있습니다. 이 점에서 일본인이 '분쟁회피형'이라면 한국인은 '분쟁감수형'이라고 하겠습니다.(웃음) 한국 국민이 자신의 힘으로 정권을 타도한 경험이 여러 번 있다면 일본 국민은 그런 경험이 없습니다. 한국과 일본의 서로 다른 정치적·역사적 경험도 이러한 차이를 만드는 요소라고 생각합니다.

조선시대에는 어땠을까요? 당시 조선인들은 소송을 적극적으로 제기했습니다. 조상 묏자리를 둘러싼 소송이나 노비 관련 소송이 매우 많았습니다. 노비 관련 소송의 대표적인 예가 있습니다. 1586년(선조 19년) 전남 나주에서 일어난 노비 다물사리多勿沙里와 양반 이지도李止道 사이의 소송이 유명합니다. 원고 이지도는 다물사리가 양민이라고 주장하고, 피고 다물사리는 자신이 노비라고 주장하며 부딪칩니다. 좀 이상하죠? 반대로 주장했을 것 같지 않습니까? 그런데 소송의 내용을 보면 그 이유가 확인됩니다.

여든의 노파 다물사리의 남편은 이지도 집안의 사노비

였습니다. 당시에 노비는 성도 없었고, 법에 따라 부모 중 한쪽이 노비이면 자식들도 노비가 되었습니다. 이에 따르면 그녀의 자식들도 사노비가 되어 이지도 가문의 소유가 됩니다. 그런데 다물사리는 자식들을 사노비보다 대우가 좋은 공노비로 만들기 위해 스스로 성균관 관비가 되었습니다. 그래서 자신이 노비라고 주장했던 것입니다. 어머니가 공노비일 경우에는 아버지가 사노비라 하더라도 그 자손들은 모계에 따라 공노비가 되기 때문입니다. 노비라는 재산을 확보하려는 양반과 자식의 더 나은 미래를 위해 스스로 노비임을 주장하는 어머니가 충돌하는 처절한 법률투쟁이었던 것입니다. 상세한 내용은 숭실대 임상혁 교수의 《나는 노비로소이다》(2010)를 참조하시면 좋습니다. 흥미진진한 책입니다.

조지워싱턴대 김지수 교수의 《정의의 감정들》(2020)을 보면, 조선시대 여성 노비들도 적극적으로 소송을 제기했습니다. 경오년 2월(1750년, 1810년, 1870년 중 한 해로 추정), '말금'이라는 이름의 여종은 고을 수령에게 죽은 남편의 사촌인 승운을 고발하는 소지 所志(관아에 제출하는 소장이나 청원서)를 제출했습니다. 말금의 남편도 노비였지만 증조할아버지 때부터 땅을 소유하고 있었습니다. 현대인들이 많이 오해하는 점인데 조선시대 노비는 재산을 소유할 수도 있었고 자식에게 상속할 수도 있었습니다. 말금은 남편이 죽고 나서 그 땅을 상속받았는데, 승운이 나타나 소유권을 주장하자 맞고소를 한 것입니다. 수령이 조사를 진행하고 승운이 땅문서를 조작한 사실이 밝혀지면서 말금은 땅을 되찾았습니다. 조선시대 계급의 가장 아래에 있던 여성 노비에게 이러한 권리가 인정된 것은 동시대 중국이나 유럽과 비교할 때 큰 차이를 보여줍니다.

샤일록 다시 보기

셰익스피어William Shakespeare(1564~1616)의 희곡《베니스의 상인 The Merchant of Venice》(1600)을 아시죠? 예링은 이 희곡의 주인공 샤일록Shylock에 대해 중요한 평가를 하고 있습니다. 많은 한국 사람들이 이 희곡을 돈밖에 모르는 유대인 고리대금업자가 나쁜 일을 하다가 파멸한 이야기 정도로 알고 있습니다. 19세기 말 존 길버트John Gilbert가 그린 그림 속 이미지처럼, 샤일록은 비난받고 멸시당하는 존재입니다.

　《베니스의 상인》의 줄거리를 먼저 보겠습니다. 베니스의 거상 안토니오Antonio는 친구 바사니오Bassanio가 돈 많은 상속녀 포샤Portia와 결혼하기 위해 거액이 필요하다는 부탁을 받고, 고리대금업자 샤일록에게 큰돈을 빌립니다. 그러면서 돈을 갚지 못하면 안토니오의 몸에서 심장에 가까운 살 1파운드를 베

재판이 끝난 후의 샤일록
John Gilbert, 1873년 이전

어낸다는 내용의 약정을 맺죠. 기한 내에 돈을 갚지 못한 안
토니오는 법정에 서게 되는데 재판관은 피 한 방울 없이 살만
1파운드를 정확히 베어내라고 판결합니다. 이 재판관의 정체
는 바로 변장한 포샤였습니다.

결국 샤일록은 재산의 반을 국가에 몰수당하고 나머지
재산의 반을 안토니오에게 배상하게 됩니다. 이때 안토니오는
샤일록이 기독교로 개종하는 조건으로 이 재산을 샤일록의 딸
에게 물려주도록 만듭니다. 샤일록의 딸은 아버지의 반대에도
불구하고 기독교인 애인과 도망을 갔죠. 샤일록은 이 조건을
다 받아들이고 조롱과 경멸을 받으며 법정을 떠납니다.

법적으로 볼 때 이 재판은 문제가 많습니다. 다른 모든 것을 떠나서 포샤는 재판관 자격이 없죠.(웃음) 당시 유럽에는 반유대인 정서가 강했습니다. 유대인은 게토(유럽 각 지역에서 유대인을 강제 격리하기 위해 설정한 유대인 거주 지역) 밖을 나갈 때 빨간 모자를 써야 하는 등 많은 차별과 박해를 받았습니다. 독일 나치가 유대인들의 상의에 '다비드의 별' 표식을 달게 한 것은 이런 역사적 뿌리가 있습니다. 당시 기독교에서는 대금업을 죄악으로 여겼고 그래서 많은 유대인들이 대금업에 종사했죠. 작품 속 내용을 보더라도 안토니오는 샤일록을 "더러운 개"로 부르고 샤일록의 수염에 침을 뱉거나 몸을 발로 찼어요. 셰익스피어가 이런 반유대인 정서를 적절히 활용해서 희곡을 만들었다고 볼 수 있습니다.

그러면 예링은 어떤 점에 주목했을까요. 그는 "베니스에 거주하는 어느 누구도 그 증서의 유효성을 의심하는 자는 없었다"라는 점을 확인하고, 재판관이 샤일록의 증거를 유효한 것으로 인정한 이상, "비열한 술수를 써서 그것을 무효로 만들어서는 안 된다"라고 말합니다.[18] 그러면서 이렇게 비판합니다.

피 없이도 살이 존재하는가? 샤일록에게 안토니오의 몸에서 1파운드의 살을 베어낼 수 있는 권리를 부여한 재판관

은 피 없이 살은 존재할 수 없기 때문에 피까지도 인정했다.[19]

예링은 "나는 법률을 요구한다"라는 샤일록의 말을 인용하면서, 샤일록의 권리를 인정하지 않은 것은 베니스의 법률을 무너뜨린 것이나 마찬가지라고 비판합니다.

1파운드의 살을 요구하는 자는 이제 단순한 유태인이 아니고, 법정의 문을 두드리는 자는 베니스 법률 자체다—왜냐하면 그의 권리와 베니스의 법률이 일치하기 때문이다. 따라서 그의 권리와 함께 베니스의 법률 자체도 무너지기 때문이다. 그리고 샤일록이 비열한 기지를 통해 그의 권리를 좌절시키는 판결의 중압감에 못 이겨 무너졌을 때, 그가 지독한 조소와 박해를 받으며 낙담하고 부서지며 그리고 비틀거리는 다리를 끌고 법정 밖으로 사라졌을 때, 그와 함께 베니스 법률도 굴복당했으며 법정에서 도망친 사람은 유태인 샤일록이 아니라 중세 유태인의 전형적 인물 내지 법을 향해 헛되이 외친 사회 천민 계급이었다는 데서 발생하는 감정을 누가 막을 터인가?[20]

당시 법률에 의해 유효한 계약에 근거한 권리자의 권리 주장을 재판관이 교묘한 논리를 구사해 막고, 이 권리자를 오히려 가해자로 만들어 강제 개종시키고 재산을 박탈한 사건이었습니다. '소수민족 고리대금업자'이든 '사회천민계급'이든 그들의 권리는 보장되어야 하며 이를 보장하지 않으면 법률이 무너진다는 비판이었습니다. '선한 기독교인 상인' 대 '악한 유대인 고리대금업자'라는 구도를 깬 것입니다. 민족과 계급을 떠나서 권리는 권리이고 법은 법이라는 것이 예링의 생각이었습니다.

콜하스의 다른 선택

다음으로 예링은 '미하엘 콜하스 사건'을 소개합니다. 이 사건은 실존 인물을 소재로 독일 작가 하인리히 폰 클라이스트Heinrich von Kleist(1777~1811)가 쓴 소설로 유명해집니다. 미하엘 콜하스Michael Kohlhaas는 재판관의 판결에 순종한 샤일록과는 전혀 다른 선택을 합니다. 이 실화는 여러 번 영화화되었고, 최근에는 마스 미켈센 주연의 영화로 만들어졌습니다. 우리나라에는 〈미하엘 콜하스의 선택〉(2013)이라는 제목으로 개봉되었는데 한글 제목을 잘 잡았다고 생각합니다.

콜하스는 말 거래상이었습니다. 말을 끌고 가던 도중

융커(독일 귀족) 벤첼 폰 트롱카Wenzel von Tronka의 영지를 통과하게 되는데 통행증이 없다는 이유로 말 두 필을 압류당합니다. 이러한 조치가 자의적이라고 판단한 콜하스는 다시 트롱카의 성을 방문해 말을 돌려달라고 요청합니다. 그런데 자신의 말 상태가 매우 나빠져 있는 것을 발견하고 화가 납니다. 콜하스는 이에 대한 손해를 배상하라며 소송을 걸지만, 트롱카가 재판에 영향력을 행사하는 바람에 소송에서 집니다.

　　여기서 콜하스는 다른 선택을 합니다. 격분한 콜하스는 하인들과 함께 트롱카의 성을 파괴하고 성에 살고 있던 트롱카의 하인들을 죽입니다. 종교개혁의 선구자 마르틴 루터Martin Luther를 아시죠? 이 루터가 개입해서 콜하스를 설득하지만 무산됩니다. 트롱카는 자신의 영향력을 발휘해 콜하스를 체포하고 처형합니다. 처형 직전 콜하스는 자신의 변호사를 통해 트롱카에 대한 자신의 소송이 승소했음을 통지받습니다. 그리고 목이 잘립니다. 자신의 권리가 법에 의해 구제되지 않자 범죄적 수단을 사용하여 사적私的 구제를 했고, 마침내 처벌된 것입니다. 콜하스는 '과격파'처럼 보이는 사람인데, 예링은 어떻게 평가했을까요?

　　가장 비열한 방법으로 멸시당한 자기 권리를 회복하기 위해 모든 수단을 다 취한 후, 그리고 잔악한 내각의 재판이 그에게 법적 구제 방법을 폐쇄하고 사법을 최고의 대변인인 영주에 이르기까지 공공연하게 불법의 편에 가담시킨 후에 (…) 그는 부패한 재판관의 손에서 더럽혀진 칼을 빼앗은 다음 그것을 휘둘러 온 나라를 공포와 경악에 떨게 했고, 부패한 국가 제도를 무너뜨렸으며, 왕위에 있는 군주로 하여금 전율하게 했다. (…) 그를 움직인 것은 바로 윤리적인 이념 (…) 오직 죄과가 있는 자와 그의 동조자만 목표로 삼았다. 그래서 그는 자기 권리를 회복할 만한 전망이 보일 때는 자진하여 무기를 버렸다. (…) 사람들은 그에 대한 자유 통행권과 사면의 약속을 파기했고 결국 그는 형장의 이슬로 사라졌다. 그러나 그는 죽음에 앞서 자신의 권리를 되찾았다.[21]

형식논리로 보면 콜하스는 살인범일 뿐입니다. "아무리 억울해도 사적 복수는 안 된다", "사적 복수는 법과 질서를 무너뜨린다" 등등의 비판도 예상됩니다. 그런데 예링은 오히려 콜하스에 대해 우호적으로 평가합니다. 왜 그랬을까요? 국가의 잘못, 사법의 잘못이 더 크다고 판단했기 때문입니다. 예링은 "고대 로마에서는 뇌물을 받은 재판관은 사형에 처했다"라는 말을 합니다. 사법이 편향되거나 부패하면 콜하스의 선택이 재현·반복될 수밖에 없다고 생각한 것 같습니다.

《권리를 위한 투쟁》에는 나오지 않지만, 부패한 판사에 대한 처벌을 그린 유명한 그림이 있습니다. 죽은 남자를 눕혀놓고 메스를 든 사람이 무언가 하는 장면이죠. 가죽을 벗기는 겁니다. 페르시아의 왕 캄비세스 2세Cambyses II가 부패 판사 시삼네스Sisamnes의 가죽을 벗기도록 판결한 사건을 네덜란드 화가 헤라르트 다비트Gerard David(1460~1523)가 형상화한 그림입니다. 2부작으로 구성된 이 작품의 첫 번째 그림은 시삼네스가 체포되는 장면입니다. 두 번째 그림은 시삼네스의 가죽을 벗기는 장면인데, 뒤쪽으로 긴장된 얼굴의 남자가 의자에 앉아 있습니다. 이 남자는 시삼네스의 아들이고, 의자에는 시삼네스의 가죽이 씌워져 있습니다. 왕은 시삼네스의 아들에게 아버지의 가죽이 씌워진 의자에 앉아 재판 임무를 수행하라고 지시했습니다. 로마든 페르시아든 법을 해석하고 집행하는 자가 저지른 불법은 다른 범죄보다 훨씬 엄격하게 처벌한 것입니다.

사법살인

예링은 콜하스 사건을 다루면서 '사법살인Justizmord'이라는 단어

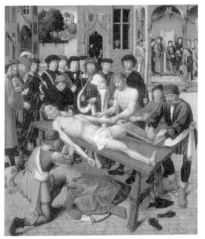

〈캄비세스 왕의 심판〉

Gerard David, 1498년

를 씁니다.

> 인간이 참아야 하는 어떤 불법도 (…) 신에 의해 임명된 관
> 헌 스스로가 법을 파괴함으로써 범하는 불법보다는 크지
> 않기 때문이다. (…) **법률의 수호자와 파수꾼이 법률의 살인**
> **자로 변한다**—그들은 곧 환자를 독살하는 의사이며, 피후
> 견인을 교살하는 후견인이다. (…) 매수가 가능하거나 편파
> 적인 재판관에게 희생당하는 자는 거의 강제적으로 법의
> 정도에서 추방되어 복수자가 되거나 스스로 자기 권리를
> 집행하는 집행자가 된다.²²

통렬한 비판입니다. 국가와 사법이 콜하스의 정당한 권
리를 애초에 인정해주었다면 이후의 사태는 벌어지지 않았을
것입니다. 국가와 사법이 특정 계급에 의해 장악되어 좌지우
지되고 시민의 정당한 권리를 억압한다면, 그 불법은 이에 반
발해 저질러진 시민의 불법보다 더 비난받아야 한다는 것입
니다.

'사법살인'이라는 말은 우리나라 권위주의 정권 시절에
재판을 비판하는 데 많이 사용되었습니다. 2장에서 본 1991년
'강기훈 씨 유서대필 사건' 외에, 두 개의 대표적인 사례를 보

겠습니다. 죽산竹山 조봉암은 일제강점기에 공산주의자로 일제와 싸우다가, 사회민주주의자로 전향한 뒤에는 이승만 정부의 초대 농림부 장관이 되어 농지개혁을 주도합니다. 이 농지개혁 덕분에 한국전쟁 이후 남쪽의 농민이 북쪽에 동조하지 않았다고 평가되고 있습니다. 조봉암은 이승만의 경쟁자로 부상하면서 1958년 간첩으로 체포되어 법원에서 사형선고를 받고, 1959년 7월 31일 교수형에 처해집니다. 2011년 대법원의 재심 판결에서는 무죄가 선고되었죠.

1974년 '인민혁명당 재건 사건'으로 기소된 여덟 명은 혹독한 고문을 받았고, 이를 법정에서 호소했지만 받아들여지지 않았습니다. 1975년 4월 9일 대법원이 사형을 확정하고 18시간 만에 전격적으로 집행이 이뤄집니다. 고문 흔적을 없애기 위해 시신은 화장됩니다. 2007년에 이르러서야 재심을 통해 무죄가 선고됩니다. 정말 끔찍한 사건 아닙니까.

'사법살인'은 아니지만 최근 우리 사회에 큰 파문을 일으킨 사건이 있습니다. 《부러진 화살》(2011)이라는 영화로도 만들어진 '판사 석궁 공격 사건'입니다. 성균관대 김명호 교수는 입시 문제에 오류가 있다고 지적했다가 승진에서 탈락하고 징계를 받습니다. 이에 학교를 대상으로 소송을 제기하지만 패소합니다. 그러자 2007년 김 교수는 석궁을 들고 판사의 집

을 찾아가 거세게 항의합니다. 두 사람 사이에 몸싸움이 벌어
지고 이 과정에서 석궁이 발사됩니다. 경비원이 김 교수를 제
압하는 과정에서 김 교수는 판사를 표적으로 석궁을 겨누었지
만 제지를 당합니다. 이 사건으로 김 교수는 징역 4년을 선고
받고 만기 출소합니다.

　판사에게 석궁을 쏜 행위가 정당하다고 말하기는 어려
울 것입니다. 그런데 이 사건이 주목을 끈 것은 한국 법원에 대
한 불신이 폭발한 사건으로 받아들여지기 때문입니다. 판사로
일하는 지인들에 따르면, 재판 과정에서 당사자들이 가장 많
이 하는 말은 '억울하다'는 호소라고 합니다. 검찰, 경찰 수사
에서 피해를 당하는 사람도 많습니다. 2012년 2월 1일 방송된
KBS 〈추적 60분〉의 '나는 억울하다, 검찰수사 피해자들의 절
규'를 보시길 권합니다. 제15회 국제엠네스티 언론상을 수상
한 작품입니다.

　이제 강의를 마무리하겠습니다. 예링은 시민이 자기 권
리를 위해 투쟁하는 것은 자신의 이익을 지키기 위한 행위일
뿐만 아니라 공동체를 위한 의무라고 말했습니다. 단지 이기
적 행위가 아니라는 것입니다.

　예링은 어떤 민족의 구성원이 "사적 생활에서 자신의
권리를 어떻게 주장하는지"를 보면, "(그) 민족이 유사시에 스

스로의 정치적 권리와 국제법상의 지위를 어떻게 방어하는지"
를 알 수 있다고 했습니다.[23] 그는 묻습니다. 자기 권리를 지키
지 못하는 사람이 "개인이 아닌 국민 전체에 관계되는 권리 침
해, 즉 정치적 자유의 말살과 헌법 파괴, 전복, 외적 침략과 같
은 침해가 이루어지는 경우에 갑작스럽게 활기차고 민첩하게
그리고 적극적인 행동을 불러일으키리라고 믿겠는가?"[24] 이
점에서 그는 "사법이야말로 국민의 정치교육의 진정한 학교"[25]
라고 말합니다. 그러기에 예링은 시민들에게 일상에서 자신의
권리를 위해 적극적으로 싸우라고 요청하는 것입니다. "국민
각자는 사회의 이익 속에서 권리를 위해 태어난 투사다"[26]라는
말에 그의 사상이 잘 드러납니다.

　　예링은 이 책의 맨 마지막 페이지에서 "권리가 자기의
투쟁 준비를 포기하는 순간부터 권리는 스스로를 포기한다"[27]
라면서 시 한 구절을 인용합니다.

　　　　현명함의 마지막 결론은,
　　　　날마다 자유와 생명을 쟁취하는 자만이
　　　　그것을 향유한다는 점이라.[28]

청중1　개인이 자기의 권리를 주장하면 궁극적으로 공동체에도 이익이 된다는 것이 예링의 생각 같은데요. 실제 그런지는 잘 모르겠습니다. 공자는 "송사가 없는 사회가 좋다"라는 이야기를 했다고 하는데 한국 사회에도 이런 인식이 자리 잡고 있지 않나요? 그리고 러시아 황태자가 예링을 향해 '프로메테우스'라며 극찬했다고 하셨는데, 러시아 황태자는 최고의 기득권자 아닌가요? 자신의 계급적 이해관계에서 봤을 때는 예링의 사상에 동의하지 못했을 것 같은데, 왜 그랬을까요?

조국　두 번째 질문부터 답변하겠습니다. 그 러시아 황태자가 '계몽군주'적 사고를 가지고 있지 않았을까 싶습니다. 황태자가 공화국을 꿈꾸었을 리는 없었겠죠.(웃음)
첫 번째 질문에 대해서는 강의에서 조금 언급을 했습니다. 현대 사회에서 한중일 동북아 3국과 서양을 비교하면, 동북아 3

국이 소송을 자제 또는 억제하는 경향이 있다고 확인됩니다. 그런데 그 이유를 민족적 성향이나 관습만으로 보기는 어렵습니다. 소송을 쉽게 제기할 수 있는 법이나 제도가 제대로 구비되어 있지 않은 측면도 있습니다.

한국 사람들이 소송을 즐긴다고는 생각하지 않습니다. 그렇지만 동양의 국가들이 다 같을 것이라고 판단하거나 동양 전체와 서양 전체를 비교하는 것은 '일반화의 오류'를 범할 수 있습니다. 강의에서도 말씀드렸지만, 한국 사람들은 조선시대부터 소송을 적극적으로 제기했습니다.

청중 2 현실에서는 자기 권리를 위해 투쟁하는 개인이 상당한 비용을 감수해야 하고 그 과정에서 상처를 입습니다. 한번 해보니까 힘들어서 다시는 하지 말아야겠다는 말을 하기도 합니다. 콜하스처럼 투쟁하기는 쉽지 않습니다.(웃음) 그런 사람들이 용기 내어 싸울 수 있도록 국가나 사회에서 토대를 만드는 방법은 없을까요?

조국 어느 누가 콜하스처럼 투쟁하는 것이 쉽겠습니까. 두 가지를 말씀드릴 수 있습니다. 먼저 제도를 바꾸기 위해서 정치인들에게 로비하거나 압박을 가하는 운동이 가능합니다.

이는 특별한 위험이 수반되지 않습니다. 다음으로 침해된 권리를 구제하는 투쟁 중에서 낮은 단계부터 시작하면 어떨까합니다. 예를 들어 '소비자운동'이 있습니다. 소비자의 권리가 침해된 경우에 여러 절차에 따라 권리를 구제할 수 있습니다. 살고 있는 지역에서 환경 문제가 발생한 경우에는 주민들과 함께 '집단소송'을 하는 것도 필요합니다. 고통과 부담을 나누면서 연대해 나간다면 성과가 있을 것입니다.

청중 3 처음 투쟁이라는 말을 들었을 때 거리에서의 투쟁을 떠올렸는데, 예링의 투쟁은 소송을 통한 투쟁을 말하는 것이더군요. 그러면 결국은 변호사에게 이익을 주고, 변호사들이 좋아할 일만 시켜주는 게 아닌가 하는 생각이 듭니다.

조국 물론 변호사들에게 이익이 갑니다.(웃음) 앞의 질문에서 답변했듯이 소송 외에도 권리를 위한 투쟁은 여러 가지 형태가 있습니다. 그리고 변호사의 수익과 관련해 짚고 넘어갈 점이 있습니다. 과거에 비해서 초봉이 많이 낮아졌지만 여전히 변호사는 괜찮은 수입이 가능한 직업입니다. 그렇지만 소송을 통해 얻는 이익을 생각하면 변호사 수임료는 그리 높은 수준이 아닙니다. 사건이 없어서 파산하는 변호사도 있고요.

권리주장자와 변호사가 모두 '윈윈'하는 것이 '권리를 위한 투쟁'의 결과라고 생각합니다. 물론 변호사 수임료를 부담할 수 없는 사람들을 위한 '법률부조扶助' 제도는 대폭 강화되어야 한다고 생각합니다. 현재 법률구조공단의 활동이 더 확대될 필요가 있습니다.

청중 4 제 생각으로는 《권리를 위한 투쟁》이 '근대적 주체적 인간'을 강조하는 것 같습니다. 예링은 개인적 차원에서의 권리 주장을 강조하고 있는데, 우리나라의 정치적 민주화 운동이나 촛불집회와 같은 시민들의 '직접 행동' 등에도 예링의 생각이 적용될 수 있는지 궁금합니다.

조국 말씀하신 부분에 관해서 예링이 어떤 직접적인 언급을 하고 있지는 않습니다. 그렇지만 인격적 침해로 이어지는 권리 침해에 대해서는 강력히 투쟁해야 한다는 예링의 주장이나 "새로운 법이 자신의 진입을 강행하기 위하여 치러야 할 투쟁"에 대한 예링의 평가 등을 보면 예링도 소송 외의 투쟁을 인정하지 않을까 추측해봅니다. 또는 그렇게 '해석'하고 싶습니다.(웃음)

2010년 7월 6일

Platon, *Apology* / *Criton*

아테네에서 민주정이 복구된 후
소크라테스가 배심재판에서 유죄평결과 사형선고를 받고 죽음에 이르기까지
소크라테스가 한 말을 제자 플라톤이 정리했다.
시민불복종의 효시인 소크라테스의 법사상을 확인할 수 있다.

소크라테스는
"악법도 법"이라고 말한 적이 없다

플라톤《소크라테스의 변명》·《크리톤》

여러분은 제가 죽음을 두려워한 나머지
불의에 굴복하는 일이 결코 없을 것이며,
불의에 굴복하기보다는 차라리 기꺼이 그 자리에서
죽음을 택할 것이라는 것을 아시게 될 것입니다.

—소크라테스 Socrates

오늘은 고대 그리스의 철학자 플라톤Platon(B.C. 427~B.C. 347)이 자신의 스승 소크라테스Socrates(B.C. 469~B.C. 399)의 재판과 죽음에 대해 쓴《소크라테스의 변명Apology》과《크리톤Criton》을 함께 보겠습니다.

소크라테스를 모르는 분은 아마 없을 것입니다. "너 자신을 알라"는 소크라테스가 한 말로 널리 알려져 있죠. 그런데 이 말은 소크라테스가 만든 말이 아니라 당시 그리스 델피의 아폴론 신전에 새겨져 있던 경구警句라고 합니다. 소크라테스가 한 유명한 말로는 "내가 아는 것은 내가 아무것도 모른다는 사실이다", "무지를 아는 것이 곧 앎의 시작이다" 등이 있습니다. 나 자신의 무지를 인식하고 내가 무엇을 해야 하는지 알아야 한다는 말은 시대를 떠나 울림이 있습니다.

소크라테스의 아버지는 조각가였고, 어머니는 산파로 알려져 있습니다. 지금 시점에서는 조각가나 산파가 별것 아닌 직업일 수 있지만 고대 그리스 시점에서 보면 전문 직업이

소크라테스와 크산티페
Otto van Veen, 1607년

었다고 할 수 있습니다. 아테네에 남아 있는 소크라테스의 좌상을 보면, 그는 대머리에 뭉툭한 코, 불룩 나온 배를 가진 추남이었습니다. 당시 아테네에서는 그의 외모에 대한 조롱이 많았죠. 부인 크산티페Xanthippe는 성질이 고약한 '악처'의 대명사처럼 알려져 있습니다. 그러나 크산티페의 입장이 되면 '악처' 노릇을 하지 않을 수 없었을 것입니다.(웃음) 소크라테스는 돈을 벌어오지도 않았고, 제자들이 있었지만 무료로 가르쳤습니다. 두 사람 사이에 세 아들이 있었는데 누가 부양의 책임을 졌을지 짐작이 갑니다.

소크라테스가 살았던 아테네는 민주정 국가였지만, 그

는 스파르타와 같은 나라가 더 나은 체제라고 생각했습니다. 그의 제자 플라톤은 《국가론》에서 '철인哲人정치'를 주창했는데 그 뿌리는 바로 소크라테스였어요. 몽테스키외의 《법의 정신》과 루소의 《사회계약론》을 강의하면서 고대 그리스 민주주의는 '추첨민주주의'였고, 루소와 몽테스키외는 이에 동의하고 있었다고 말씀드렸습니다. 그러나 소크라테스와 플라톤은 민주정에 대해서 어리석고 난폭한 인민이 끌고 가는 '중우衆愚정치' 또는 '폭민暴民정치'라고 비판했습니다. 참고로 플라톤의 제자 아리스토텔레스는 특정 정치 체제가 우월하다고는 보지 않았고 민주정 체제의 의미를 완전히 부정하지도 않았습니다.

플라톤의 입장에서 보면, 스승에게 사형을 선고한 배심원들에 대해 극도의 분노와 증오심을 가졌을 것입니다. 미리 말씀드리는데 저는 소크라테스를 '위험인물'로 보고 사형을 선고한 당시 배심평결에 전혀 동의하지 않지만, 동시에 '엘리트 과두寡頭정치'를 선호한 소크라테스나 플라톤의 사상에도 동의하지 않습니다.

《소크라테스의 변명》과 《크리톤》은 소크라테스가 70세 또는 71세에 재판을 받고 죽는 과정을 지켜본 28세 또는 29세의 플라톤이 스승의 이야기를 쓴 책입니다. '변명辨明'이라고 번역되어 있지만, 재판에서 소크라테스가 한 말을 정리한 것이기에 현대 용어로는 '변론辯論'이 더 낫지 않나 싶습니다. 법정에 선 피고인으로서 스스로를 변호한 것입니다.

'크리톤'은 소크라테스의 동갑내기 죽마고우의 이름입니다. 재산도 있는 사람이었기에 소크라테스의 후원자 역할을 하지 않았을까 추측합니다. 소크라테스에게 유죄평결이 내려지고 사형이 선고되자 크리톤은 소크라테스를 찾아가 탈출하라고 권유합니다. 그러나 소크라테스는 이를 거절하고 독배를 마시죠. 《크리톤》은 소크라테스와 크리톤 사이의 대화를 플라톤이 기록한 것입니다.

독재정권의 몰락과 기소되는 소크라테스

소크라테스에 대한 기소와 재판의 정치적 배경을 간략히 살펴보겠습니다. 소크라테스의 조국인 아테네는 펠로폰네소스 전쟁(B.C. 431~B.C. 404)에서 스파르타에게 패합니다. 영화 〈300〉을 보면 스파르타 전사들이 멋있게 나오지만, 스파르타는 왕이 다스리는 전형적인 '병영兵營국가'입니다. 아테네의 패전 원인을 제공한 사람은 알키비아데스Alcibiades로, 펠로폰네소스 전쟁 초기에는 스파르타를 상대로 강경론을 펼치지만, 스파르타로 망명해 아테네를 치는 데 앞장섭니다. 그리고 다시 스파르타에서 쫓겨나 페르시아로 망명합니다. 카멜레온 같은 정치적

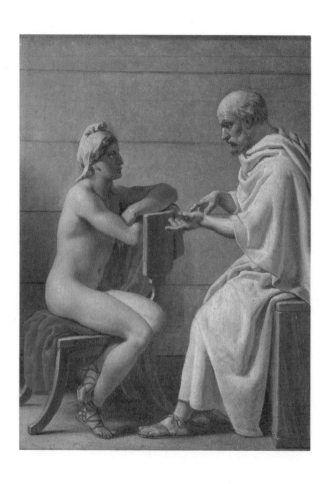

소크라테스와 알키비아데스
Christoffer Wilhelm Eckersberg, 1813~1816년

변신에 능했던 사람입니다.

그런데 알키비아데스는 소크라테스의 애제자였습니다. 그는 당시 아테네에서 미남으로 유명했습니다. 플라톤의《향연》을 보면, 알키비아데스가 소크라테스를 얼마나 찬양하고 연모하고 질투했는지 잘 묘사되어 있습니다. 상당수 학자들은 소크라테스와 알키비아데스가 동성애 관계였을 것이라고 보고 있습니다. 1813~1816년 사이 크리스토페르 빌헬름 에케르스베르Christoffer Wilhelm Eckersberg라는 덴마크 화가가 두 사람의 모습을 그렸습니다. 묘한 느낌을 줍니다. 당시 아테네에서는 스승과 제자 사이에 동성애 관계가 많았고 이는 도덕적으로 비난받는 행위가 아니었습니다.

패전 후 아테네에는 친親스파르타 정권인 '30인 참주僭主 정권Thirty Tyrants'이 들어서고, 이들은 피의 숙청을 전개하며 공포 정치를 펼칩니다. 아테네 인구의 5퍼센트를 죽였다고 하죠. 그런데 이 정권의 지도자 크리티아스Critias도 소크라테스의 제자였습니다. 크리티아스는 '30인 참주정권'이 피의 숙청을 벌일 때 소크라테스를 안전하게 보호해줍니다.

이후 트라시불로스Thrasybulus가 이끄는 민주정 세력이 '30인 참주정권'을 타도하고 민주정을 복구시킵니다. 소크라테스가 아테네 민주정을 조롱하고 스파르타를 더 나은 체제라고 주장했다고 앞에서 말씀드렸죠? 뭔가 스산한 느낌이 옵니다.(웃음) 바로 이 트라시불로스 정권에서 소크라테스에 대한 기소와 재판이 이루어집니다. 이러한 정치적 배경은 우리 사회에 거의 알려지지 않았죠.

세 사람이 소크라테스를 고소합니다. 시인 대표 멜레토스, 정치가와 예술인 대표 아뉘토스, 변론가 대표 뤼콘입니다. 고소 이유는 다음과 같습니다.

> "소크라테스는 범죄자이다. 하늘 위의 일과 지하의 일을 탐구하고, 이치에 닿지도 않는 약한 이론을 억지로 주장하며, 또 그러한 것을 다른 사람들에게 가르치고 있다."[1]

> "소크라테스는 청년들을 부패시키고, 국가가 믿고 받드는 신들을 따르지 않고 자신의 다른 새로운 신들을 믿고 받들고 있다."[2]

현재의 법률용어로 말하면, 이것이 '공소사실'입니다. 지금 같으면 이런 추상적이고 모호한 혐의로는 기소 자체가 안 됩니다. 그러나 고대 아테네에서는 기소가 가능했습니다. 그리고 앞에서 보았듯이, 트라시불로스 정권의 시각에서 그리고 보통의 아테네 시민의 입장에서 소크라테스는 '반역자들의 스승'으로 인식되었을 것입니다. 고소인 중 한 명인 아뉘토스는 '30인 참주정권'을 타도하고 민주정을 복구하기 위해 노력한 정치인이었습니다.

　　법정 변론에서 소크라테스는 멜레토스, 아뉘토스 등 고소인들이 몇몇 사람을 소크라테스의 제자라고 부르고 있음을 언급하면서, "저는 어느 누구의 스승이 된 적이 없습니다"[3]라고 항변하고 있습니다.

　　친스파르타 '30인 참주정권'을 무너뜨리고 민주정을 복구한 정치세력 입장에서는 민주정에 반대하는 소크라테스의 사상적 입장이 마음에 들지 않았을 것입니다. 소크라테스는 그의 반민주정 친스파르타 성향의 '제자'들과 달리 정치 활동을 하지는 않았습니다. 재판에서도 그는 "만일 제가 정치에 관여했다면 저는 이미 오래전에 죽었을 것"[4]이라고 항변합니다.

　　그러나 복구된 민주정 입장에서는 소크라테스의 사상이 다시 민주정을 전복하는 밑거름이 되지 않을까 우려했을 것입니다. 조선시대 당쟁을 보면, 관직을 맡은 반대파를 죽이는 것을 넘어 그 반대파의 학문적 스승까지 죽이지 않습니까. 또한 패전의 여파와 '30인 참주정권'의 공포정치로 인한 정치·사회적 위기, 이에 따른 대중의 불만을 무마시키기 위해서라도 희생양이 필요했을 것입니다.

소크라테스가 고소를 당하자 500명의 배심원으로 이루어진 배심재판에서 소크라테스의 유무죄를 검토합니다. 소크라테스는 스스로 자신을 변호하죠. 민주정에 대해 비판적인 정치적 입장과는 별도로 그의 변론은 명문 중의 명문으로 평가받으며 시대와 공간을 막론하고 읽히고 있습니다.

악법도 법이다?

소크라테스가 사형선고를 받고 순순히 독배를 마셨다는 것을 부각시키면서 소크라테스가 "악법도 법이다"라고 말했다는 주장이 한국 사회에 널리 퍼져 있습니다. 교과서에 실리기도 했고, 많은 학술논문이나 칼럼에도 인용되었죠. 특히 권위주의 정권에서 이러한 허구의 이야기를 강조했습니다. 국민들이 각종 '반민주악법'에 대해 비판하고 개폐를 요구하면 정부와 지배집단은 "소크라테스도 '악법도 법'이라고 말하지 않았나. 악법이라 하더라도 지켜야 한다"라고 강변했습니다.

우리 사회의 학문적 두께가 얇은 상태에서 이러한 주장에 대한 학문적 반박은 제대로 이루어지지 못했습니다. "악법도 법이다"라는 해석에 대해 '뭔가 아닌 거 같은데……' 하면서도《소크라테스의 변명》을 읽어볼 수 없었기에 제대로 반박하지 못하는 상태였습니다. 1990년대 초중반 권창은, 강정인, 이정호 교수 등의 연구가 나오면서 상황이 변화되기 시작했습니다.[*] 권창은, 강정인 두 교수의 논문은 2005년 고려대학교출판부에서 《소크라테스는 악법도 법이라고 말하지 않았다》라는 제목으로 묶여 재출간되었습니다. 이 주제에 관심 있는 분이라면 이 책을 읽어보시길 권합니다.

　　결론부터 말씀드리겠습니다. 소크라테스는 "악법도 법이다"라고 말한 적이 없습니다. 이제부터 플라톤이 전하는 소크라테스의 육성을 통해 이를 확인하겠습니다.

죽음을 불사한 소신

먼저 유죄가 인정되면 사형이 선고될 수 있다는 우려에 대해 이렇게 말합니다.

　　제가 신(神)의 명령에 의해 배치된 저의 위치―신이 저에

---

[*]　　강정인, 《소크라테스, 악법도 법인가?》, 문학과지성사, 1994.
　　권창은, 〈소크라테스와 악법〉, 《철학연구》 제33집, 1993.
　　권창은, 〈소크라테스에 있어서의 정의와 준법〉, 《철학연구》 제35집, 1994.
　　이정호, 〈소크라테스는 악법도 법이라고 말한 적이 없다〉, 《시대와 철학》 제6권 제2호, 1995.

게 제 자신과 다른 사람들을 자세히 살핌으로써 지혜를 사랑하는 자(Philosopher)로서의 사명을 완수하라는 명령을 내렸다고 생각하고 있으며 그렇게 믿고 있습니다—를 죽음이나 다른 어떤 것을 두려워하여 떠나 버린다면 그러한 행위는 참으로 기이한 행위일 것입니다. (…) 저는 악으로 알고 있는 일은 피하되 선일지도 모르는 일은 결코 두려워하거나 피하지 않을 것입니다.[5]

애초부터 소크라테스는 자신의 사상과 소신을 지키기 위해 죽음을 각오했던 것입니다. 그리고 500명의 배심원에게 이렇게 말합니다.

"저는 여러분보다는 신(神)을 따르겠습니다. 제 목숨이 붙어 있는 한, 그리고 제가 할 수 있는 한 지혜를 사랑하고 추구하는 일을 결코 중지하지 않을 것입니다. (…) 제가 그렇게 하는 것은 제가 신에게서 받은 사명이기 때문입니다. (…) 설사 제가 여러 번 죽임을 당하게 되더라도 저는 제가 하고 있는 일이 아닌 일은 결코 하지 않을 것입니다." (…) 여러분은 **제가 죽음을 두려워한 나머지 불의에 굴복하는 일이 결코 없을 것이며, 불의에 굴복하기보다는 차라리 기꺼**

이 그 자리에서 죽음을 택할 것이라는 것을 아시게 될 것입니다.[6]

소크라테스는 배심원보다는 신을 따르겠다고 선언합니다. 여기에 "악법도 법이다"라는 메시지가 들어 있나요? 소크라테스가 말한 "지혜를 사랑하고 추구하는 일"은 바로 사람들을 만나서 자신의 사상을 전파하고 설득하고 토론하는 일을 말합니다. 그 일을 했다고 기소가 되었는데, 여러 번 죽임을 당하더라도 끝까지 계속하겠다고 선언해버립니다. "죽일 테면 죽여라!"라고 말하는 것처럼 느껴집니다. 그리고 그는 멜레토스와 아뉘토스 등 자신을 고소한 사람들을 강하게 비판합니다.

그들은 저를 죽게 할 수도 있고 추방할 수도 있으며, 시민권을 박탈할 수도 있을 것입니다. (…) 오히려 그가 지금 하고 있는 일, 즉 다른 사람의 생명을 부당한 방법으로 빼앗으려는 것이야말로 커다란 악이라고 생각합니다.[7]

소크라테스는 민주정에 비판적인 사상을 갖고 있었고 일부 제자가 '30인 참주정권'에 참여해 공포정치를 펼치기도

《변명》시작 부분

했지만, 정치 활동에 전혀 참여하지 않은 자신을 죽이려 하는
것은 도저히 수용할 수 없었던 것입니다.

지식인의 임무

소크라테스는 그러면서 배심원들을 향해 강한 경고의 직격탄
을 날립니다.

> 여러분, 만일 여러분이 나를 죽이신다면, 그것은 저를 해치
> 는 것이라기보다는 여러분 자신을 해치는 것이 될 것입니
> 다. (…) 여러분 중에는 지금 이렇게 변명하고 있는 것이 제

자신을 위한 것이라고 생각하는 사람이 있을지 모르겠습니다만, 사실은 여러분을 위한 것입니다.[8]

배심원이 자신의 유무죄를 결정하고 사형을 선고할 가능성이 높은 상황에서 바로 그 배심원들에게 "나를 죽이는 것은 당신들을 해치는 일이다"라고 말한 것입니다. 만용蠻勇이었을까요? 소크라테스의 이러한 경고에는 철학적 근거가 있었습니다. 그는 여기에서 그 유명한 '등에' 비유를 합니다.

저는 신(神)에 의해 이 나라에 보내진 등에와 같은 사람입니다. 비유컨대 이 나라는 혈통이 좋고 몸집이 크기는 하지만 몸집이 크기 때문에 동작이 둔하여 깨어나기 위해서는 등에를 필요로 하는 그런 말[馬]이며, 저는 신에 의해 그 말에 붙어 있는 등에입니다. 즉 저로 하여금 언제 어디서든 여러분 곁에 달라붙어 있어 여러분을 일깨우고 설득하고 꾸짖게 하기 위해 신이 저를 이 나라에 보낸 것이라고 생각합니다.[9]

'등에'는 외관상 벌처럼 생겼지만 파리목目에 속하는 곤충입니다. 동물의 몸에 붙어 피를 빨아먹고 삽니다. '아테네'라는 몸집이 크고 둔한 '말'에게 경고하고 비판하는 역할을 강조한 것입니다. 아테네가 안이해지지 않도록 계속 자극하는 역할을 강조한 것이죠. 지식인의 임무, 철학자의 사명을 말한 것입니다.

당시의 아테네에서든 현재의 대한민국에서든 지배집단 또는 다수파로서는 자신들의 '무지'를 폭로하고 비판하는 사람을 좋아할 리 없습니다. 짜증이 나고 밉겠죠. 입을 틀어막고 싶고 심지어 죽이고 싶겠죠. 비판적 지식인·철학자를 없애면 나라가 조용해져서 당장은 좋을지 모르나 나라와 시민에게는 해가 됩니다. 그래서 소크라테스는 자신을 죽이는 것이 배심원들 자신을 해치는 행위, 즉 '자해 행위'가 될 것이라고 경고한 것입니다.

저주에 가까운 예언

소크라테스의 변론을 듣고 배심원들은 유죄평결을 내립니다. 표결 결과는 280 대 220으로 60표 차이였습니다. 배심원의 56퍼센트는 유죄, 44퍼센트는 무죄를 선택한 것입니다. 여기서 30표만 더 무죄로 판단했다면 250 대 250이 되어 처벌이 불가능했겠죠. 아테네 민주주의의 한계였습니다. 저는 '30인 참주정권'이 벌인 폭정의 여파가 소크라테스에 대한 유죄평결에 영향을 미쳤다고 봅니다. 현재도 그렇지만 재판은 단지 법리로만 결론이 나지 않고 여론의 영향을 받기 때문입니다. 우리 사회에서 검찰이 재판 개시 전이나 진행 중에 피고인에게 불리한 자극적 정보를 언론에 흘리는 이유도 다 이것 때문이죠. 유죄평결이 난 뒤 소크라테스는 "그런 결과가 나오리라고 짐작하고 있었다"[10] 라고 담담하게 말합니다.

　유죄평결이 내려졌으니 이제 남은 것은 형벌의 종류였습니다. 멜레토스는 사형을 요구했습니다. 그러나 소크라테스는 자신이 받아야 할 것은 '형벌'이 아니라 '보상'이라고 반박합니다.

> 제가 받아야 할 것은 형벌이 아니라 보상이어야 할 것이며, 그 보상은 저에게 적합한 것, 즉 선한 것이어야 할 것입니다. (…) 제 자신이 받아야 할 형벌을 정의롭고 올바르게 제안해야 한다면 저는 프뤼타네이온에서 식사 대접을 받는 것이라고 말할 것입니다.[11]

'프뤼타네이온'은 외국 사절이나 자국에 공훈을 세운 사람을 환대하는 건물입니다. 귀한 식사 대접을 받아야 한다는 것이죠. 대단한 배짱 아닙니까.(웃음)

소크라테스는 구류형도 추방형도 받지 못하겠다고 말합니다. 그러면서 벌금을 내라면 내겠지만 자신에게 돈이 없으므로 '은銀 1므나'를 벌금으로 내겠다고 합니다. 그런데 플라톤, 크리톤 등이 30므나로 올리라고 설득하자 30므나는 내겠다고 말합니다.[12] '므나'는 그리스의 화폐 단위입니다. 1므나는 노동자의 100일 치 임금에 해당했다고 합니다. 그러니 30므나는 상당히 큰돈이죠. 플라톤, 크리톤 등은 소크라테스가 진심으로 걱정이 되었던 것입니다.

그러나 배심원은 소크라테스에게 사형을 선고합니다. 찬성이 360표, 반대가 140표였습니다. 요즘 말로 '괘씸죄'가 작동한 게 아닌가 싶습니다. 소크라테스가 유죄평결이 난 뒤에도 전혀 머리를 숙이지 않았으니까요. 현대 한국 사회에서도 형사변호인들은 피고인에게 절대 법관의 심기를 건드리는 언동을 하지 말라고 주의를 줍니다.(웃음)

사형선고가 나오자 소크라테스는 자신이 패소한 이유에 대해 "설득 논리가 부족했기 때문이 아니라 뻔뻔스러움이나 몰염치함이 부족하여 여러분이 듣고 싶어 하는 말을 하지 않았기 때문"[13]이라고 말합니다. 그는 이미 사형선고를 예상하고 있었습니다.

플라톤의 두상 사본
Silanion ca. B.C. 370년경

제가 저의 방식대로 변명한 데 대하여 지금도 후회하지 않습니다. 저는 다른 사람들과 같은 비굴한 태도를 취함으로써 살아남기보다는 저의 방법을 선택함으로써 죽는 편이 훨씬 낫다고 생각합니다.[14]

저는 이 문구를 읽으면서 떠오른 사람이 있습니다. 1974년 박정희 정권에 반대하며 투쟁하다가 '민청학련 사건'으로 구속되어 재판을 받던 대학생 김병곤(당시 서울대 경제학과 4학년)은 군사법정에서 사형선고가 내려지자 당당히 외쳤습니다.

"영광입니다. 저는 유신 치하에서 생명을 잃고 삶의 길을 빼앗긴 민중들에게 줄 것이 아무것도 없어 걱정하던 차에 이 젊음을 기꺼이 바칠 수 있는 기회를 주시니 고마운 마음 이를 데 없습니다. 고맙습니다."

김병곤의 이 발언은 자신에게 선고를 내린 재판부에 바치는 감사는 아니었습니다. 오히려 '민청학련 사건'과 재판을 주시하던 국민들께 바치는 헌사였습니다. 김병곤은 민주화운동을 계속하다가 중병에 걸려 38세의 젊은 나이로 세상을 떠납니다.

소크라테스는 유죄에 투표한 배심원들을 향해 저주에 가까운 예언을 합니다.

여러분은 얼마 지나지 않아 (…) 악명을 얻게 될 것이며, 현자인 소크라테스를 죽였다는 비난을 받게 될 것입니다. 왜냐하면 설사 제가 현자가 아니라고 할지라도 그들이 여러분을 비난하고자 할 때에는 그들은 저를 현자라고 부를 것이기 때문입니다. (…) 여러분은 제가 죽은 후 곧 여러분이 제게 가한 형벌보다도 훨씬 가혹한 형벌을 받게 될 것입니다. (…) 여러분을 비난하는 사람들이 지금보다 훨씬 많아질 것이기 때문입니다.[15]

소크라테스는 구두변론에서 자신에게 유죄로 투표한 배심원들을 절대로 '재판관'이라 부르지 않았습니다. 무죄 편에 선 배심원들만 '재판관'이라고 불렀습니다. 무죄 선고를 내린 배심원들에게 "여러분이야말로 재판관이라고 부르기에 합당한 분들"[16]이라고 칭찬했습니다. 그리고 유명한 마지막 말을 남깁니다.

이제 떠나야 할 시간이 되었습니다.
우리는 각자 우리의 길을 가야 합니다.
저는 죽음으로, 여러분은 삶으로,
어느 쪽이 좋은지는 신만이 알고 계십니다.[17]

순교자의 마지막 진술을 떠올리게 하지 않습니까. 소크라테스는 사형이 예상되는 재판에서 목숨을 걸고 자신의 신조를 지켰으며 배심원들의 무지를 꾸짖었습니다. 그가 "악법도 법이다"라는 생각을 했다고 볼 수 있는 내용은 전혀 없습니다.

"악으로 보복해서는 안 된다"

이제 《크리톤》으로 넘어가겠습니다. 앞서 말씀드렸듯이 크리톤은 소크라테스의 동갑내기 절친입니다. 소크라테스의 마지막 순간까지 같이한 사람이죠. 플라톤의《파이돈Phaidon》끝부분을 보면, 크리톤은 사망한 소크라테스의 눈을 감겨주고 입을 다물게 해줍니다. 프랑스 화가 자크 루이 다비드Jacques-Louis David(1748~1825)의 〈소크라테스의 죽음〉이라는 작품을 보면, 소크라테스가 독약을 마시고 죽기 직전에 제자와 동료들에게 자신의 생각을 전하고 있습니다. 소크라테스의 무릎을 잡고 앉아 있는 사람이 크리톤으로 보입니다.

크리톤은 사형선고를 받고 감옥에 갇힌 소크라테스를 찾아가서 탈출하라고 강하게 권유합니다. 탈옥에 드는 비용도 다 부담할 것이고, 도피처(그리스 중북부의 테살리아)도 준비되어 있다고 말합니다. 소크라테스는 크리톤의 제안을 거절하면서 이렇게 말합니다.

> 우리는 **어떤 경우에도 불의를 행하여서는 안 되는 걸세**.
> (⋯) 우리가 억울한 일을 당하더라도 우리는 대다수 사람들처럼 **악으로 보복을 해서는 안 되네**. 어떤 경우에도 악을 행해서는 안 되니까 말일세. (⋯) 우리가 남으로부터 어떤 해악을 당하더라도 우리는 그것을 악으로 갚아서도 안 되고 피해를 입혀서도 안 되네.[18]

〈소크라테스의 죽음〉

Jacques-Louis David, 1787년

배심원이 오판을 통해 소크라테스에게 불의를 행했다고 하더라도, 탈옥 역시 불의이므로 자신이 불의를 범할 수 없다는 것입니다. 또한 자신이 탈옥을 한다면 절대 해를 끼쳐서는 안 될 사람들에게 해를 끼치게 되므로 탈옥할 수 없다는 것입니다. 소크라테스는 자신이 탈출해버리면 아테네의 국법國法이나 국가가 던질 것으로 예상되는 가상질문을 제시합니다.

> 자네는 그때에 사형을 받아도 무방하다고 태연스럽게 말하면서 자네 스스로 국외 추방보다도 사형을 택하지 않았는가? 그런데 이제 자네는 그때 한 말을 잊어버리고 파렴치하게 탈출하여 국법을 파괴하려 하는 것이 아닌가.[19]

자신이 공개재판에서 했던 말을 바꿀 수는 없다는 것입니다. 평생 '말'로 산 철학자가 자신의 '말'을 정반대로 바꾸는 일은 죽음보다 싫었던 것입니다. 소크라테스는 오직 '이성'만을 따라 행동하겠다는 소신을 굽힐 생각이 없었습니다.

> 본래 어느 누구의 말에도 따르지 않고 언제나 내 이성이 옳다고 판단하는 것만을 따르는 것이 나의 방식일세. 그러니 내가 지금 이런 처지에 놓여 있다고 해서 나의 원칙을 어길

수야 없지 않은가.[20]

소크라테스의 선택은 예수의 선택과도 연결됩니다. 예수가 감히 야훼(구약성경에 나오는, 이스라엘 민족의 유일신)의 아들이라고 주장하니 유대인 제사장들은 분노하게 됩니다. 예수는 로마법에 따라 유죄판결이 나고 사형선고가 내려지면서 골고다 언덕에서 십자가에 못 박힙니다. 예수는 다른 선택을 할 수 있었을 것입니다. 예루살렘을 떠나 다른 나라로 도주해서 선교를 하는 선택 말입니다. 그러나 그는 그 선택을 하지 않았습니다. 대신 사형선고를 받아들였죠.

조국의 명령이라면

그런데 《소크라테스의 변명》과 달리 소크라테스가 "악법도 법이다"라고 말했다고 해석할 만한 가상질문이 《크리톤》에 나옵니다.

소크라테스, 말해보게. 자네는 무슨 짓을 하려는가? 자네는 우리를 전복시키려는 것이 아닌가? 자네는 한 나라에서 일단 내려진 판결이 아무 효력도 거두지 못하고 한 개인의 임의대로 무효가 되고 파괴될 경우, 그 나라가 전복되지 않고 존속할 수 있다고 생각하는가?[21]

자네는 이 나라에서 태어나고 양육되었으며 교육을 받았는데 (…) 자네는 조국이나 국법에 대하여 이처럼 거역해도 옳단 말인가? 그리고 우리가 자네를 처형하는 것이 옳다고 생각했기 때문에 자네를 처형하려고 할 경우, 자네도 국법과 조국을 죽이려고 하는 것이 옳다고 생각하는가? (…) 자네는 **조국의 명령이 어떤 것이든 그것을 따라야 하네**. 조국이 자네에게 견디라고 명령을 내린다면 매질을 하거나 옥에 가두거나 자네는 참고 견디어야 하네.[22]

권창은, 강정인 두 교수의 책《소크라테스는 악법도 법이라고 말하지 않았다》를 보면, 서구 철학계에서도《크리톤》과《소크라테스의 변명》사이의 긴장 또는 모순이 존재한다고 보는 해석이 있습니다. 민권운동이 일어난 1960년대 미국 사회에서도 이 점을 둘러싼 정치적 논쟁이 벌어졌습니다.

이러한 학문적인 논쟁은 1960년대 미국 정치에서 정부 당국과 운동권 사이에서 시민불복종 운동의 정당성을 놓고 상반된 입장을 옹호하기 위해 소크라테스를 서로 달리 인

《크리톤》 시작 부분

용함으로써 더욱 가열되었다. 1960년대 미국에서 흑인들
의 민권운동과 학생들을 중심으로 한 베트남전쟁에 대한
반전운동이 시민불복종 운동의 형태로 공권력에 저항하여
법률을 의도적이고 공공연하게 위반했을 때, 정부와 운동
권은 시민의 복종 의무를 놓고 각기 다르게 소크라테스를
인용했다. 질서를 수호해야 하는 정부 당국과 이에 동조하
는 학자들은 《크리톤》의 소크라테스를 예로 들면서 시민
의 법규 준수 의무를 강조했고, 운동권 인사들은 자신들의
행위를 정당화하기 위해 《변명》의 소크라테스를 시민불복
종의 선구적인 인물로 내세우면서 자신들의 법령 불복종

행위를 정당화하고자 했던 것이다.[23]

소크라테스의 사상이 시대와 공감을 넘어 재활용되고 있는 것입니다. 이 점에 대해 상세히 알기 위해서는 두 교수의 책을 참조하시길 바랍니다.

《변명》과 《크리톤》을 같이 봐야 하는 이유

저는 《소크라테스의 변명》과 《크리톤》을 같이 봐야 한다고 생각합니다. 소크라테스는 한 사람이거든요. 두 책은 소크라테스가 기소되어 재판받고 감옥에서 사형 집행을 기다리던 시기에 그가 했던 발언들을 정리한 것입니다. 소크라테스가 이중 인격자나 정신분열증 환자가 아니라면 한편으로는 "악법에 저항하라"라고 말하고, 다른 한편으로는 "악법을 준수하라"라고 말할 리가 없지 않습니까? 따라서 양자를 어떻게 결합해서 이해할 것인지가 중요합니다.

《소크라테스의 변명》에서 드러난 소크라테스의 사상은 분명합니다. 그러면 《크리톤》에서 소크라테스가 던진 가상질문을 어떻게 이해해야 할까요? 소크라테스가 준수하려고 한 '국법'의 의미는 무엇일까요? 강의 초반에 소개한 소크라테스 연구자들의 입장을 살펴보겠습니다.

고 권창은 교수의 말을 먼저 보겠습니다.

소크라테스는 재판의 판결의 효력을 수호하는 문제의 법을 전혀 악법이라고 여기지 않았음이 분명해진다. 그와는 정반대로 소크라테스는 이 법을 사법제도, 법질서 일반, 나아가 그가 부모보다도 더 존귀한 것으로 여겼던 그가 사랑하는 조국이라는 문명사회를 지탱해주는 지킬 가치가 있는 기본법으로 존중했다. (⋯) 소크라테스가 생각하는 지켜야 할 법이란 **정의와 일치하거나 이로부터 크게 일탈하지 않는 법**이라는 점을 간과해서는 안 된다. 따라서 소크라테스의 준법정신을 '악법도 법'이라는 식으로까지 표현하여 강조하는 것은 아무래도 지나친 일이다.[24]

강정인 교수도 지적합니다.

현재 남한에서 널리 유포되고 있는, 소크라테스가 '악법도 법이다'라고 '직접' 말했다는 인용은 원전상의 근거가 전혀 없는 '전설' 또는 '낭설'에 불과한 셈이다. (⋯)《변명》에서 소크라테스가 아테네 시민들에게 상기시킨 바 있는 과거 자신의 법령 불복종 행위와 법정에서 철학 포기 조건부 석방을 미리 공개적으로 거부한 사실을 전적으로 무시한 해석론이며 (…) 자신에게 내려진 판결만이 우연히 부정의한 것이었을 뿐, 자신은 아테네의 법률에 관한 한 어떠한 하자도 발견하지 못했으며, 그 법률을 운용하고 있는 아테네 정치질서 일반에 관해서도 아무런 불만을 가지고 있지 않다는 점이었다.[25]

이정호 교수는 이렇게 말합니다.

크리톤편에서 소크라테스가 자기의 대화상대로서 설정하고 있는 이른바 국법이라는 것이 오늘날 실정법 차원에서의 법률로서가 아니라 **아테네 도시국가 공동체의 의미**로 사용되고 있음은 의심의 여지가 없다. (…) 보다 근본적으로는 아테네는 오늘날과 같은 실정법적 개념이 아직 확립되지 않은 사회였다는 점이다. (…) 소크라테스가 무조건 복종하려고 한 것은 자신에 대한 판결의 정당성이 아니라 **아테네 도시공동체로서의 국법과 법률 일반의 구속성이 갖는 정당성**이다. 그리고 이 국법과 법률 일반의 구속성을 규정하는 법률은 결코 악법이 아니다. (…) 소크라테스는 악법을 말하지도 않았고 악법에 의해 죽음을 당한 것도 아니

며 다만 그의 사형선고는 재판관들의 어리석음에 기인한 그릇된 판결에 기인한 것이다.[26]

제 방식으로 요약해보겠습니다. (1) 고대 그리스에는 현재와 같은 실정법 개념이 없었다, (2) 《크리톤》에서 소크라테스가 준수하려 한 '국법'은 아테네 도시국가 공동체와 법률 일반을 뜻하며 소크라테스는 이를 존중했다, (3) 소크라테스는 이 '국법'에 따른 재판 절차 역시 존중했다, (4) 그러나 자신에게 내려진 배심원들의 평결은 불의이며 승복할 수 없다고 항의했다.

이 네 가지 사이에 모순은 없습니다. 소크라테스는 아테네라는 정치공동체와 그 절차를 소중하게 생각했고 이는 반드시 존중되어야 한다고 생각했습니다. 자신에 대한 유죄평결과 사형선고는 '국법'을 잘못 운영한 사람의 탓이라고 본 것입니다. 자신의 죽음에 대해 "법률의 희생물로서가 아니라 인간의 희생물로서 순결하게 죽는 것"[27]이라고 말한 이유가 바로 이것입니다.

우리나라의 상황에 대입해보면 어떻게 될까요? 제가 풀어서 설명해보겠습니다. 군사독재 정권에 단호히 반대하며 목숨을 걸고 투쟁한 사람이 유죄판결을 받고 나서 "나는 이 나라를 사랑하며 헌법을 존중한다"라고 말했다고 합시다. 그러면 "악법도 법이다"라고 말한 게 되는 걸까요? 또는 "나는 천민賤民자본주의를 인정할 수 없다. 이 모순과 싸워야 한다"라고 말한 사람이 "그렇지만 나는 애국자다"라고 말하면 모순인가요?(웃음)

소크라테스가 "악법도 법이다"라고 말했다고 정리한 원조는 누구일까요? 김주일 박사는 일본 법철학자 오다카 도모오尾高朝雄였다고 밝혔습니다.[28] 오다카 도모오는 1930년 경성제국대학 교수를 지내다가 해방 후 일본으로 돌아가 도쿄대 교수로 재직했습니다. 이 사람이 1937년 《법철학》이라는 책에서 소크라테스의 법사상을 "악법도 법이다"로 요약했습니다. 그런데 이 사람의 제자들이 한국 법학계의 중심인물이 되었고, 그 결과로 이와 같은 잘못된 정리가 한국에서 '통설'적 지위를 차지하게 된 것입니다.

소크라테스의 사상을 "악법도 법이다"로 요약하는 오류는 2000년대 초 대한민국에서 비로소 공식적으로 수정됩니다. 2002년 11월 국가인권위원회는 초·중·고등학교 교과서에 이런 내용이 담겨 있는 것은 인권침해를 정당화할 가능성이 있다며 수정을 권고했고, 교육부가 이를 받아들입니다. 2004년 11월 헌법재판소도 동일한 권고를 했습니다.

'실질적 법치주의'와 적법절차가 강조되는 오늘날의 헌법 체계에서는 준법이란 정당한 법, 정당한 법집행을 전제로 한다. 이 사례를 준법정신과 연결시키는 것은 적절치 않다. 과거 권위주의정권 때는 헌법을 여러 가지 법 중 하나로 대접했고 '국민의 기본권'을 공동체를 위해 양보해야 할 대상으로 취급했다. 이 때문에 교육이 권위주의 정권을 정당화하는 수단으로 전락하면서 준법정신이 잘못 기술되고 강조됐다.

시민불복종 사상의 효시

소크라테스가 "악법도 법이니 무조건 준수하라"라고 말하지 않은 것도 사실이지만, 그가 "불의한 방법으로 나를 죽이는 체제를 타도하라"라고 말하지 않은 것도 사실입니다. 그는 혁명론자는 아니었습니다. 3장 《통치론》 강의에서 살펴보았던 로크의 '저항권' 사상, 그 선구가 된 토마스 아퀴나스나 요하네스 알투지우스 등의 '폭군방벌론'은 소크라테스의 사상이 아니었습니다. 이 점에서 저는 소크라테스가 다음 강의에서 볼 '시민불복종civil disobedience' 사상의 효시라고 생각합니다. 물론 소크라테스의 철학사상은 '시민불복종' 이상의 것을 포함하고 있습니다.

지금까지 소크라테스의 재판과 최후에 대한 플라톤의 두 저작을 중심으로 소크라테스의 법사상을 정리해봤습니다. 두 저작에서 "악법도 법이다"는 소크라테스의 사상이 아님을 확인했고, 다수자에 맞서는 철학자 또는 지식인의 사명 또는 운명이 무엇인지 알 수 있었습니다. 또한 민주 정체에서의 다수결이라고 하더라도 어떤 치명적인 문제를 낳을 수 있는지 돌아보게 됩니다. 물론 소크라테스를 사형에 처한 배심재판에는 문제가 있었지만 이런 절차 없이 왕, 영주, 귀족이 유죄를 결정하고 처벌했던 동시대 다른 나라와 비교하면 아테네 민주정의 위대함은 여전합니다. 이상과 같이 소크라테스의 재판과 이에 대응하면서 표출된 그의 사상은 시대와 공간을 넘어 여전히 심각한 고민거리를 던져줍니다. 바로 이 점에 두 저작이 '고전'인 이유가 있습니다.

청중과의 대화

청중1   소크라테스의 죽음은 당시 대중이 우매했기 때문인가요? 대중의 의식은 진화 혹은 변화해왔는지요?

조국   당연히 대중의 의식은 계속 진보해왔습니다. B.C. 399년과 21세기의 지금을 비교하면 분명합니다. 그 사이에 우여곡절은 있었지만요. 당시 아테네 시민들이 우매했는가를 질문하셨습니다. 60표 차이였지만 유죄 쪽에 280표가 나왔으니 시민들이 우매했다는 평가가 가능합니다. 그러나 220명은 무죄라고 판단했습니다. 그래서 소크라테스도 무죄를 선택한 220명의 배심원에게 큰 감사와 칭찬의 뜻을 밝힙니다.

소크라테스 재판은 아테네 민주정의 한계를 보여주었습니다. 그렇지만 참주정이나 절대군주제에서 이뤄진 재판보다는 나은 재판이었다고 생각합니다. 배심재판과 변론, 투표라는 절차 자체가 없었을 테니까요. 제가 아는 한에서는 당시 시점을 기준으로 볼 때 이러한 절차를 갖춘 나라는 세상에 없었을 것입니다. 한참 후인 중세 유럽이나 동양의 경우도 이런 절차를 갖춘 나라는 드물었어요.

이것과는 별도로 소크라테스 재판은 민주정에서도 잘못된 결정이 내려질 수 있음을 보여주는 사례입니다. 선출된 대표에 의한 민주정, 또는 추첨에 의해 구성된 대표자(배심원 포함)의 지배만으로는 불충분하다는 것입니다. 조금 어려운 현대 정치학 용어를 가져오자면, '숙의熟議민주주의deliberative democracy'가 필요합니다. '대중민주주의'의 한계를 극복하려면 충분한 정보 제공과 의사소통, 토론이 이루어져야 한다는 것입니다.

청중2 만약 현대 시민 500명이 소크라테스의 유무죄를 판결한다면 어떤 결과가 나왔을까요?

조국 현대 한국 사회에서 같은 일이 벌어진다면 어땠을까 추측하는 질문에 일도양단 식으로 답을 드리기는 어렵습니다. 먼저 소크라테스의 행위는 현대 민주주의 사회에서 범죄가 아니므로 기소가 이루어질 수 없는 사건입니다. 기소되었다면 무죄판결이 났을 것입니다. 그렇지만 현대 한국 사회에서도 피고인이 소크라테스와 유사한 상황에 처하는 경우는 발생합니다. 정치적·사회적·문화적 측면에서 한국 사회 다수자의 증오를 받는 대상자이고, 그(또는 집단)를 향해 정부, 언론, 검찰이 합심해 총력으로 낙인을 찍으며 전면적·파상적 공격을 하는 상황이라면, 어떤 일이 벌어질까요? 현대 사회에서도 '마녀사냥'은 벌어질 수 있습니다. 고 노무현 대통령의 비극이 어떠한 과정을 통해 초래되었는지 생각해보시면 좋겠습니다. 당시 이인규 대검 중수부장은 권양숙 여사가 고가의 시계 2개를 논두렁에 버렸다는 SBS의 '논두렁 시계 보도' 배후에 국가정보원이 있었다고 밝힌 바 있습니다. 지금은 다들 추모하고 존경한다고 말하지만, 당시 보수는 물론 진보 인사들과 언론도 노 대통령을 공격하느라 여념이 없었습니다. 경향신문은 〈시계나 찾으러 가자!〉라는 칼럼을 실었습니다.

청중 3 《소크라테스의 변명》과 《크리톤》은 플라톤이 쓴 저서입니다. 저자의 시각이 들어가지 않을 수가 없습니다. 플라톤의 《국가》를 보면, 플라톤은 아테네식 민주정이 아니라 스파르타식 엘리트주의 정치를 옹호하는 주장을 펼친 것으로 알고 있습니다. 왜 그랬을까요?

조국 먼저 밝힐 것은 저는 플라톤 전문가가 아닙니다.(웃음)

제가 아는 범위에서만 말씀드리겠습니다. 플라톤에게 대중은 이성적 판단을 하기보다 감정에 휘둘리는 존재였고, 민주정은 이런 대중이 참여해서 과도한 권리를 요구하는 체제였습니다. 대중은 진정으로 공동체를 생각하는 지도자보다 선동가에게 휘둘리기 때문에 나라가 엉망이 된다고 생각했습니다. 그래서 '철인'만이 통치자가 되어야 한다고 판단했죠. 스승인 소크라테스가 배심재판을 통해 죽게 되는 비극도 그에게 영향을 주었을 것입니다. 또 추락해가는 아테네의 위상과 정파 갈등이 끊임없이 벌어지는 정치 현실에도 환멸을 느꼈을 것 같습니다.

2016년 8월 10일

Sophocles,
Antigone, B.C. 441

Henry David Thoreau,
On the Duty of Civil Disobedience, 1849 /*A Plea for Captain John Brown*, 1859

《안티고네》는 '인간의 법', '왕의 법'보다 '신의 법',
'신의 정의'가 우월함을 드러낸 고대 그리스 소포클레스의 희곡이다.
《시민불복종》과 《존 브라운을 위한 청원》은 불의의 법에 대한
불복종을 강조하고 노예제를 유지하는
악마적 권력에 대한 무장투쟁을 옹호한 19세기 미국인 소로의 대표작이다.

법에 대한 존경심 vs 정의에 대한 존경심

소포클레스 《안티고네》
헨리 데이비드 소로 《시민불복종》·《존 브라운을 위한 청원》

저는 인간인 당신의 명령이,
신들의 변함없는 불문율에 우선할 만큼
강하다고는 생각하지 않습니다.

一소포클레스 Sophocles

법에 대한 존경심보다는
정의에 대한 존경심을 함양하는 것이 바람직하다.

一헨리 데이비드 소로 Henry David Thoreau

'법고전 산책' 아홉 번째 강의입니다. 지난 강의에서 소크라테스의 법사상을 살펴보았는데, 이번에는 소크라테스 이전에 태어나 활동한 아테네의 정치인이자 극작가 소포클레스 Sophocles(B.C. 496~B.C. 406)의 《안티고네Antigone》를 다룹니다. 그리고 19세기 미국 사회를 살았던 헨리 데이비드 소로Henry David Thoreau(1817~1862)의 《시민불복종On the Duty of Civil Disobedience》과 《존 브라운을 위한 청원A Plea for Captain John Brown》을 강의합니다.* 시대와 장소가 전혀 다른 두 사람의 책을 왜 묶어서 강의하는지 의아해하는 분들도 계실 것입니다. 이 점에 대해서는 뒤에서 천천히 설명하겠습니다.

　《안티고네》는 그리스 3대 비극 중 하나인데, 왜 '법고전'

---

*　2016년 강의에서는 시간 제약이 있어 소포클레스와 소로의 법사상을 소크라테스의 법사상과 함께 다루었지만, 이 책에서는 분리하여 배치했다. 당시 소포클레스와 소로에 대해서는 청중들의 질문이 없었기에 이 책 9장에는 '청중과의 대화'가 없다.

푸시킨 박물관에 있는
소포클레스의 흉상
ⓒ shakko, wikimedia commons

강의에서 다루는지 역시 궁금하실 것 같습니다. 결론부터 말
씀드리면,《안티고네》에는 중요한 법사상이 들어 있습니다.

소포클레스가 누구인지부터 살펴보겠습니다.《안티고
네》외에도 우리에게 잘 알려진 고대 그리스 비극《오이디푸
스 왕Oedipus the King》의 저자이기도 합니다. 소포클레스는 부유
한 집안에서 태어나 좋은 교육을 받고 자랐습니다. 그가 활동
한 시기는 아테네가 정치·문화 등 여러 측면에서 전성기를 구
가할 때였습니다. 역사학자들은 페리클레스Pericles(B.C. 495~B.C.
429)가 아테네를 이끌던 시대를 '황금시대'라고 부릅니다. 전
사자들을 위한 페리클레스의 연설이 매우 유명하니 관심 있는

분들은 찾아보시기 바랍니다.

소포클레스는 극작가이자 배우로 활동합니다. 아테네에서 열린 희극 경연대회에서 상을 휩쓸었고, 수려한 용모를 가졌기에 배우로도 인기가 높았습니다. 석상을 보면, 얼굴에 균형미가 있고 윤곽이 뚜렷합니다. 소포클레스는 정치인으로도 활동합니다. 아테네의 재정을 책임지는 공직을 맡기도 했고, 사모스섬 반란을 진압하는 열 명의 장군 중 한 명으로 뽑혀 일하기도 했습니다. 소포클레스가 60대 중반이 되었을 때 스파르타와의 펠로폰네소스 전쟁(B.C. 431~B.C. 404)이 일어나고, 이때부터 아테네는 쇠락하기 시작합니다.

안티고네 vs 크레온 왕

《안티고네》의 내용에 대해 강의하기 전에 주인공 안티고네의 아버지 오이디푸스에 대한 이야기부터 시작하겠습니다. 오이디푸스는 테베의 왕자로 태어났으나 아버지를 죽일 아이라는 신탁神託에 따라 버려지고, 성인이 된 후 아버지인 줄 모르고 아버지 라이오스Laius를 살해합니다. 오이디푸스는 테베 사람들에게 수수께끼를 내서 풀지 못하면 잡아먹는 괴물 스핑크스(날개 달린 암사자의 몸에 인간 여성의 머리가 달린 괴물)를 죽이고 테베의 왕이 되는데, 어머니인 줄 모르고 테베의 여왕 이오카스테 Iocaste와 결혼합니다. 나중에 이 모든 사실을 알게 되자 자기 눈을 찔러 장님이 되었고, 각지를 떠돌다가 죽음을 맞습니다. 유명한 비극이죠. '오이디푸스 콤플렉스'도 여기서 나왔고요. 안티고네는 바로 이 오이디푸스와 이오카스테 사이에서 태어난 딸입니다. 안티고네는 아버지 오이디푸스가 유랑을 할 때 동행하며 마지막까지 그를 돌봅니다.

《안티고네》는 오이디푸스가 죽고 난 후의 이야기입니다. 안티고네에게는 두 명의 오빠가 있었습니다. 큰오빠는 폴리네이케스Polyneices, 작은오빠는 에테오클레스Eteocles인데 아버지 오이디푸스가 유랑하는 동안 두 사람은 왕권을 두고 다툽니다. 축출된 폴리네이케스는 아르고스로 가서 군대를 이끌고 테베를 침공하다가 죽고, 에테오클레스는 이 침공을 막다가 죽습니다. 새롭게 왕이 된 크레온Creon은 이오카스테의 동생, 즉 안티고네 세 남매의 외삼촌입니다. 《안티고네》는 크레온 왕과 안티고네 사이의 대립을 그린 희곡입니다.

크레온 왕은 명령을 내립니다. 에테오클레스는 애국자이므로 고귀한 자의 죽음에 합당한 명예로운 장례를 치러주지만, 폴리네이케스는 반역자이므로 들판에 방치해서 어느 누구도 시체를 묻거나 애도해서는 안 되고 이를 어기는 자는 누구든 사람들이 보는 앞에서 돌로 쳐 죽일 것이라는 내용입니다.

당시 그리스인들은 매장하지 않은 시신의 영혼은 명계冥界(사람이 죽은 뒤에 간다는 영혼의 세계)에서 휴식을 취할 수 없다고 믿었습니다.

하지만 안티고네는 이 명령을 지키지 않고, 여동생 이스메네Ismene에게 큰오빠 폴리네이케스의 시신을 묻으려는 계획을 도와달라고 합니다. 이스메네는 놀라서 말합니다.

이제 우리 둘만 남았어. 만약 크레온 왕의 명령을 어기고 그가 금하는 일을 하게 된다면, 끔찍한 죽음을 면치 못하게 될 게 분명해. 언니, 우린 한낱 여자의 몸이고, 남자들과 대항해 싸우기엔 역부족이야. 우린 강한 권력 앞에 어쩔 수가 없어. 매장을 금하는 **왕의 명령과 법, 아니 이보다 더 나쁜 경우라고 해도 복종하지 않을 도리가 없어**.[1]

그러자 안티고네는 말합니다.

이스메네, 강요하진 않겠어. 더 이상 도와 달라고 하지 않겠어. (…) 너 좋을 대로 행동해. 하지만 불쌍한 오빠를 꼭 묻어줄 거야. 이로 인해 죽는다고 해도 절대로 후회하지 않을 거야. (…) 넌 마치 **인간의 법**만을 생각하고 **신의 법**은 아랑곳하지 않는 사람 같구나. (…) 내가 해야 할 일을 알고 있어. **인간으로서 마땅히 해야 할 일을 할 뿐이지.**[2]

인간의 법 vs 신의 법

'왕의 법', '인간의 법'과 '신의 법'의 대립이 드러납니다. 그리고 두 자매는 다른 입장을 보입니다. 안티고네는 나라의 반역자라 하더라도 신의 관점 또는 천륜天倫의 관점에서는 매장해 줘야 한다고 확신하며 나라의 법과 왕의 명령을 의도적으로 위반합니다. '신의 법'이 '인간의 법'보다 상위에 있다고 본 것입니다. 그리고 '여자의 몸'을 강조하는 이스메네와 달리 안티고네는 가장 강한 권력자 남성과 맞서 싸우겠다는 결기를 보입니다. 당시 그리스에서 여성은 남성과 동급의 존재가 아니었습니다. 나중에 크레온 왕이 안티고네와 이스메네를 체포했을 때 이스메네는 안티고네의 편에 서서 언니와 같이 죽겠다고 합니다.

안티고네는 크레온 왕의 명령을 어기고 들판에 버려진 폴리네이케스의 시신을 매장하고 의식을 치릅니다. 폴리네이케스의 시신이 매장되었다는 것을 보고받은 크레온 왕은 격분해 범인을 잡아 오라고 명령하고, 군인들은 안티고네를 잡아옵니다. 이 상황을 묘사한 그림이 있습니다. 프랑스 화가 세바

〈폴리네이케스의 장례를 치르는 안티고네〉
Sébastien Norblin, 1825년 ⓒ VladoubidoOo, wikimedia commons

스티앵 노르블랭 Sébastien Norblin의 작품입니다.

크레온 왕은 안티고네에게 자신의 명령을 알면서도 왜 어겼느냐고 묻습니다. 안티고네는 다음과 같이 말합니다. 매우 유명한 구절입니다.

> 당신 명은 신의 명령과는 다릅니다. 이 땅의 인간들을 다스리는 **신의 정의**는 당신의 명령이나 법과는 무관합니다. 저는 인간인 당신의 명령이, **신들의 변함없는 불문율**에 우선할 만큼 강하다고는 생각하지 않습니다. (…) 신의 불문율은 과거나 현재의 것이 아니라 항상 살아 숨 쉬는 영원한 법이지 않습니까? 인간의 뜻을 따르기 위해 신의 불문율을 범할 수는 없습니다. 당신 명에 따라, 아니 명령이 없이도 전 죽게 될 것이라는 걸 잘 알고 있습니다. (…) 이를 두고 바보 같은 행동이라고 당신 마음대로 생각하셔도 좋습니다. 하지만 날 어리석다고 보는 당신이 나보다 더 어리석은 이가 아닌지 생각해보세요.[3]

안티고네는 왕 앞에서 '왕의 명령'보다 '신의 명령'을 따르겠다고 선언합니다. 안티고네는 '인간의 법', '왕의 명령'이 '신의 법', '신의 명령'에 위배될 경우 후자를 따라야 한다고 확신했습니다. 그러면서 왕에게 '당신이 어리석은 사람'이라고 직격탄을 날립니다. 크레온은 안티고네를 동굴에 가두고, 음식을 주지 말라고 명령합니다. 자기 아들이자 안티고네의 약혼자인 하이몬Haemon이 구명을 호소했지만 소용없었습니다. 안티고네의 안타까운 운명에 동정하는 백성들의 소리를 들으라는 하이몬의 호소에 크레온 왕은 이렇게 말합니다.

> 법을 업신여기고 왕의 권위를 조롱하는 자를 난 결코 그냥 두지 않을 것이다. (…) **설사 정당한 일이 아니라 해도** 백성들이 순순히 복종하도록 해야 한다. (…) 불복종보다 더 치명적인 악은 없을 것이다. 불복종이야말로 나라를 파멸에 이르게 하고 (…) 안락한 삶은 규율과 법에 복종해야만 가능하다. 그러나 나는 국법을 준수해야 한다.[4]

크레온 왕은 '신의 정의', '신의 법', '신의 명령'을 언급하지 않습니다. 그에게는 자신이 통치하는 아테네의 법만이 법이기 때문입니다. "설사 정당한 일이 아니라 해도" 아테네의 법, 왕의 명령은 준수되어야 합니다. 이런 점에서 본다면, "악법도 법이다"라고 하는 사람은 소크라테스가 아니라 크레온 왕일 것입니다. 이런 그가 다음과 같이 반문하는 것은 필연적입니다.

> 법을 무시하는 자를 옹호하는 게 옳단 말이냐? (…) 그럼 안
> 티고네가 죄를 범하지 않았다는 말이냐?[5]

백성의 마음

안티고네의 항변에 비해 주목받지는 못했지만 하이몬의 항변
도 중요합니다. 하이몬은 아버지에게 순종의 뜻을 표하면서도
충언을 올립니다.

> 저는 아들로서 아버님을 지키기 위해 모든 사람들의 동정
> 을 살펴야 합니다. 전, 백성들이 무슨 행동을 하고 무슨 말
> 을 하는가를 알아야 하고, 그들의 불만이 뭔지를 알아야 합
> 니다. (…) 저는 사람들이 안 보이는 곳에서 수군대는 소리
> 를 들을 수 있습니다. 많은 사람들이 그녀의 불운한 운명을
> 동정하고 있으며, 아버님의 가혹한 처사에 대해 수군대고
> 있습니다. (…) 그녀의 행동은 죄가 되기는커녕 상을 받을
> 행동이라고 수군대고 있습니다. 이것들이 밖에서 들리는
> 소리입니다.[6]

여기서 안티고네가 강조하는 '신의 법'과 하이몬이 주목하는 '백성의 마음'이 만납니다. 하이몬은 아무리 왕이라고 하더라도 백성의 마음을 헤아려야 한다고 강조합니다. 그리고 "자신의 판단을 이성적 판단으로 여겨도 다른 사람의 이성적 판단에 자신의 판단을 굽힐 수 있죠"[7]라고 말합니다. 아버지인 왕의 이성이 일면적이고 편파적일 수 있음을 지적한 것입니다. 하이몬의 다음과 같은 말은 울림이 큽니다.

> 테베가 한 사람만의 나라는 아니질 않습니까? (⋯) 아버님은 백성 하나 없는 사막에서 왕 노릇을 하고 싶으십니까? (⋯) 왕의 권한으로 신의 권한을 짓밟을 순 없죠.[8]

"백성 하나 없는 사막"이라는 표현은 《순자》*의 "군자주야 서인자수야君者舟也 庶人者水也, 수즉재주 수즉복주水則載舟 水則覆舟", 즉 "왕은 배, 백성은 물이다. 물은 배를 띄우기도 하지만 배를 전복시키기도 한다"를 떠올리게 합니다. 크레온 왕은 아들의 고언을 받아들이지 않습니다. 하이몬이 아버지와 헤어져 동굴로 갔을 때 안티고네는 목매달아 죽어 있었습니다.

---

*   중국 전국 시대의 유학자인 순자가 지은 사상서.

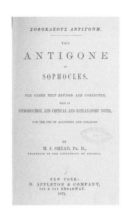

《안티고네》표지
New York: D. Appleton & company, 1871년

한편《안티고네》는 안티고네가 자살하기 전 듣는 코로 스Choros(테베의 원로들로 구성된 합창단)를 통해 당시 안티고네에 대한 비판적 여론도 소개합니다.

정의라는 큰 명분 아래 그대의 길 나아갔지만, 지나치게 대 담해 파멸에 이르고 말았구나. (…) 권력의 힘은 막강합니 다. 지나친 고집과 확신이 그대를 파멸로 몰아넣었소.[9]

현대 사회에서 어떤 사람이 안티고네 같은 행동을 했을 경우, 주변의 보통 사람들이 했을 법한 이야기입니다. 반대로 안티고네의 행동이 얼마나 도덕적이고 용감하였는지를 반증하는 비판이기도 합니다.

눈먼 예언자 테이레시아스Teiresias는 크레온 왕에게 '오만의 병'에 걸렸다고 비판합니다.[10] 눈이 보이지 않는 예언자도 볼 수 있는 것을 눈이 멀쩡한 왕은 보지 못한다는 것이죠. 크레온 왕은 예언자의 말에 반박하지만, 엄청난 비극이 들이닥칠 것이라는 경고를 듣고 그제서야 안티고네가 갇힌 동굴로 갑니다. 크레온 왕은 여기에서 하이몬을 만나는데, 하이몬은 크레온 왕을 칼로 찌르려다 실패하자 자신의 옆구리를 찌르고 안티고네를 안은 채 죽습니다. 이 사실을 들은 크레온 왕의 아내 에우리디케Eurydice는 가슴에 비수를 꽂고 자살합니다. 이 작품은 '신의 명령', '신의 법'을 무시하고 '왕의 명령', '인간의 법'을 강제했을 때 어떠한 비극이 일어나는지를 경고하고 있습니다.

《안티고네》는 현재까지 수천 년 동안 '인간의 법', '왕의 법'을 비판하고 항의하며 맞서온 사람들에게 심오한 영감을 주는 작품입니다. 고대 아테네의 인기 있는 희곡이었기에 소크라테스도 이 공연을 보고 영향을 받았을 것입니다. 소크라테스는 자신에게 사형이 내려질 것으로 예상되는 재판에서 배심원보다 "신神을 따르겠다"고 선언했죠.

법이 아닌 정의에 대한 존경

지금까지 살펴본 바에 따르면 안티고네는 가상의 인물이지만, 문헌상 확인되는 최초의 '시민불복종' 실천자라는 생각이 듭니다. "불복종보다 더 치명적인 악은 없을 것이다"라고 말하는 크레온 왕에 맞서 정면으로 '불복종'을 감행했으니까요.[11] 그렇다면 '시민불복종'이라는 현대적 개념을 최초로 제시한 헨리 데이비드 소로를 통해 이 개념을 더 자세히 알아보겠습니다.

소로는 미국 매사추세츠에서 태어나 하버드대학교를 졸업했으나 세속적 출세의 길을 거부하고 고향 콩코드로 돌아와 사색과 집필의 삶을 삽니다. 그는 독실한 청교도 신자이고 채식주의자이며 독신주의자였습니다. 술과 담배도 하지 않았습니다. 우리나라에는 숲속 은둔의 삶에 대해 쓴 작품《월든 Walden》(1854)으로 유명합니다. 제가 하버드대학교에 방문학자로 있을 때 소로를 생각하면서 이 월든 호수를 거닐어본 적이 있습니다.

1846년 소로가 하루 동안 감옥에 수감되는 일이 발생합니다. 소로는 미국 정부가 일으킨 멕시코·미국 전쟁(1846~1848)에 반대하고 노예제 폐지를 신조로 갖고 있었기에 6년 동안 인두세人頭稅* 납부를 거부했습니다. 바로 이 때문에 수감되는데, 지인 또는 친척이 소로 몰래 세금을 납부하여 석방됩니다.

이 작은 사건을 계기로 소로는 1849년 《시민불복종》을 집필·발표합니다. 처음 제목은 《시민 정부에 대한 저항Resistance to Civil Government》이었습니다. 심오하고 난해한 철학 이론 책이 아니라 에세이 수준의 글입니다. 그러나 인도의 마하트마 간디 Mohandas Karamchand Gandhi(1869~1948), 미국의 마틴 루서 킹 목사 등 수많은 후대 사람에게 큰 영감을 줍니다. 양이 많지 않으니 전문을 다 읽어보시길 권합니다. 먼저 소로는 이렇게 말합니다.

> 우리는 먼저 사람이 되고, 그다음에 국민이 되어야 한다고 생각한다. **법에 대한 존경심보다는 정의에 대한 존경심을 함양하는 것이 바람직하다.** (…) 오히려 착했던 사람들도 법을 존중하기 때문에 나날이 불의의 하수인들로 변해가고 있다.[12]

번역서는 'subject'를 '국민'이라고 했는데, 제 생각에는 '신민'(군주국에서의 관원과 백성)이 정확한 번역입니다. 우리는 특정 국가에서의 지배 받는 자 이전에 인간이며, 신민으로서의

---

*   납세 능력의 차이를 고려하지 않고 각 개인에게 일률적으로 매기는 세금.

헨리 데이비드 소로
Benjamin D. Maxham, 1856년

의무 이전에 인간으로서의 권리가 있다는 것입니다. 그리고 실정 법률보다 상위에 있는 정의가 중요하다는 것입니다. 불의한 실정법이 있을 수 있으니까요. 그러면서 질문을 던집니다.

여기 불의의 법들이 존재한다. 우리는 그 법을 준수하는 것으로 만족할 것인가, 아니면 그 법을 고치려고 노력하면서, 그것이 성공할 때까지 준수할 것인가, 그렇지 않으면 당장 그 법을 어겨버릴 것인가?[13]

"악법도 법이다"라고 주장하는 사람들이 답해야 할 질

문이죠? 소로는 두 가지 경우로 나눕니다. 첫 번째는 "불의가 정부라는 기계의 필수 불가결한 마찰의 일부분"인 경우입니다. 이 경우는 "그냥 내버려두라"라고 말합니다. 이런 경우는 기계가 닳아서 망가질 것으로 보기 때문입니다. 두 번째는 "그 것(불의)의 속성이 당신이 남에게 불의를 행하는 하수인이 되라고 강요"하는 경우입니다.[14] 이에 대해 소로는 "법을 어기라", "당신의 생명을 던져 그 기계를 멈추는 역(逆)마찰이 되게 하라"라고 분명히 말합니다.[15] 소로는 "불의를 행사하는 하수인"이 되는 예로 노예제를 지지하는 정부에 대한 지원을 언급합니다. 그러면서 이를 당장 철회해야 한다고 주장합니다.

> 악을 고치기 위해 주 정부가 마련한 방법을 받아들이자는 얘기가 있는데, 나는 그런 방법을 알지 못한다. (…) 나는 서슴없이 말하지만, 자칭 노예 폐지론자라는 사람들은 인적으로나 물적으로나 매사추세츠주 **정부에 대한 지지를 당장 전면 철회**해야 한다. (…) 단 한 명의 정직한 사람만이라도 노예를 소유하지 않고 실지로 그 공범자들 집단에서 탈퇴한다면, 그 때문에 형무소에 갇힌다면, 미국에서 노예제도가 폐지될 것이다. (…) 부당하게 사람을 잡아 가두는 정부 밑에서 의로운 사람이 진정으로 있을 곳은 감옥뿐이다.[16]

주변 사람이 어떤 생각을 하고 있는지 고려하지 말고, 자신의 정치적·도덕적 신념에 따라 즉각 행동하라는 것입니다. 투표권을 행사해서 불의의 정부를 바꿀 때까지 기다리지 말고, 불의의 정부에 대한 지지를 중지하라는 것입니다. 감옥에 갈 각오를 하면서 말입니다.

그 예로 소로는 자신이 행했던 납세 거부를 거론합니다. 1000명이 세금을 내지 않으면 "평화적인 혁명"이 가능하다고 강조합니다.[17] "평화적인 혁명", 여기에 '시민불복종'의 핵심이 있습니다. 물론 소로가 투표를 무시하라고 한 것은 아닙니다. 그는 선거의 중요성을 잘 알고 있었습니다.

> **당신의 온몸으로 투표하라**, 단지 종잇조각 하나가 아니라 당신의 모든 역량을 던져라. 소수가 다수에게 고개를 숙일 때 가장 무력하다. (…) 그렇지만 혼신을 다해 막을 때는 거역할 수 없는 힘을 갖게 된다.[18]

노예제 폐지를 위한 무장투쟁

소로가 쓴 말년의 저작 《존 브라운을 위한 청원》의 내용을 살펴보겠습니다. 이 저술은 《월든》, 《시민불복종》과 달리 우리나라에는 거의 알려지지 않았습니다. 내용을 보면 그 이유를 알 수 있을 것입니다.

존 브라운-John Brown(1800~1859)이라는 문제의 인물이 있었습니다. 브라운은 미국 육군 대령으로 전역했으며 독실한 청교도 신자에 열렬한 노예제 폐지론자였습니다. 그는 평화적 방법으로는 노예제가 폐지될 수 없다고 판단했습니다. 노예제 폐지를 위해서는 폭력적 무장투쟁이 필요하다며 이를 실천에 옮깁니다. 사진을 보면 브라운의 눈매가 참 날카롭습니다.

1859년 브라운과 추종자들은 버지니아주 하퍼스 페리 Harpers Ferry의 연방군 조병창을 습격합니다. 병기를 만드는 공장에서 무기를 탈취해 남부의 노예들을 무장시키는 것이 습격의 목적이었습니다. 당시 브라운은 노예제 폐지를 포함하는 버지니아주 헌법 초안을 준비해놓고 있었습니다. 이 습격 이전에도 브라운은 캔자스주에서 전직 노예 사냥꾼 등 노예제를 지지하는 주민을 살해하는 사건에 관여한 적이 있습니다. 하퍼스 페리 습격 과정에 12명의 브라운 추종자들이 죽고, 미 해병대원 한 명이 죽습니다. 습격 개시 36시간 만에 브라운과 그 추종자들은 체포됩니다. 진압 책임자는 로버트 리Robert Edward Lee 장군이었습니다. 그는 남북전쟁American Civil War(1861~1865)에서 남부 연합군 총사령관이 됩니다.

반역죄로 기소된 브라운에게 1859년 11월 2일 유죄평

존 브라운
Martin M. Lawrence, 1895년

결이 내려집니다.《레 미제라블Les Misérables》의 작가 빅토르 위고 Victor-Marie Hugo, 소로의 정신적 스승이었던 시인 랠프 월도 에머슨Ralph Waldo Emerson 등이 브라운을 옹호하는 글을 쓰며 사면 운동을 벌이지만, 브라운은 1859년 12월 2일 교수형에 처해집니다. 브라운은 미국 역사에서 반역죄로 처형된 최초의 인물입니다. 브라운은 한편으로는 광적인 테러리스트로, 다른 한편으로는 노예제 폐지의 영웅으로 평가 받습니다.

남북전쟁 당시 북부 연방군은 그를 기리며〈존 브라운의 시체John Brown's Body〉라는 제목의 군가를 불렀습니다. 어떤 노래일지 궁금하실 텐데, 인터넷 등에서 찾아 들어보시면 '아하!

이 노래구나' 하실 것입니다. "영광, 영광, 할렐루야/영광, 영광, 할렐루야/영광, 영광, 할렐루야/그의 영혼은 계속 행진한다Glory, Glory, Hallelujah/Glory, Glory, Hallelujah/Glory, Glory, Hallelujah/His soul goes marching on"라는 가사도 많이 들어보셨을 것 같고요. 한글 번안곡이 우리나라에서도 많이 불려졌는데 원곡의 의미와 완전히 다른 노래로 인식되도록 번안되었습니다.

토머스 호벤든Thomas Hovenden(1840~1895)이라는 아일랜드계 미국인 화가가 그린 〈존 브라운의 마지막 순간The Last Moments of John Brown〉이라는 작품이 있습니다. 사형 집행 직전에 브라운이 흑인 아기로부터 키스를 받고 있죠. 현재 미국 곳곳에 '존 브라운 박물관'이 있습니다.

존 브라운의 생애를 다룬 미국 드라마로 〈더 굿 로드 버드The Good Lord Bird〉(2020)가 있습니다. 에단 호크가 주연과 제작을 맡았죠. 메시지뿐만 아니라 오락성도 상당하니 시청해보시길 권합니다.

말년의 소로는 바로 이 문제의 인물 존 브라운을 적극 옹호했습니다. 《존 브라운을 위한 청원》은 브라운이 하퍼스 페리 조병창을 습격한 이후에 소로가 브라운을 지지한 연설문입니다. 우리나라에서 왜 소로의 이런 모습이 오랫동안 소개되지 않았는지 짐작이 가시죠?(웃음)

〈존 브라운의 마지막 순간〉
Thomas Hovenden, 1882~1884년

소로도 지적하고 있지만 당시 브라운에 대한 동정적인 언론 기사가 하나도 없었습니다.[19] 우리나라에서 존 브라운 같은 인물이 유사한 행동을 했다고 상상해보십시오. 어떠한 대의를 위해 폭력투쟁을 실행에 옮겼다고 하면, 어떤 여론이 형성되었을까요? "그 대의가 아무리 옳다고 해도 폭력은 안 된다", "어떤 이유로든 사람이 죽지 않았느냐" 등의 맹비난이 예상됩니다. 그런데 소로는 브라운에 대해 이렇게 말했습니다.

> 그는 정의롭지 못한 세속의 법을 인정하지 않고 하느님의 뜻에 따라 세속의 법에 저항했습니다.[20]

앞에서 본 안티고네의 논리와 동일하죠? 이어 소로는 브라운이라는 개인을 "최고의 미국인"이라고 평가합니다.

> 미국에서 그 어느 누구도 스스로를 어떤 정부와도 대등하게 맞서는 한 인간으로 규정하며 그토록 끈질기게 그리고 감동적으로 인간의 존엄성을 옹호한 사람은 없었습니다. 그런 의미에서 그는 우리 모두가 인정하는 최고의 미국인 이었습니다.[21]

소로는 노예제를 유지하는 정부에 대해서도 강하게 비판합니다.

우리 정부가 노예제도를 유지하고 노예해방론자들을 압살하는 것처럼 정부가 불의를 편들 때, 그것은 **야만적 권력** 혹은 더 나아가 **악마적 권력**임을 드러내는 것입니다. 그런 정부는 **불량배의 두목**입니다.[22]

그러면서 소로는 브라운의 행동을 옹호합니다.

인간은 노예들을 구하기 위해 폭력적 수단으로 노예 주인과 맞설 수 있는 합당한 권리를 가지고 있다는 것이 브라운 자신만의 원칙입니다. 나는 그의 생각에 동의합니다. (…) 나는 이번 사건에서만은 소총과 권총이 정의로운 목적으로 사용됐다고 생각합니다.[23]

소로는 비폭력적 '시민불복종'을 넘어서 노예제를 유지하는 정부에 대해 폭력으로 저항한 행위를 옹호했던 것입니다. 브라운의 이런 행동에 대한 소로의 옹호는 정치철학, 법철학의 측면에서 매우 어려운 질문을 던집니다. "체제 또는 정부를 타도하는 폭력혁명은 도덕적으로 허용되는가? 허용된다면 어떠한 조건에서 허용되는가?"라는 근본적 질문입니다.

그렇다면 가장 먼저 '불의不義'가 어느 정도인가를 판단해야 하는데, 이는 시민의 자유와 권리가 어느 정도 침해 또는 박탈되고 있는가를 봐야 합니다. 그리고 존재하는 법적 절차에 따라 문제 해결이 가능한가, 동원된 폭력이 필수 불가결한 것인가 등을 점검해야 합니다. 소로는 "야만적 권력" 또는 "악마적 권력"의 지배, "불량배의 두목"의 통치에 대해서는 폭력으로 저항할 수 있다고 생각했습니다.

시민불복종의 전개와 발전

'시민불복종'과 '혁명'은 다릅니다. 양자가 동시에 진행되기도 하고, 전자가 후자로 이어지기도 하지만 개념적으로는 다릅니다. '혁명'은 기존의 체제와 법질서를 강제력으로 무너뜨리는 것입니다. 무력이나 폭력이 사용되고 사람들이 목숨을 잃기 마련입니다. 인류 역사에서 벌어진 수많은 혁명과 무장투쟁을 생각해보시면 됩니다.

미국에서 대의를 위해 폭력투쟁의 정당성을 주장한 대표적인 인물로 존 브라운 외에 맬컴 엑스Malcolm X(1925~1965)가 있습니다. 그는 흑인인권운동을 주도하던 마틴 루서 킹의 비폭력주의를 비판하면서 방어를 위해 폭력을 행사하는 것은 정당하다고 주장했습니다.

남아프리카공화국 최초의 흑인 대통령 넬슨 만델라Nelson Rolihlahla Mandela(1918~2013)는 청년 시절 인종차별 체제를 타도하기 위해 무장조직 '국민의 창Spear of the Nation'을 결성하고 체제전복 투쟁을 전개했습니다. 27년 동안 감옥 생활을 하고 석방된 뒤에는 무장투쟁 노선을 버리고 선거를 통해 집권합니다.

일제강점기에 약산若山 김원봉(1898~1958)이 이끈 '의열단義烈團' 구성원들은 총과 폭탄으로 일본인들을 '살해'했습니다. 영화 〈암살〉(2015)에서 배우 조승우 씨가 "나 밀양 사람 김원봉이오"라고 말하며 카메오로 등장하죠. 영화 〈밀정〉(2016)에서는 배우 이병헌 씨가 분한 의열단장 '정채산'이 바로 김원봉을 모티브로 한 인물입니다. 김원봉은 일제가 제일 두려워했던 투사였지만 해방이 되고 나서 월북한 뒤 고위직을 맡는 바람에 남쪽에서는 독립유공자 훈장을 받지 못하고 있습니다.

백범白凡 김구(1876~1949)가 임시정부에서 일본 고위 인사와 친일파의 '살해'를 지휘했음은 익히 알고 있는 사실입니다. 윤봉길, 이봉창 등의 '의거義擧'를 모르는 사람은 없을 것입니다. 일본 제국주의 지배에 저항한 1919년 3·1운동도 혁명이고, 이승만 독재정권을 전복시킨 1960년 4·19도 혁명입니다.

Art. X. — RESISTANCE TO CIVIL GOVERNMENT.

I HEARTILY accept the motto, — "That government is best which governs least;" and I should like to see it acted up to more rapidly and systematically. Carried out, it finally amounts to this, which also I believe, — "That government is best which governs not at all;" and when men are prepared for it, that will be the kind of government which they will have. Government is at best but an expedient; but most governments are usually, and all governments are sometimes, inexpedient. The objections which have been brought against a standing army, and they are many and weighty, and deserve to prevail, may also at last be brought against a standing government. The standing army is only an arm of the standing government. The government itself, which is only the mode which the people have chosen to execute their will, is equally liable to be abused and perverted before the people can act through it. Witness the present Mexican war, the work of comparatively a few individuals using the standing government as their tool; for, in the outset, the people would not have consented to this measure.

This American government, — what is it but a tradition, though a recent one, endeavoring to transmit itself unimpair- ed to posterity, but each instant losing some of its integrity ? It has not the vitality and force of a single living man; for a single man can bend it to his will. It is a sort of wooden gun to the people themselves; and, if ever they should use it in earnest as a real one against each other, it will surely split. But it is not the less necessary for this; for the people must have some complicated machinery or other, and hear its din, to satisfy that idea of government which they have. Governments show thus how successfully men can be imposed on, even impose on themselves, for their own advantage. It is excellent, we must all allow; yet this government never of itself furthered any enterprise, but by the alacrity with which it got out of its way. *It* does not keep the country free. *It* does not settle the West. *It* does not educate. The

해방 후에는 권위주의 정권을 무너뜨리기 위해 한국의 민주화운동도 '혁명적 수단'을 동원했습니다. 화염병도 던지고 돌도 던지고 건물도 점거했습니다. 각종 '혁명이론'을 고안하고 논의했으며 '시민불복종'을 넘어 '저항권'을 행사했습니다. 1985년 김민석(당시 서울대 총학생회장) 등 서울 지역 대학생들이 1980년 5·18민주화운동 당시 광주에서 벌어진 민간인 학살에 대해 미국의 책임을 규탄하며 미국문화원을 점거했습니다. 1989년에는 정청래(당시 건국대 학생) 등이 주한 미국대사관저 담장을 넘어 들어가 현관을 부수고 거실을 점거한 후 농성을 합니다. 이 사건으로 유죄판결을 받은 김민석, 정청래 등은 이후 국내에서는 사면·복권되고 국회의원도 되었지만 그후로도 오랫동안 미국 방문 비자가 나오지 않았습니다. '테러리스트'로 분류되었기 때문이라고 합니다.(웃음)

혁명의 권리

소로는 '혁명권'에 대해 다음과 같이 말합니다.

> 사람은 누구나 혁명의 권리를 인정한다. 그것은 **정부의 폭정이나 무능이 극에 달해 견딜 수 없을 때** 거기에 충성하길 거부하고 저항하는 권리다.[24]

"극도의 폭정" 또는 "극도의 무능"을 보이는 정부에 대해서는 혁명권을 행사할 수 있다는 것입니다. 통상적으로 '시민불복종'은 혁명과는 다르게 인식됩니다. 불의한 체제, 법률, 재판 등에 대해서는 비판하고 반대하되 폭력적 수단을 사용하지 않으며, 법 위반으로 인한 처벌을 달게 받는 것으로 이해됩니다. 현대 정의론의 대가 존 롤스John Rawls(1921~2002)는 자신의 명저 《정의론A Theory of Justice》(1971)에서 '시민불복종'을 "법이나 정부의 정책에 변혁을 가져올 목적으로 행해지는, 공공적이고 비폭력적이며 양심적이긴 하지만 법에 반하는 정치적 행위"라로 정의했습니다.[25]

여기서 불허되는 '폭력'의 범위가 어디까지인지에 대해서는 논쟁이 있습니다. '폭력'의 범위에 따라서 허용되는 '시민불복종'의 범위가 달라집니다. 이는 상당히 복잡한 이론적 논쟁이므로 이번 강의에서는 생략하겠습니다. 다만 '혁명'은 '시민불복종' 다음으로 인정되는 '최후 수단'이라는 점만 짚고 넘어가겠습니다.

'시민불복종'의 대표적인 예를 살펴볼까요. 앞에서 이야기한 것처럼 소로는 납세를 거부했습니다. 마하트마 간디는 영국의 인도 식민 지배에 대항하는 비폭력 무저항 운동을 벌였습니다. 그가 이끈 '소금 행진Salt March/Dandi March'이 대표적인 운동입니다. 당시 영국이 제정한 '소금법'에 따르면 인도인은 소금을 직접 만들어 쓸 수 없었고 이를 어기면 처벌되었습니다. 인도인은 영국이 가공하고 세금을 매겨서 파는 소금만 살 수 있었습니다. 간디는 이에 저항하는 대중 행진을 조직했고, 390킬로미터를 걸어 단디Dandi 해안에 도착한 뒤 바닷물을 끓여 소금을 채취했습니다. 그리고 체포됩니다. 이후 '소금법'은 폐지됩니다.

로자 파크스Rosa Parks(1913~2005)는 미국 앨라배마주 몽고메리에서 흑백차별 버스 정책을 거부하는 운동을 전개합니다. 당시 버스의 앞쪽 네 줄은 백인 전용이었고, 흑인 등 유색인종은 그 뒤쪽에 앉아야 했습니다. 백인 칸이 다 차서 백인 승객이 서야 하면, 흑인 칸에 앉아 있던 흑인들은 자리에서 일어나 양보해야 했습니다. 1955년 12월 1일, 백화점에서 일을 마치고 버스에 탄 파크스는 백인 승객을 위해 자리를 비키라는 버스 운전사의 요구를 거부합니다. 그리고 체포되어 투옥됩니다. 파크스의 이 행동이 버스 보이코트 운동의 도화선이 되었습니다. 마틴 루서 킹도 이 운동을 적극 지지합니다.

소로, 간디, 파크스 등 양심에 따라 당시의 실정법을 위배하고 기꺼이 처벌받았던 이들의 모습에서 안티고네와 소크라테스의 모습을 발견할 수 있습니다. 마틴 루서 킹은 자서전에서 자신의 비폭력 운동이 소로의 '시민불복종'으로부터 강한 영향을 받았다고 말했습니다. 간디도 자신의 '비폭력 무저항' 운동이 소로의 '시민불복종' 사상에서 깊은 영향을 받았음을 여러 차례 밝혔습니다. 간디의 유명한 말을 소개합니다.

"악에 협조하지 않는 것은, 선에 협조하는 것만큼이나 중요한 의무다.""국가가 무법적이거나 부패해졌을 때 시민불복종은 신성한 의무가 된다."

'시민불복종' 사상을 우리나라 상황에 대입해서 설명해 보겠습니다. 대한민국이라는 정치공동체, 민주공화국에 대한 존중은 유지합니다. 그러나 자신의 양심, 사상, 신조에 비추어 도저히 따를 수 없는 법률과 판례가 있다면, 복종을 거부합니다. 그리고 그에 따른 처벌을 받습니다.

2000년 16대 총선을 앞두고 '총선시민연대'가 국회의원 후보들의 병역, 재산, 납세, 전과, 경력 등 신상공개운동을 펼쳤습니다. 그런데 당시 법률에 따르면 이러한 정보 공개는 불법이었습니다. 황당하죠?(웃음) 주권자가 자신의 대표를 뽑으려면 그 후보자에 관한 정보를 알아야 하는 것이 너무도 당연한데 말입니다. 현재는 다 공개할 수 있도록 법이 바뀌었지만 당시에는 불법이었으니 관련 정보를 공개한 시민운동단체 지도자들이 다 처벌을 받았습니다. 앞서 5장에서 말씀드린 '양심적 병역거부'도 일종의 '시민불복종' 범주에 넣을 수 있을 것입니다.

이제 강의를 마무리할 시간입니다. 독일 바이마르공화국 시절에 법무부 장관을 역임한 법철학자 구스타프 라드브루흐_Gustav Radbruch(1878~1949)는 히틀러의 지배를 겪고 난 뒤 〈법률적 불법과 초법률적 법〉(1946)이라는 유명한 논문에서 다음과 같은 '라드브루흐 공식_Radbruchsche Formel'을 제시합니다.

> 정의와 법적 안정성이 서로 충돌하는 경우 그 해결 방식은 다음과 같을 것이다: 제정되고 그 집행이 권력에 의해서 보장되는 실정법은 설령 그 내용이 부정의하고 비합리적이라고 하여도 (정의의 원칙보다는) 일단 우선권을 갖는다. 그러나 실정법이 참을 수 없을 정도로 정의에 위반하는 경우에는 '정당하지 못한 법'이 되며, 이때에는 이 실정법은 정의에 자리를 물려주어야 할 것이다. (…) 그런데 정의가 전혀 추구되지 않은 경우, 즉 실정법을 제정할 때 **정의의 핵심을 이루는 평등이 의도적으로 부정되고 침해되는 경우**에는 그 실정법은 단지 '정당하지 못한 법'조차도 못 되며 법으로서의 성질 자체를 갖고 있지 않다.

논문 제목에서 알 수 있듯이 나치의 지배는 "법률적 불법", 즉 법률의 외양을 가진 불법이었습니다. 그리고 이는 실정법 뒤에 있는 정의에 반하는 것이었습니다. 라드브루흐는 "법률은 법률이다"라는 법률실증주의 철학을 거부했습니다. 라드브루흐 공식은 나치의 지배 같은 "참을 수 없을 정도로 정의에 위반하는" 실정법, 정의를 전혀 추구하지 않는 실정법에 대해서는 '시민불복종'이 허용됨은 물론이고 그 체제에 대한 폭력적 저항도 허용됨을 시사하고 있습니다.

Immanuel Kant,
Zum ewigen Frieden, 1795

전쟁이 끊임없이 이어지는 시대에서 '영구 평화'를 위한
'예비조항' 여섯 가지와 '확정조항' 세 가지를 제시했다.
국제연맹, 국제연합의 설립과 그 역할의 사상적 기초를 마련했다.

전쟁 종식과 영구 평화의 길

임마누엘 칸트《영구 평화론》

어떠한 국가도 다른 국가의 체제와 통치에
폭력으로 간섭해서는 안 된다.

—임마누엘 칸트 Immanuel Kant

'법고전 산책'의 마지막 강의는 임마누엘 칸트Immanuel Kant(1724~ 1804)의 《영구 평화론(영원한 평화를 위하여)Zum ewigen Frieden》입니다. 철학 전공자가 아니더라도 칸트라는 이름은 들어보셨을 겁니다. 칸트는 철학, 도덕, 종교, 정치, 국가, 법 등 광범한 분야에서 거대한 족적을 남긴 사람이니까요. 칸트의 저작은 매우 낳고 또 어렵습니다. 《순수이성비판Kritik der reinen Vernunft》(1781), 《실천이성비판Kritik der praktischen Vernunft》(1788)이 제일 유명한데, 저부터도 제대로 이해하고 있지 못합니다.(웃음)

열 번째 강의의 마지막 고전으로 《영구 평화론》을 택한 이유는 칸트의 저작 중 가장 얇기 때문입니다. 농담입니다.(웃음) 이 책은 '영구 평화'를 실현하는 '국제법'의 원칙을 다루고 있습니다. 지금까지 다룬 법고전들이 모두 '국내법'에 대한 것이기에 '국제법'에 대해서도 다룰 필요가 있다고 판단했습니다.

특히 대한민국에서 한국전쟁이라는 동족상잔의 기억은 여전히 중요한 정치적 의미를 갖습니다. 국제법적으로 한반도는 1953년 체결된 '정전협정'에 따라 '정전' 상태 아닙니까? '평화협정'은커녕 당사국에 의한 '종전선언'도 이루어지지 못하고 있습니다. 요컨대 미국, 중국, 일본, 러시아 등 4대 강국의 힘겨루기 속에 한반도 평화를 확보하고 나라의 생존과 활로를 찾아나가야 하는 우리 현실에서 칸트의 국제법 사상을 살펴보는 것은 매우 중요한 의미가 있습니다.

'칸트' 하면 널리 알려진 일화가 있죠. 칸트는 늘 오후 3시 30분에 산책을 했는데, 그 시간이 얼마나 정확한지 동네 사람들이 그가 산책하는 시간을 보고 시계를 맞췄다고 합니다. 칸트는 산책뿐만 아니라 다른 일상에서도 철저하게 시간을 맞춰 관리했습니다. 병약한 몸으로 태어났기 때문에 규칙적인 생활로 건강을 유지하기 위해 노력했다고 합니다. 그는 154센티미터의 작은 키에 마른 몸을 갖고 있었습니다. 식사는 하루에 점심 한 끼만 잘 먹었다고 합니다. 일본 의사 나구모 요시노리南雲吉則가 주창한 '1일 1식'의 선구자일지도 모르겠습니다.(웃음) 칸트는 이러한 습관 덕분인지 당시 평균 수명보다 훨씬 오래 살았습니다. 80세까지 살았으니까요. 칸트의 《실천이성비판》에 유명한 구절이 있습니다.

"생각하면 할수록 점점 더 큰 경탄과 외경으로 내 마음을 채우는 것이 두 가지 있으니, 그것은 내 머리 위의 별이 빛

나는 하늘과 내 안의 도덕 법칙이다."

　　매우 엄격하고 도덕적인 인물이라는 느낌이 오죠? 그렇지만 이런 칸트도 와인은 좋아했습니다. 미셸 옹프레Michel Onfray가 쓴《철학자의 뱃속Le ventre des philosophes》에 따르면, 칸트는 프랑스 메도크 와인과 영국산 치즈를 좋아했다고 합니다.* 칸트는《판단력비판Kritik der Urteilskraft》(1790) 앞부분에서 '판단'에 대한 논의를 전개하며, "카나리Canary 와인은 좋다"라는 문장을 예로 듭니다. 스페인산 '카나리 와인'도 좋아했던 것 같죠?(웃음) 칸트는 임종을 앞두고 와인 한 잔을 청해 마시고는 "좋구나Es ist gut"라는 한마디를 남기고 숨을 거두었습니다.

　　칸트가 태어나서 평생 살았던 도시가 어디인지 아십니까? 쾨니히스베르크Königsberg라는 곳인데, 우리에게 익숙한 도시는 아닙니다. 동프로이센의 수도인 쾨니히스베르크는 칸트가 살았던 당시에는 독일 영토였지만, 제2차 세계대전 이후 포츠담 협정(1945)에 따라 소비에트연방에 양도되어 칼리닌그라드Kaliningrad로 개명됩니다. 볼셰비키의 원로였던 미하일 칼리닌Mikhail Kalinin의 이름을 딴 것입니다. 이후 현재까지 러시아 소속입니다.

---

*　　미셸 옹프레,《철학자의 뱃속》, 이아름 옮김, 불란서책방, 2020.

임마누엘 칸트가 살았던 프로이센 쾨니히스베르크,
지금의 러시아 칼리닌그라드에 있는 칸트의 동상

칸트의 '철학적 기획'

칸트는 쾨니히스베르크에서 태어나 가죽 제품을 만드는 아버지 밑에서 자랐습니다. 집안은 넉넉하지 않았지만 루터교 신앙이 독실했습니다. 그의 영특함을 알아본 친구들의 도움으로 쾨니히스베르크 소재의 프리드리히 왕립학교를 다녔고, 쾨니히스베르크대학에 입학해서 광범한 분야를 연구합니다.

칸트는 평생 결혼하지 않고 학문에만 몰두했습니다. 1746년 아버지가 사망한 뒤 연구를 중단했다가 과외교사로 생계를 해결하면서 연구와 집필을 계속합니다. 번듯한 환경에서 생활하지는 못했던 겁니다. 그리고 1770년 45세의 늦은 나이에 쾨니히스베르크대학의 전임교수가 됩니다.

칸트는 정치 활동을 하지 않았지만, 1775년 시작된 미국독립전쟁과 1789년 발발한 프랑스혁명을 지지한 것으로 알려져 있습니다. 칸트가 살았던 독일은 계몽적 절대군주가 지배하는 나라였죠. 그는 이에 대해 비판하거나 저항한 적은 없지만 마음속 깊은 곳에서는 미국과 프랑스 같은 혁명을 소망하고 있었을지도 모릅니다. 참고로 칸트의 서재에는 루소의 초상화가 걸려 있었습니다.[1]

《영구 평화론》은 칸트의 말년, 그의 나이 71세에 발표된 저작입니다. 이 책은 프랑스혁명의 강화조약 중 하나인 '바젤Basel 조약'(1795) 체결 직후에 발표되었습니다. 프로이센은 프랑스혁명에 대항해 1792년 프랑스혁명 정부에 선전포고를 했고, 프랑스혁명 정부와 프로이센은 전쟁에 들어갑니다. 그러나 프로이센이 1795년 전쟁을 포기하면서 두 나라 사이에 강화조약이 체결됩니다.

더 거슬러 올라가면 30대 청년 칸트는 '7년 전쟁'(1756~1763)을 경험했습니다. 오스트리아 왕위 계승을 둘러싸고 오스트리아와 프로이센이 벌인 전쟁인데, 유럽의 열강이 참여하면서 대규모로 번졌습니다. 오스트리아·프랑스·작센·스웨덴·러시아가 한편, 프로이센·하노버·영국이 한편이 되어 세계대전을 벌였습니다. 《영구 평화론》의 부제는 '하나의 철학적 기획'입니다. 칸트는 이러한 전쟁을 목도하면서 '영구 평화'를 위한 '철학적 기획'을 제시한 것입니다.

칸트는 《영구 평화론》를 출간할 때 조심스러웠던 모양입니다. 그는 이 책의 '서언'에서 '정치 이론가'와 '실천적 정치인'의 역할을 구분해야 하고 전자의 이론에 너무 신경 쓰지 말라는 취지의 말을 하고 있습니다.

정치 이론가의 탁상이론은 경험적 원리에 충실해야 하는 국가의 안전에 아무런 해도 끼치지 않으므로, 실천적 정치인은 의기양양하게 그런 정치 이론가를 현학자로 멸시할 수 있다. (…) 실천적 정치인은 정치 이론가와 견해가 다른 경우라 할지라도 (…) 별다른 저의 없이 공개적으로 표현되고 과감하게 제시된 정치 이론가의 의견이 국가에 어떤 해독을 끼치지 않을까 의심해서도 안 된다.[2]

칸트는 이 책의 후반부에서는 다음과 같이 말합니다.

국왕이 철학자와 같이 사색하고 철학자가 국왕과 같이 된다는 것은 기대할 수도 없고, 또한 바람직한 일도 아니다. 왜냐하면 권력의 소유는 불가피하게 자유로운 이성의 판단을 방해하기 때문이다. 그러나 국왕이나 국왕 같은 사람들은 (…) 철학자 집단을 소멸시키거나 침묵시키려 하지 말고 그들로 하여금 공개적으로 발언할 수 있도록 해야 한다. 이러한 조치는 통치를 올바르게 하는 데 필수적인 일이다. 그리고 철학자 집단은 본질적으로 선동이나 집단적 결사의 능력이 없기 때문에, 그들이 논란한다고 해서 선전자들로서의 혐의를 받을 필요는 없는 것이다.[3]

저는 이 두 대목을 읽으며 조금 서글펐습니다.(웃음) 71

세가 된 최고의 철학자가 자신의 이론이 국가에 해독을 끼치지 않는다, 철학자는 선전자로서의 혐의를 받으면 안 된다 등의 말을 해야 했으니 말입니다.

칸트가 그랬던 것처럼, 이 지구에서 전쟁이 없는 '영구 평화'를 꿈꾸는 것은 모두의 소망일 것입니다. 물론 군수산업 관계자는 그렇지 않겠죠.(웃음) 칸트는《영구 평화론》에서 영구 평화를 위한 '예비조항' 여섯 가지와 영구 평화를 위한 '확정조항' 세 가지를 제시합니다. '예비조항'은 "○○○를 해서는 안 된다"라는 형식의 조항이며, '확정조항'은 "○○○를 하여야 한다"라는 형식의 조항입니다. 이에 대해서는 차례차례 살펴보겠습니다. 국제평화와 안전 유지를 위한 철학적 기초를 정립한 칸트의《영구 평화론》은 제1차 세계대전 후 국제연맹, 제2차 세계대전 후 국제연합, 그리고 유럽연합의 결성으로 구현됩니다.

안중근(1879~1910) 의사의 미완성 유작으로《동양평화론》(1910)이 있습니다. 순국 직전 뤼순 감옥에서 작성한 글입니다. 한중일 동북아 우호 체제를 꿈꿨던 안중근의 구상도 칸트의《영구 평화론》의 연장선에 있습니다. 31세 안중근은 사형 집행을 앞두고, 한중일 3국이 공존공영하는 방안을 제시했습니다. 3국 참여 동양평화회 조직, 3국 공동은행 설립과 공용

안중근 의사

화폐 발행, 3국 공동평화유지군 창설 등의 제안은 획기적입니다. 오늘날 유럽연합의 모습을 구상했던 것입니다.

영구 평화를 위한 '예비조항'

본격적으로 《영구 평화론》의 내용을 살펴보겠습니다. 먼저 영구 평화를 위한 '예비조항' 여섯 가지를 차례로 보겠습니다. 영구 평화를 위해 하지 말아야 할 금지사항 여섯 가지입니다. 조항 1, 5, 6은 "주위 여건에 관계없이" 그리고 "즉각적으로" 시행되어야 할 엄격한 조항이고, 조항 2, 3, 4는 "사정 여하에 따라서는 주관적으로 권능에 맞게 확장하여, 그 목적을 잃지 않

는 범위 내에서 그 시행의 연기가 허용"되는 조항입니다.[4]

1. "장차 전쟁의 화근이 될 수 있는 내용을 암암리에 유보한 채로 맺은 어떠한 평화 조약도 결코 평화 조약으로 간주되어서는 안 된다."[5]

예비조항 1은 제대로 된 평화 조약을 위한 당연한 요청입니다. 이 조항은 앞에서 말한 1795년 프로이센과 프랑스 사이의 '바젤 조약'을 겨냥한 것입니다. 이 조약에는 라인강 지역의 프로이센 영토를 프랑스에 양도한다는 비밀조항이 들어 있었습니다. 이러한 협정은 새로운 전쟁을 촉발하게 됩니다.

2. "어떠한 독립 국가도 (크고 작고에 관계없이) 상속, 교환, 매매 혹은 증여에 의해 다른 국가의 소유로 전락될 수 없다."[6]

칸트는 국가를 "국가 자신을 제외하고는 어느 누구에 의해서도 명령이나 지배를 받지 않는 인간의 사회"로 관념했습니다. 그리고 한 국가를 다른 국가에 병합시키는 것은 "도덕적 인격체로서의 국가의 지위를 파괴하는 것"이라고 비판했습니다.[7] 국가를 일종의 '인격체'로 보고 있음을 확인할 수 있습

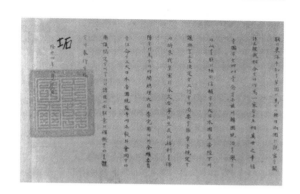

'한일병합조약'의
한국측 전권 위임장

니다. 칸트는 국가를 왕의 소유물로 보지 않았고, 왕이라 하더라도 국가를 마음대로 처분할 수 없다고 강조했습니다.

칸트의 '영구 평화론'과 유사하게 들리지만 다른 개념으로 일본 제국주의의 '동양평화론'이 있습니다. 1894년 청일전쟁 전후 일제는 '동양평화론'을 내세우며 청나라와 전쟁을 벌였고, 조선을 병탄倂呑했습니다. 일제는 조선 등 동양의 약소국을 무력과 불평등 조약으로 지배하고 착취했죠. 칸트의 예비조항 2에 따르면, 1910년 '한일병합조약'(대한제국의 통치권을 일본에 넘겨주고 합병을 수락한다는 내용의 조약)은 국제법적으로 무효입니다. '한일병합조약' 체결 시 순종이 총리대신이었던 이완용에게 전권을 위임한 문서가 있습니다. 첫 문장에 있는

"동양평화를 위하여"라는 말이 눈에 띕니다. '팍스 자포니카Pax Japonica'를 위한 수식어에 불과했죠.

3. "상비군은 조만간 완전히 폐지되어야 한다."[8]

칸트는 상비군의 존재 자체가 전쟁을 일으키게 된다고 비판합니다.

> 상비군은 항상 전쟁에 대비한 준비가 되어 있음으로써 다른 나라들을 위협하기 때문이다. 그리고 이것으로 인해 다른 나라들과 끝도 없는 군비 경쟁에 돌입하게 된다. 결국 군비의 과잉 지출이라는 부담에서 벗어나기 위해 평화보다는 오히려 단기간의 전쟁이 선택된다.[9]

지금 봐도 놀라운 주장입니다. 2003년 미국은 이라크의 대량살상무기 개발을 이유로 이라크를 침공합니다. 그러나 이 정보는 허위로 밝혀졌죠. 이 전쟁이 발발하게 된 중요한 이유 가운데 군부와 군수산업 등을 포함한 '군산복합체軍産複合體'의 이익이 있었음은 정설입니다. 이러한 맥락에서 상비군이 전쟁 발발의 요인이 된다는 칸트의 지적은 유의미합니다.

물론 각 나라가 상비군을 없애는 것은 결코 쉬운 일이 아닙니다. 게다가 남북의 분단 상황, 한반도를 둘러싼 열강의 각축을 생각하면 상비군 폐지는 허황한 꿈나라 이야기처럼 들립니다. 그렇지만 카리브해의 작은 나라인 코스타리카가 1948년 상비군을 폐지하고 영구 비무장 중립선언을 한 뒤 이 방침을 현재까지 유지하고 있다는 점에 대해서는 한 번쯤 생각해봐야 합니다. '돈 페페Don Pepe'라는 애칭으로 불리던 코스타리카의 호세 피게레스 페레르José Figueres Ferrer(1906~1990) 대통령은 1948년 12월 1일 군사령부 건물 벽을 망치로 부수는 상징적인 퍼포먼스를 벌이기도 했습니다. 칸트의 "철학적 기획"을 실천한 것이죠.

안중근 의사가 한중일 3국 공동평화유지군을 창설하자고 제안했던 취지에 대해서도 깊이 생각해봐야 합니다. 안 의사의 구상을 실현하기 이전에 남북한 통일의 방법이 '흡수통일'이 아니라 '국가연합' 형태를 취하게 될 경우, 각 군대를 어떻게 정비할 것인지 고민해야 합니다. 이 경우 양측 상비군의 단계적 축소는 필수적인 논의 사항이 될 것입니다.

4. "국가 간의 대외적 분쟁과 관련하여 어떠한 국채도 발행되어서는 안 된다."[10]

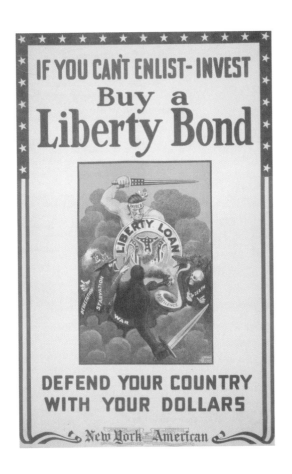

liberty bond 캠페인 홍보 포스터
Winsor McCay, 1918년

칸트는 국내 경제의 운영과 발전을 위해 국내나 국외에 재정적 도움을 구하는 것 자체를 반대하지 않았습니다. "전쟁의 수행을 위한 국채"에 반대했을 뿐입니다.[11]

국가가 전쟁에 돌입하면 돈이 필요합니다. 이 경우 세금을 올리거나 국채를 발행합니다. 워털루 전투에서는 영국이 국채를 발행했고, 러일전쟁과 청일전쟁 시기에는 일본이 국채를 발행했으며, 제1차 세계대전 중에 미국은 '자유 채권liberty bond'이라고 불리는 국채를 발행했습니다. 당시 만들어진 홍보 포스터에는 "입대할 수 없다면 자유 채권을 사라"라고 적혀 있습니다.

'영구 평화'를 위해 전쟁국채 발행을 금지해야 한다는 칸트의 제안이 몽상적인 제안이 아닌가 하는 의문이 들 수도 있습니다. 소속 국가에 대한 구속력이 약한 국제연합UN에서는 이런 결의가 채택되지 못할 것입니다. 그렇지만 유럽연합EU처럼 결속력과 공감대가 강한 국제기구라면 소속 국가에 이런 정책을 채택하도록 추진할 수 있을 것입니다. EU 내부에 전쟁을 바라는 국가는 없을 테니까요.

일찍이 안중근 의사는 한중일 3국 참여 동양평화회 조직, 3국 공동은행 설립과 공용화폐 발행 등을 제안했고, 하와이대 백태웅 교수는 동아시아 23개국의 자료 분석을 토대로

'아시아 인권공동체' 설립을 주창하고 있습니다.* 이러한 제안이 빠른 미래에 구현되기는 어렵겠지만, 멀리 보는 눈과 긴 호흡으로 걸어간다면 언젠가는 실현될 수 있을 것입니다. 이때 전쟁국채 발행 금지도 같이 논의될 수가 있겠죠. 너무 아득하게 느껴지세요? 저도 그렇습니다. 그렇지만 후대를 생각하면, 칸트의 이러한 "철학적 기획"의 함의를 진지하게 논의할 필요가 있습니다.

5. "어떠한 국가도 다른 국가의 체제와 통치에 폭력으로 간섭해서는 안 된다."[12]

예비조항 5는 현시점에서 특히 큰 의미를 갖는 기준입니다. 다른 나라의 지배 이데올로기, 정치 체제, 통치 방식 등이 혐오스럽게 느껴지고, 또 이에 반대한다고 하더라도 무력으로 개입해서는 안 된다는 것입니다.

외국의 간섭은 내부 시련과 맞서 싸우는 독립된 국민의 권리를 침해하는 일이 될 것이며, 그 자체가 공격이며 또한

---

* 백태웅, 《아시아 인권공동체를 찾아서》, 이충훈 옮김, 창비, 2017.

모든 **국가의 자율성을 위협**하는 일이 될 것이다.[13]

"회원국의 국내 관할권 안에 있는 사항에 간섭할 권한을 국제연합에 부여하지 아니한다"라는 유엔헌장 제2조 제7항은 바로 이 예비조항 5가 조문화된 것입니다.

그런데 칸트는 "한 국가가 내부적 불화에 의해 둘로 분리되어 각자가 독립 국가를 세우고 전체에 대한 권리를 요구"하는 경우에는 한쪽을 지원하는 것이 허용된다고 말합니다. "다른 나라의 체제에 대한 내정 간섭으로 간주되지 않을 것"이라고 보기 때문입니다.[14] 칸트가 사망한 이후에 일어난 일이지만 미국 남북전쟁이 대표적인 예가 될 것입니다.

개별 국가의 주권 존중은 국제사회에서 반드시 지켜야 할 원칙입니다. 그런데 '그 국가가 자국 내에서 중대한 인권침해를 자행하고 있을 경우, 국제사회는 어떻게 해야 하는가'라는 어려운 질문이 남아 있습니다. 유엔헌장 제7장은 "평화에 대한 위협, 평화의 파괴 또는 침략행위"가 발생한 경우 '안전보장이사회'의 결정에 따라 무력 개입을 허용하고 있습니다. 현재 유엔은 '보호책임R2P·Responsibility to Protect'이라고 불리는 원칙에 따라 무력 개입을 판단합니다. 어떤 나라에서 집단학살, 전쟁범죄, 인종청소, 인도에 반하는 범죄 등 심각한 인권침해가 발생했을 때 국제사회가 무력을 사용해 개입할 수 있는 원칙입니다. R2P는 다른 모든 비군사적 수단을 동원한 뒤 최후 수단으로써 군사 개입을 허용하는데, 유엔 안전보장이사회의 결의가 있어야만 가능합니다. R2P가 마련된 계기는 1994년 르완다, 1995년 발칸반도에서 일어난 참혹한 인권 유린 범죄였습니다.

그렇지만 유엔 안전보장이사회의 판단을 둘러싸고 논란이 많습니다. 예컨대 유엔은 2011년 리비아 카다피 정권에 대해 무력 개입을 결정했습니다. 이 개입은 R2P에 따른 최초의 무력 개입이었습니다. 미국과 북대서양조약기구NATO 국가들이 연합해 리비아 수도 트리폴리를 대규모로 폭격하면서 결국 카다피 정권은 무너졌습니다. 카다피는 시민들에 의해 거리에서 살해됩니다.

2011년과 2013년 시리아에서 내전이 벌어지자 유엔 안전보장이사회가 군사 개입을 요구하는 결의안을 냈지만, 러시아와 중국의 반대로 무산되었습니다. 2021년 미얀마 군부가 민간인을 살해했지만, 국제사회는 오불관언吾不關焉하고 있습니다. 중국 신장 위구르 자치구에서 인권침해가 심각하다는 비판이 제기되고 있지만 R2P 발동은 이루어질 수 없을 것입니다. 중국의 반대 의사가 확고하기 때문이죠. 이러한 사례들은

임마누엘 칸트의 초상화
Johann Gottlieb Becker, 1768년

"인도주의적 개입" 역시 국제정치의 힘 관계에서 벗어날 수 없음을 보여줍니다. 칸트가 살아 있었다면 R2P의 기준과 현실에 대해 어떠한 철학적 평가를 했을지 궁금합니다.

이에 대한 답을 추측할 수 있는 구절이 있습니다. 칸트는 "정의여 지배하라, 이로 말미암아 세상의 악한들이 모두 멸망할지라도 fiat justitia, pereat mundus"라는 격언을 소개하면서, 이에 대한 경계심을 표명합니다. 즉, 이 격언의 의미가 "자신의 권리를 최대한으로 행사해야 함을 허용하는 것으로 오해되어서는 안된다"[15]는 것입니다. 우리는 국제정치와 국제법에서 '인권'과 '주권' 사이의 긴장을 직시해야 합니다. 인권을 이유로 행해지는 주권 침해는 최후 수단이어야 하며 또한 최소 침해를 야기하는 방식으로만 허용되어야 합니다.

6. "어떠한 국가도 다른 나라와의 전쟁 동안에 장래의 평화 시기에 상호 신뢰를 불가능하게 할 것이 틀림없는 다음과 같은 적대 행위, 예컨대 암살자나 독살자의 고용, 항복 조약의 파기, 적국에서의 반역 선동 등을 해서는 안 된다."[16]

칸트가 살았던 시대에는 이러한 "비열한 전략"이 전쟁에 많이 사용되었을 것 같습니다. 칸트는 이러한 전략이 사용되면 "적의 성품에 대한 어떤 신뢰"도 사라지고, "여하한 평화도 체결할 수가 없게 되어 적대 행위는 초토화 섬멸전이 될 것"이고, 이후 "평화 시에도 지속적으로 활용"되어 "평화의 의도를 전적으로 절멸시킬 것"이라고 지적합니다.[17] 그런데 현실에서도 이러한 "비열한 전략"은 여전히 사용될 것으로 추측됩니다.

영구 평화를 위한 '확정조항'

다음으로 영구 평화를 위한 '확정조항' 세 가지를 보겠습니다. 말씀드렸지만 '확정조항'은 "○○○를 하여야 한다"라는 적극적 형식의 조항입니다.

제1의 확정조항: 모든 국가의 시민적 정치 체제는 공화 정체이어야 한다.[18]

먼저 칸트는 '공화 정체'를 "입법부로부터 집행권(행정권)을 분리시키는 정치적 원리"로 이해합니다.[19] 그리고 "대의주의의 형태를 취해야만 공화 정체가 가능하다"[20]라고 파악합니다. 요컨대 칸트는 공화제와 대의제를 불가분의 것으로 연결시켜 이해하고 있었습니다. 그러면 칸트는 '영구 평화'를 위

《영구 평화론》 초판 표지
1795년

해서 왜 모든 국가의 정치 체제가 공화적이어야 한다고 했을
까요? 칸트는 이렇게 답합니다.

> 전쟁을 해야 할 것인가 또는 해서는 안 될 것인가를 결정하
> 려면 국민들의 동의가 필요한데(이 체제 아래에서는 이런 절차
> 를 거칠 수밖에 없다), 이때 국민은 자신의 신상에 다가올 전
> 쟁의 재앙을 각오해야 하기 때문에 그런 나쁜 경기를 감행
> 하는 데 무척 신중하리라는 것은 너무나도 당연하다. (…)
> 공화제가 아닌 체제 속에서는, 전쟁 선포를 결정한다는 것
> 은 지극히 손쉬운 일이다. 왜냐하면 이때 지배자는 국가의

한 구성원이 아니라 소유자이며, 전쟁으로 인해 식탁의 즐거움이나 사냥, 궁전의 이전, 궁전의 연회 등등에 최소한의 지장조차 받지 않기 때문이다.[21]

공화 정체가 아닌 전제 정체의 경우 전쟁을 손쉽게 결정할 수 있다는 것인데, 무슨 의미인지 이해되시죠? 그런데 칸트의 제1의 확정조항은 1986년 미국의 정치학자 마이클 도일Michael Doyle에 의해 재발견됩니다. 도일이 발표한 '민주평화론democratic peace theory'의 핵심은 "민주주의 국가들 사이에서 전쟁은 일어나지 않는다"라는 것입니다. 도일은 1816~1980년 사이에 일어난 국가 간 전쟁 118개를 분석했는데 이 가운데 민주주의 국가끼리 싸운 예가 없다고 밝힙니다. 칸트의《영구 평화론》에 대해 너무 이상주의적 구상이라는 비판이 있었는데 도일의 연구로 그 의미가 재조명됩니다.

그런데 도일의 '민주평화론'은 미국 패권의 확산을 정당화하는 데 활용됩니다. '영구 평화'를 실현하기 위해 세계 모든 나라가 대의주의/공화 정체가 되어야 한다는 식으로 논의가 변형되면, 그렇지 않은 체제를 가진 나라들은 강제적으로 무너뜨리는 것이 '영구 평화'를 위해 필요하다는 식의 논리로 나아가겠죠. 대의주의/공화 정체를 취하지 않고 있는 비서구권 국가에 대한 강제적인 체제 변화가 허용된다는 논리가 정당화될 수 있는 것입니다. 2003년 미국 부시 정부가 이라크를 침공했을 때 이러한 논리가 유포되었죠. 이와 관련해서 칸트의 제1의 확정조항은 '자유주의적 제국주의liberal imperialism'의 사상적 근원이라는 비난을 받기도 합니다. 그런데 앞에서 살펴본 "다른 국가의 체제와 통치에 폭력으로 간섭해서는 안 된다"라는 예비조항 5와 결합하여 생각하면, 이 비난은 과도한 것 같습니다.

제2의 확정조항: 국제법은 자유로운 국가들의 연방 체제에 기초하지 않으면 안 된다.[22]

개인이 "만인에 대한 만인의 전쟁"(홉스)을 벗어나기 위해 국가를 만든 것처럼, 국가도 국제적 틀을 만들어야 한다는 것입니다. 칸트는 이어서 말합니다.

그들[국가를 구성하고 있는 국민들]은 자신들을 보호하기 위하여 모두가 공민적 체제와 비슷한 체제에 귀속되기를 요구할 수 있고 또 요구해야만 한다. 이때 비로소 각자의 권리는 보장될 수 있다. 이것은 아마 국제연맹(Völkerbund)

일 것이다. (…) 국가 간의 제약이 없이는 어떠한 평화도 정
착될 수 없거나 또는 보장받을 수 없다. 이러한 이유 때문
에 특별한 종류의 연맹이 있어야만 한다. 그것은 평화 연맹
(foedus pacificum)이라고 할 수 있으며 (…)[23]

　　칸트는 "평화 조약에 의해 그때그때의 싸움은 멈춰질
수 있다고 할지라도 (항상 새로운 전쟁 구실을 모색하는) 전쟁상태
가 종식되지는 않는다"라고 파악하기에, '평화 조약'을 넘어
'평화 연맹'이 필요하다고 보았습니다. 그리고 이 '평화 연맹'
은 "모든 전쟁의 종식을 추구"해야 하고, "국가의 권력에 대한
어떤 지배를 목표로 하지 않"으며, "다른 국가들의 자유를 보
호하고 지속"시킨다고 상정합니다.[24] 앞에서 말했지만, 이 점
에서 《영구 평화론》이 제1차 세계대전 후 국제연맹, 제2차 세
계대전 후 국제연합, 그리고 유럽연합 등이 결성되는 데 사상
적 기초가 되었음을 확인할 수 있습니다.

　　제3의 확정조항: 세계 시민법은 보편적 우호의 조건들에
국한되어야 한다.[25]

　　여기서 '우호'란 "손님으로서의 대우"를 뜻하며 "한 이

방인이 낯선 땅에 도착했을 때 적으로 간주되지 않을 권리"를 말합니다. 이방인에게 영속적 체류를 요구할 권리는 없지만 "일시적인 방문의 권리", "교제의 권리"가 있다는 것입니다.[26]

> 그[외국인]가 평화적으로 처신하는 한, 그를 적대적으로 다루어서는 안 된다.[27]

21세기 대한민국도 외국인 노동자와 난민 문제를 안고 있습니다. 이들에 대해 적대적 태도를 취하는 한국인들도 상당히 많습니다. 그러나 한국인보다 훨씬 싼 임금으로 일하는 외국인 노동자가 없으면 한국 경제는 돌아가지 않습니다. 특히 한국인이 기피하는 3D 직종 산업현장은 외국인 노동자의 인력이 필수적입니다. 전 세계적 인기를 끈 넷플릭스 드라마 〈오징어게임〉(2021)에서 파키스탄 출신 노동자 '알리'(아누팜 분)가 직장에서 겪는 수모들이 단지 극적 상상일 뿐일까요?

2018년 제주도에 500여 명의 예멘 난민이 들어왔을 때 강한 반대 움직임이 일어났습니다. 제주도는 2002년 외국인 관광객 유치를 위해 '무비자 제도'를 도입했기에 비자가 없어도 한 달 동안 체류가 가능한 상황이었습니다. 제주도를 포함해 전국적으로 불안감이 조성되어 유포되었고, 이들을 송환하라는 운동이 벌어졌습니다. 지금은 이들 중 400여 명이 난민으로 인정되어 한국에 정착해 살고 있습니다. 이제 이들에 대한 반감은 가라앉은 것으로 보입니다.

대중적으로는 덜 알려졌지만, 2015년 한국으로 들어온 시리아인 28명은 난민 심사를 받을 때까지 약 8개월 동안 인천공항 출입국장 송환대기실에서 숙식을 해결하며 지냈습니다. 톰 행크스가 주연한 영화 〈터미널 The Terminal〉(2004)의 상황이 실제로 일어난 것입니다. 외국인 노동자와 난민은 대한민국 '국민'이 아닙니다. 그러나 그들도 '사람'이고 '인간'입니다. 국제사회 구성원인 한국은 이들에게 '인간의 권리'만큼은 보장해야 할 의무가 있습니다.

칸트는 제3의 확정조항을 제시하면서 "서구의 문명화된 국가"의 "비우호적 행위"를 강력히 비판합니다.

그들이 방문한 지역과 거주민들에게 보인 그들의 부정의는 매우 가증스런 것이다. 그들이 아메리카와 흑인 거주 지역, 향료 군도, 희망봉 등등을 발견했을 때, 그들은 원주민들을 전혀 사람으로 간주하지 않았기 때문에 그 지역을 주인 없는 땅으로 생각했다. 그들은 동인도(힌두스탄)에서 상업적 사업을 도모한다는 미명하에 자신들의 군대를 데려

와서 거주민을 억압하는 데 사용했으며, 또한 여러 국가 간의 전쟁을 확산시켰고 기아와 폭동, 반목 등 인류를 괴롭혀온 일련의 죄악상을 연출했다.[28]

칸트를 비판하는 사람들은 칸트가 동시대 유럽 사람들과 마찬가지로 비서구/비서구인을 낮추어 보는 오리엔탈리즘orientalism, 역사 발전을 유럽 중심으로 파악하는 유럽 우월주의 등에서 벗어나지 못했다고 지적합니다. 칸트의 다른 저술에서 이런 징후가 확인되는 것은 사실입니다. 그렇지만 칸트가 서구 국가의 죄악상을 외면하지 않고 비판했다는 점도 같이 기억해야 합니다.

칸트는 전쟁의 시대를 살면서 영구 평화를 꿈꾸었습니다. 그는 《영구 평화론》에 '하나의 철학적 기획'이라는 부제를 달았죠. 현실 정치를 초월하면서 현실 정치가 지향해야 할 기획을 제시한 것입니다. 칸트의 다른 명저의 이름을 빌려 말하자면, "영구 평화에 대한 순수이성의 기획"입니다. 그는 말합니다.

"우선 순수 실천 이성의 왕국과 그 정의에 도달하려고 노력하라. 그러면 너의 목표(영원한 평화의 은총)는 필연적으로 달성될 수 있을 것이다."[29]

　우리가 살고 있는 현재의 관점에서 보면, 이 기획에도 부족함이 있을 것입니다. 그렇지만 국제정치와 국제법의 기본 원칙, 근본 윤리를 '전쟁'에서 '평화'로 바꿨다는 점에서 심대한 의의가 있습니다.

　2018년 남북한 정상이 휴전선에서 만나고 미국과 북한의 정상이 싱가포르에서 만났습니다. 그렇지만 평화협정은 물론 종전선언도 성사되지 못했습니다. 현재는 남북 간은 물론 동북아에 다시 긴장이 조성되고 있습니다. 이러한 상황에서 칸트의 '철학적 기획'은 여전히 많은 시사점을 던집니다.

　이것으로 '조국의 법고전 산책'을 모두 마치겠습니다. 《사회계약론》부터 《영구 평화론》까지 열다섯 권의 책을 다루었습니다. 최대한 쉽게 풀어 설명하고 구체적인 사례를 제시하려고 노력했지만 어떻게 들으셨을지 모르겠습니다. 저의 법고전 강의를 통해 사회계약, 삼권분립, 자유, 권리, 법치, 죄형법정주의, 사법심사, 소수자 보호, 시민불복종, 저항권, 평화 등 법학의 핵심 개념을 더 쉽게 이해하실 수 있기를 기대합니다. 나아가 이 법고전들이 제기하는 사상과 이론을 우리가 사는 한국 사회에 적용해보시기를 희망합니다.

주

1장

1 장 자크 루소, 《에밀》, 김중현 옮김, 한길사, 2003, 126쪽.

2 〈'토마토'가 되지 못한 '사과'에게〉, 《시사인》 제166호, 2010. 11. 20.

3 장 자크 루소, 《사회계약론》, 이재형 옮김, 문예출판사, 2013, 11~12쪽.

4 같은 책, 126쪽.

5 같은 책, 12쪽.

6 같은 책, 17쪽.

7 같은 책, 18쪽.

8 토머스 홉스, 《리바이어던》, 최공웅·최진원 옮김, 동서문화사, 2016, 179쪽.

9 오트프리트 회페, 《정치철학사》, 정대성·노경호 옮김, 길, 2021, 319~320쪽.

10 장 자크 루소, 《사회계약론》, 46쪽.

11 같은 책, 48쪽.

12 장 자크 루소, 《에밀》, 402~403쪽.

13 장 자크 루소, 《사회계약론》, 72~73쪽.

14 장 자크 루소, 《에밀》, 856쪽.

15 장 자크 루소, 《사회계약론》, 20쪽.

16 같은 책, 92쪽.

17 같은 책, 38쪽, 각주 5.

18 같은 책, 73쪽.

19 같은 책, 73쪽.

20 같은 책, 73쪽.

21 같은 책, 73쪽, 각주 15.

22 같은 책, 91쪽.

23 같은 책, 43쪽.

24 같은 책, 28쪽.

25 같은 책, 39쪽.

26 같은 책, 48쪽.

27 같은 책, 41~42쪽.

28 같은 책, 32쪽.

29 같은 책, 43~44쪽.

30 같은 책, 127쪽.

31 같은 책, 127쪽.

32 같은 책, 127쪽.

33 같은 책, 144쪽.

34 같은 책, 144~145쪽.

35 〈녹색세상: 추첨민주주의〉, 경향신문, 2014. 6. 4.

36 〈무작위로 뽑은 100명…아일랜드의 기발한 '개헌'〉, 오마이뉴스, 2016. 12. 22.

37 〈여적: 추첨민주주의〉, 경향신문, 2013. 3. 17.

38 〈이 사람: "민주주의 구하려면, 국민대표 추첨으로 뽑아야"〉, 한겨레, 2012. 7. 1.

39 〈아침 창가에서: 선거민주주의 보완할 추첨민주주의〉, 인천일보, 2019. 5. 19.

40 장 자크 루소, 《사회계약론》, 123~124쪽.

41 같은 책, 51쪽.

42 오트프리트 회페, 《정치철학사》, 415쪽.

43 황광우, 《철학하라》, 생각정원, 2012, 539쪽.

2장

1 토머스 페인, 《상식, 인권》, 박홍규 옮김, 필맥, 2004, 179~180쪽.

2 몽테스키외, 《페르시아인의 편지》, 이수지 옮김, 다른세상, 2002, 286~287쪽.

3   같은 책, 296쪽.

4   몽테스키외, 《법의 정신》, 고봉만 옮김, 책세상, 2006, 17쪽.

5   토머스 페인, 《상식, 인권》, 280쪽.

6   몽테스키외, 《법의 정신》, 하재홍 옮김, 동서문화사, 2016, 188쪽.

7   몽테스키외, 《법의 정신》, 책세상, 65~66쪽.

8   몽테스키외, 《페르시아인의 편지》, 289쪽.

9   몽테스키외, 《법의 정신》, 책세상, 68, 71, 76쪽.

10   같은 책, 35, 67쪽.

11   체사레 베카리아, 《범죄와 형벌》, 한인섭 옮김, 박영사, 2006, 56~57쪽.

12   몽테스키외, 《법의 정신》, 책세상, 68쪽.

13   몽테스키외, 《법의 정신》, 동서문화사, 604~618쪽.

14   같은 책, 120쪽.

15   같은 책, 120쪽.

16   같은 책, 126쪽.

17   몽테스키외, 《법의 정신》, 책세상, 23쪽.

18   몽테스키외, 《법의 정신》, 동서문화사, 261, 334~335쪽.

19   조지 세이빈·토머스 솔슨, 《정치사상사 2》, 성유보·차남희 옮김, 한길사, 1997, 820쪽.

20   몽테스키외, 《법의 정신》, 동서문화사, 305쪽.

21   같은 책, 339~340쪽.

22   몽테스키외, 《법의 정신》, 책세상, 33~34쪽.

23   같은 책, 34~36쪽.

24   같은 책, 34쪽.

25   같은 책, 37쪽.

26   같은 책, 69~70쪽.

27   같은 책, 39쪽.

28   알렉산더 해밀턴·제임스 매디슨·존 제이, 《페더랄리스트 페이퍼》, 김동영 옮김, 한울, 1995, 64쪽.

29   몽테스키외, 《법의 정신》, 동서문화사, 473쪽.

30   몽테스키외, 《법의 정신》, 책세상, 49~59쪽.

31 같은 책, 19쪽.

32 몽테스키외, 《법의 정신》, 동서문화사, 148쪽.

33 몽테스키외, 《법의 정신》, 책세상, 17쪽.

34 같은 책, 17쪽.

3장

1   D. 톰슨 엮음, 《서양근대정치사상》, 김종술 옮김, 서광사, 1990, 110쪽.

2   존 로크, 《통치론》, 강정인·문지영 옮김, 까치글방, 2022, 9쪽.

3   토머스 홉스, 《리바이어던》, 최공웅·최진원 옮김, 동서문화사, 2016, 131~133쪽.

4   존 로크, 《통치론》, 26~27쪽.

5   같은 책, 13~14쪽.

6   토머스 홉스, 《리바이어던》, 129, 135~164쪽.

7   존 로크, 《통치론》, 15쪽.

8   같은 책, 21쪽.

9   같은 책, 96, 98쪽.

10 같은 책, 123쪽.

11 같은 책, 182~183쪽.

12 같은 책, 94~96쪽.

13 같은 책, 93, 134쪽.

14 같은 책, 105쪽.

15 같은 책, 31쪽.

16 같은 책, 142, 159쪽.

17 같은 책, 160~161쪽.

18 같은 책, 144쪽.

19 같은 책, 138, 145~149쪽.

20 같은 책, 148쪽.

21 같은 책, 149~150쪽.

22 같은 책, 152쪽.

23 같은 책, 152~153쪽.

24 같은 책, 168쪽.

25 같은 책, 240쪽.

26 같은 책, 169~170쪽.

27 같은 책, 240쪽.

28 같은 책, 165쪽.

29 토머스 홉스, 《리바이어던》, 180쪽.

30 존 로크, 《통치론》, 230~231쪽.

31 같은 책, 37, 38, 44쪽.

4장

1 체사레 베카리아, 《범죄와 형벌》, 한인섭 옮김, 박영사, 2006, 8쪽.

2 같은 책, 9쪽.

3 같은 책, 9쪽.

4 같은 책, 23쪽.

5 같은 책, 47쪽.

6 같은 책, 8쪽.

7 같은 책, 7~8쪽.

8 같은 책, 15쪽.

9 David B. Young, "Cesare Beccaria : Utilitarian or Retributivist?"(1983), 11 *Journal of Criminal Justice*, pp. 317~318에서 재인용.

10 체사레 베카리아, 《범죄와 형벌》, 14~15쪽.

11 같은 책, 32쪽.

12 같은 책, 168~169쪽.

13 같은 책, 33~34쪽.

14 같은 책, 175쪽.

15 같은 책, 16쪽.

16 같은 책, 37쪽.

17 같은 책, 38쪽.

18 같은 책, 16~17쪽.

19 같은 책, 24쪽.

20 같은 책, 27쪽.

21 같은 책, 29쪽.

22 같은 책, 17~18쪽.

23 같은 책, 107쪽.

24 같은 책, 107~108쪽.

25 같은 책, 111~119쪽.

26 같은 책, 174쪽.

27 같은 책, 106~107쪽.

28 같은 책, 63~68쪽.

29 같은 책, 71쪽.

30 같은 책, 80~81쪽.

31 같은 책, 81쪽.

32 같은 책, 49쪽.

5장

1 토머스 페인, 《상식, 인권》, 박홍규 옮김, 필맥, 2004, 32, 43쪽.

2 같은 책, 244~247, 253쪽.

3 같은 책, 280쪽.

4 같은 책, 279쪽.

5 같은 책, 163~164쪽.

6 같은 책, 195~196쪽.

7 같은 책, 49쪽.

8 같은 책, 67쪽.

9   같은 책, 259, 268쪽.

10 같은 책, 312쪽.

11 같은 책, 341쪽.

12 같은 책, 313쪽.

13 같은 책, 313쪽.

14 같은 책, 362~363쪽.

15 같은 책, 348쪽.

16 같은 책, 368쪽.

17 조국, 《가불 선진국》, 메디치미디어, 2022, 22~23쪽.

18 알렉산더 해밀턴·제임스 매디슨·존 제이, 《페더랄리스트 페이퍼》, 김동영 옮김,
    한울, 1995, 48쪽.

19 같은 책, 316쪽.

20 같은 책, 345쪽.

21 같은 책, 315, 317쪽.

22 같은 책, 315쪽.

23 같은 책, 316~317쪽.

24 같은 책, 318~319쪽.

25 같은 책, 318쪽.

26 같은 책, 318쪽.

27 같은 책, 62쪽.

28 같은 책, 62쪽.

29 같은 책, 68쪽.

30 같은 책, 64쪽.

31 같은 책, 65쪽.

32 같은 책, 14~15쪽.

33 같은 책, 67~68쪽.

34 같은 책, 225쪽.

35 같은 책, 458쪽.

36 같은 책, 459쪽.

37 같은 책, 462쪽.

38 같은 책, 459~460쪽.

39 오트프리트 회페, 《정치철학사》, 정대성·노경호 옮김, 길, 2021, 427쪽.

6장

1   Fareed Zakaria, "The Rise of Illiberal Democracy", *Foreign Affairs*, November – December 1997.

2   제임스 다운턴 2세·데이비드 하트 엮음, 《근대 서양정치사상(下)》, 김연각 옮김, 인간사랑, 1993, 180쪽.

3   존 스튜어트 밀, 《자유론》, 박홍규 옮김, 문예출판사, 2009, 23쪽.

4   같은 책, 29쪽.

5   같은 책, 30~31쪽.

6   같은 책, 30쪽.

7   같은 책, 46~47쪽.

8   같은 책, 79~80쪽.

9   같은 책, 33~34쪽.

10 같은 책, 59쪽.

11 같은 책, 49쪽.

12 같은 책, 35쪽.

13 같은 책, 83쪽.

14 같은 책, 37, 39쪽.

15 같은 책, 59~60쪽.

16 같은 책, 60~61쪽.

17 같은 책, 67쪽.

18 조지 세이빈·토머스 솔슨, 《정치사상사 2》, 성유보·차남희 옮김, 한길사, 1997, 762쪽에서 재인용.

19 존 스튜어트 밀, 《자유론》, 91~92쪽.

20 같은 책, 111쪽.

21 같은 책, 123쪽.

22 같은 책, 119~120쪽.

23 같은 책, 86, 89쪽.

24 같은 책, 87쪽.

25 같은 책, 85쪽.

26 같은 책, 170쪽.

27 같은 책, 185~190쪽.

28 같은 책, 177쪽.

29 같은 책, 210쪽.

30 같은 책, 212쪽.

31 같은 책, 196쪽.

32 같은 책, 130, 146, 152쪽.

33 같은 책, 137~138쪽.

34 같은 책, 137, 154~155쪽.

35 같은 책, 43~44쪽.

7장

1 루돌프 폰 예링, 《권리를 위한 투쟁》, 윤철홍 옮김, 책세상, 2018, 154쪽.

2 같은 책, 44쪽.

3 같은 책, 41쪽.

4 같은 책, 41, 47쪽.

5 같은 책, 48~49쪽.

6 같은 책, 48, 53쪽.

7 같은 책, 59쪽.

8 같은 책, 60쪽.

9 같은 책, 61~62쪽.

10 같은 책, 62쪽.

11 같은 책, 62~63쪽.

12 같은 책, 64쪽.

13 같은 책, 72~75쪽.

14 같은 책, 25쪽.

15 같은 책, 67쪽.

16 같은 책, 90~91쪽.

17 같은 책, 117쪽.

18 같은 책, 26~27쪽.

19 같은 책, 27쪽.

20 같은 책, 105쪽.

21 같은 책, 106~107쪽.

22 같은 책, 108~109쪽.

23 같은 책, 117쪽.

24 같은 책, 116쪽.

25 같은 책, 117쪽.

26 같은 책, 97~98쪽.

27 같은 책, 149~150쪽.

28 같은 책, 150쪽.

8장

1 플라톤, 《소크라테스의 변명·크리톤·향연·파이돈》, 박병덕 옮김, 육문사, 2012, 15쪽.

2 같은 책, 27~28쪽.

3 같은 책, 46쪽.

4 같은 책, 43쪽.

5 같은 책, 38~39쪽.

6 같은 책, 39~40, 43~44쪽.

7 같은 책, 41쪽.

8 같은 책, 41쪽.

9   같은 책, 41~42쪽.

10 같은 책, 52쪽.

11 같은 책, 53~54쪽.

12 같은 책, 56쪽.

13 같은 책, 57쪽.

14 같은 책, 58쪽.

15 같은 책, 57~59쪽.

16 같은 책, 59쪽.

17 같은 책, 63쪽.

18 같은 책, 83~84쪽.

19 같은 책, 90쪽.

20 같은 책, 78쪽.

21 같은 책, 85쪽.

22 같은 책, 87~88쪽.

23 권창은·강정인,《소크라테스는 악법도 법이라고 말하지 않았다》, 고려대학교출판부, 2005, 183~184쪽.

24 같은 책, 66~67쪽.

25 같은 책, 233~234쪽.

26 이정호, 〈소크라테스는 악법도 법이라고 말한 적이 없다〉,《시대와 철학》 제6권 제2호, 1995, 299~301쪽.

27 플라톤,《소크라테스의 변명·크리톤·향연·파이돈》, 94쪽.

28 김주일,《소크라테스는 '악법도 법이다'라고 말하지 않았다》, 프로네시스, 2006, 146~147쪽.

9장

1   소포클레스,《안티고네》, 김종환 옮김, 지만지드라마, 2019, 12~13쪽.

2   같은 책, 13~15쪽.

3   같은 책, 48~49쪽.

4   같은 책, 67~68쪽.

5   같은 책, 73쪽.

6   같은 책, 69~70쪽.

7   같은 책, 71쪽.

8   같은 책, 73~74쪽.

9   같은 책, 84~85쪽.

10   같은 책, 101쪽.

11   같은 책, 68쪽.

12   헨리 데이비드 소로 외, 《시민불복종》, 김대웅·임경민·서경주 옮김, 아름다운날, 2020, 53~54쪽.

13   같은 책, 68~69쪽.

14   같은 책, 70쪽.

15   같은 책, 70쪽.

16   같은 책, 71~74쪽.

17   같은 책, 75쪽.

18   같은 책, 75쪽.

19   같은 책, 146쪽.

20   같은 책, 151~152쪽.

21   같은 책, 152쪽.

22   같은 책, 159쪽.

23   같은 책, 164~166쪽.

24   같은 책, 57쪽.

25   존 롤즈, 《정의론》, 황경식 옮김, 이학사, 2003, 475쪽.

10장

1   오트프리트 회페, 《정치철학사》, 정대성·노경호 옮김, 길, 2021, 416쪽.

2   임마누엘 칸트, 《영구 평화론》, 이한구 옮김, 서광사, 2008, 13~14쪽.

3   같은 책, 59쪽.

4   같은 책, 21쪽.

5   같은 책, 15쪽.

6   같은 책, 16쪽.

7   같은 책, 16쪽.

8   같은 책, 17쪽.

9   같은 책, 17쪽.

10   같은 책, 18쪽.

11   같은 책, 18쪽.

12   같은 책, 19쪽.

13   같은 책, 19쪽.

14   같은 책, 19쪽.

15   같은 책, 76쪽.

16   같은 책, 19~20쪽.

17   같은 책, 20~21쪽.

18   같은 책, 26쪽.

19   같은 책, 29쪽.

20   같은 책, 32쪽.

21   같은 책, 28~29쪽.

22   같은 책, 32쪽.

23   같은 책, 32, 35쪽.

24   같은 책, 35~36쪽.

25   같은 책, 38쪽.

26   같은 책, 38~39쪽.

27   같은 책, 39쪽.

28   같은 책, 40쪽.

29   같은 책, 75쪽.

조국의 법고전 산책

1판 1쇄 펴낸날 | 2022년 11월 9일
1판 22쇄 펴낸날 | 2025년 1월 3일

지은이 조국
펴낸이 오연호
편집장 서정은 마케팅·관리 이재은

펴낸곳 오마이북
등록 제2010-000094호 2010년 3월 29일
주소 서울시 마포구 월드컵로14길 42-5 (04003)
전화 02-733-5505 (내선 271) 팩스 02-3142-5078
홈페이지 book.ohmynews.com 이메일 book@ohmynews.com
페이스북 www.facebook.com/Omybook

책임편집 서정은
디자인 여상우
인쇄 천일문화사

ⓒ 조국, 2022

ISBN 978-89-97780-51-8 03100

오마이북은 오마이뉴스에서 만드는 책입니다.